제2전정판

쉽게 읽는
입법과 법해석

만드는 법, 푸는 법

손종학 · 최윤석 · 김권일

박영사

서 문

⋮

◇

독자들의 초판에 대한 뜨거운 사랑에 힘입어 발간한 해 전권이 소진되었다. 여러 부분을 보완하여 1년 만에 전정판을 출간하였는데, 전정판도 1쇄가 모두 소진되었고, 추가 인쇄도 하였다. 독자들의 뜨거운 사랑에 보답하는 길은 완성도를 높이는 것이라 생각하여 이번에 다시 새롭게 판을 바꾸어 책을 내놓게 되었다.

이 책이 사랑받은 이유는 법학개론이나 생활법률이라는 책에서 해결하지 못한 법의 기본을 담고 있기 때문이다. 그것은 법해석, 그리고 법해석과 입법의 조화로운 설명이다. 법의 기본은 해석인데 해석을 쉽고 자세하게 설명한 책이 드물기 때문이다. 그리고 해석에만 몰두하여 입법이 무엇인지 기초적인 개념조차 익히지 못한 독자에게 입법과 법해석의 균형을 잡아주는 책은 지금까지 우리나라에서 찾아보기 어렵다는 것이다.

전정판에서는 초판의 체계를 유지하고 내용의 보완에 치중하였는데, 이번 판에서는 각 장의 체계도 새롭게 손을 보았다. 입법과 법해석을 보다 유기적으로 엮어 독자에게 전달하고자 하였다.

이번 개정의 가장 큰 변환은 새로운 저자가 합류한 것이다. 새로운 저자는 충남대학교 법학전문대학원 최윤석 교수이며, 그는 독일 본(Bonn)대학교에서 민법과 로마법에 정통한 롤프 크뉘틀(Rolf Knütel) 교수의 지도하에 민법과 로마법 및 법역사(법제사)를 전공한 법학자이다. 최윤석 교수의 합류로 이번 판의 가장 큰 특징 중의 하나인 법해석방법론의 이론적 논의를 법을 처음으로 공부하는 사람들에게 알맞은 기초적인 수준으로 보강할 수 있었다.

신학(θεολογία) 분야 중에서 기독교 신학(christliche Theologie)의 기준이 되는 성경의 해석방법론은 오늘날의 법의 해석방법론과 무관하지 않다. 법의 해석방법론은 다양하지만 그중 독일 역사법학파(historische Rechtsschule)의 대표적인 법학자로, 로마법학의 대가인 프리드리히 칼 폰 사비니(Friedrich Carl von Savigny)의 전통적인 4가지 해석방법들(소위, "canones")은 오늘날에도 법의 해석에 있어서 정확한 기준을 제시하고 있다. 여기에 목적론적 해석방법 (teleologische Auslegung)을 보충한 해석방법론을 칼 라렌츠(Karl Larenz)가 자신의 법학방법론(Methodenlehre der Rechtswissenschaft)을 통하여 제시하고 있는바, 이에 관한 기초적인 내용을 이번 개정판이 담고 있다는 점은 법해석을 진행함에 있어서 초학도들에게 매우 유익한 일이라고 생각한다.

본 개정판의 큰 의미는 독일의 저명한 민법학자인 디이터 메디쿠스(Dieter Medicus)가 제시하고 있는 청구권들을 기초로 하는 민사사례해결방법론을 새로운 장으로 추가하였다는 점이다. 메디쿠스의 민사사례해결방법은 독일전체의 법과대학 학생들이 민사사례해결을 위하여 필수적으로 학습하는 내용이며, 독일 제1차 국가사법시험(1. Juristische Staatsexamen, 현재는 폐지되었지만, 종전에 시행되었던 우리의 사법시험에 해당하는 시험)에서 활용되고 있는 민사사례답안작성방법의 전형을 제공하고 있다. 법학을 처음 접하는 독자에게는 어려울 수 있지만, 이 책을 발판으로 가장 기초적인 민사사례해결방법론을 학습함으로써, 이후에 좀 더 심화된 법해석을 연구할 독자에게는 좋은 지침이 될 것이라고 생각한다.

아울러 이번 개정에서는 판례의 오탈자도 정비하였다. 판례는 원문을 그대로 소개하는 것이 당연하지만, 독자의 이해를 위해 띄어쓰기나 간단한 오탈자는 손을 보았다.

이번 개정에서도 도움을 주신 분들이 있다. 먼저 가장 큰 도움은 개정작업을 할 수 있도록 사랑을 보내준 독자들이다. 깊이 감사드린다. 이 책이 나올 수 있도록 과학기술정책학도에게 입법과 법해석 특강 기회를 준 충남대학교 행정학부 교수이자 국가정책연구소장 이찬구 교수님께 감사의 말을 전하지 않을 수 없다. 대학에서 이 책으로 실제 강의를 진행하면서 여러 소중한 의견을 내준 우송대학교 홍승희 강사에게 감사의 마음을 전한다. 아울러 꼼꼼히 오탈자를 확인해준 충남대학교 법률센터 허성진 박사에게도 감사드린다. 마지막으로 책을 새롭게 보완할 수 있도록 기회를 주신 박영사 임재무 전무, 정연환 과장께 감사드리고, 편집에 수고해준 장유나 과장에게도 감사드린다. 이분들에게 깊은 감사의 마음을 표하는 것으로 서문에 갈음한다.

2023. 2.

저자들 씀

차 례

[부록] 법해석 실습 대법원판례

제1장
법의 체계와
법해석

1. 법의 체계

법해석이 무엇인지 알아보기에 앞서, 법의 기본적인 체계를 살펴보자. 우리나라는 문자로 만들어진 법, 즉 성문법(成文法)[1]의 모습을 가진 헌법, 법률, 명령, 조례, 규칙으로 이루어진 법체계를 가지고 있다. 그러나 성문법이 모든 법률관계를 빠짐없이 규율하기는 어렵기 때문에 성문법 외에 관습법, 판례와 조리(條理) 등의 불문법(不文法)이 보충적 기능을 한다. 다만, 불문법의 경우 법규범의 성질을 갖지만 오랜 기간에 걸친 반복적인 관행을 전제로 하는 것이기 때문에 입법의 개념에서는 제외된다.

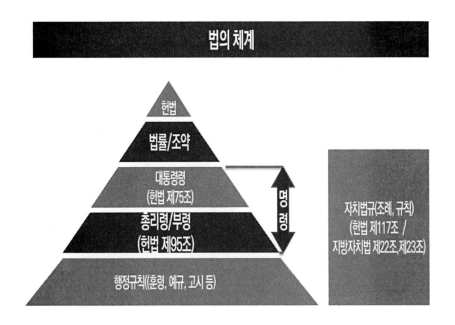

---

1) 우리나라와 독일, 프랑스, 일본과 같은 대륙법계 국가는 성문법이고, 영국, 미국과 같은 영미법계 국가는 불문법이라고 한다. 그런데 미국의 경우 캘리포니아를 비롯한 여러 주에서 법전을 가지고 있다. 그렇다면 왜 영미법계 국가가 불문법인지 의문을 가질 수 있다. 대륙법과 영미법을 단순히 법전이 있는지 없는지에 대한 구분으로 보아서는 이해하기 어렵다. 단순히 법전의 유무보다는 법전을 왜 만들었는지, 법전이 법 제도 전체에서 어떠한 비중을 가지고 있는지에 대한 것으로 구분되기 때문이다(존 핸리 매리먼·로헬리오 페레스 페르도모, 대륙법 전통, 책과함께, 2020, 59면 이하).

가. 헌법

헌법은 국가의 근본이 되는 법으로서 국내법 질서에서 최고의 효력을 갖는 법원(法源)이라 할 수 있다. 헌법에서는 국민의 기본권과 국가의 권력구조에 관한 기본적인 사항을 규정하고 있다.

입법과정에서 헌법이 중요한 것은 헌법에서 법률로 규정하도록 하는 내용이 있다는 것과 법률 등과 같이 헌법보다 하위 규범 등이 헌법에 위반되어서는 아니 된다는 것이다.

나. 법률과 조약(국제법규)

법률은 국회에서 만들어지는 규범이다. 헌법 제40조에서 "입법권은 국회에 속한다."라고 하여 국회가 법률을 제정하는 권한을 가지고 있음을 규정하고 있다.

우리 헌법은 국민이 되는 요건, 죄와 형벌, 재산권의 수용 및 보상, 조세, 행정각부의 설치와 지방자치단체의 종류 등을 반드시 법률로 정하도록 하고 있다. 그리고 국민의 모든 자유와 권리는 국가안전보장·질서유지 또는 공공복리를 위하여 필요한 경우에 법률로써 제한할 수 있으며, 제한하는 경우에도 자유와 권리의 본질적인 내용을 침해할 수 없도록 하고 있다.

한편 헌법상 법률의 효력을 가지는 규범이 있는데, 긴급재정·경제명령[2]과 긴급명령[3] 그리고 조약[4]이 여기에 해당한다.

---

2) 내우·외환·천재·지변 또는 중대한 재정·경제상의 위기에 있어서 공공의 안녕질서를 유지하기 위하여 긴급한 조치가 필요하고 국회의 집회를 기다릴 여유가 없을 때에 한하여, 대통령은 최소한으로 필요한 재정·경제상의 처분을 하거나 이에 관하여 법률의 효력을 가지는 명령을 발할 수 있다(헌법 제73조 제1항). 우리나라에서 1993년 「금융실명거래및비밀보장에관한긴급재정경제명령」이 현재까지 제정된 최초이자 유일한 긴급재정·경제명령이다. 물론 그 이전에 성격상 긴급재정·경제명령으로 볼 수 있는 것이 있었지만 명칭이 긴급명령인 형태로 발해졌다.

3) 국가의 안위에 관계되는 중대한 교전상태에 있어서 국가를 보위하기 위하여 긴급한 조치가 필요하고 국회의 집회가 불가능한 때에 한하여, 대통령은 법률의 효력을 가지는 명령을 발할 수 있다(헌법 제73조 제2항). 긴급명령 다수는 6.25전쟁 당시 발령되었다.

4) 이 헌법에 의하여 체결·공포된 조약과 일반적으로 승인된 국제법규는 국내법과 같은 효력을 가진다(헌법 제5조 제1항).

조약은 국가 간의 문서에 의한 합의를 의미하는데, 헌장·협약·의정서·결정서·협정·약정 등 그 명칭을 불문한다. 국제법규란 우리나라가 체약국이 아니라도 국제사회에서 대다수의 나라에 의하여 일반적으로 그 규범력이 인정된 것과 국제관습법을 말한다.

헌법에 의하여 체결·공포된 조약과 일반적으로 승인된 국제법규는 국내법과 같은 효력을 가지므로(헌법 제6조 제1항), 국내법 체계의 하나로 본다.

국회는 헌법 제56조에 따라 "상호원조 또는 안전보장에 관한 조약, 국제조직에 관한 조약, 통상조약, 어업조약, 강화조약, 국가나 국민에게 재정적 부담을 지우는 조약, 외국군대의 지위에 관한 조약 또는 입법사항에 관한 조약의 체결·비준에 대한 동의권"을 갖는데, 이러한 조약에 대하여는 법률의 효력을 갖는다고 볼 수 있다.

다. 명령

명령이라 함은 행정권에 의하여 정립되는 법규범을 총칭한다. 다만, 여기에서 행정권에 의하여 정립되지만 성격이 다른 조약 등 국제법규와 자치법규는 제외된다.

우리 헌법 제75조에서 "대통령은 법률에서 구체적으로 범위를 정하여 위임받은 사항과 법률을 집행하기 위하여 필요한 사항에 관하여 대통령령을 발할 수 있다."라고 하고, 제95조에서는 "국무총리 또는 행정각부의 장은 소관사무에 관하여 법률이나 대통령령의 위임 또는 직권으로 총리령 또는 부령을 발할 수 있다."라고 하여 대통령령과 총리령, 부령을 규정하고 있다.

행정권에 의한 입법 외에 국회규칙, 대법원규칙, 중앙선거관리위원회 규칙, 헌법재판소규칙 등도 여기에 포함된다.

라. 행정규칙(훈령, 예규, 고시 등)

행정규칙이란 상급행정기관이나 상급자가 하급행정기관 또는 하급자에 대하여 행정의 조직과 활동을 규율할 목적으로 그의 권한범위 내에서 발하는 일반적 추상적 규율을 의미한다. 행정규칙은 당연히 행정조직 내부에 대한 구속력을 갖게 되고, 이에 반하는 처분을 하는 경우에는 당해 처분을 한 자는 징계

처분을 받을 수 있음은 물론 당해 처분도 위법한 처분임을 벗어날 수가 없다.[5]

마. 자치법규

헌법에서 "지방자치단체는 주민의 복리에 관한 사무를 처리하고 재산을 관리하며 법령의 범위안에서 자치에 관한 규정을 제정할 수 있다."라고 규정하여 지방자치단체의 자치입법권을 인정하고 있다(제117조 제1항).

이에 따라 지방자치단체는 법령의 범위에서 그 사무에 관하여 조례를 제정할 수 있다. 다만, 주민의 권리 제한 또는 의무 부과에 관한 사항이나 벌칙을 정할 때에는 법률의 위임이 있어야 한다. 아울러 지방자치단체의 장은 법령 또는 조례의 범위에서 그 권한에 속하는 사무에 관하여 규칙을 제정할 수 있다.

2. 법령 현황

2023. 2. 1. 기준 우리나라는 헌법과 1,600건의 법률, 대통령령 1,868건, 총리령 97건, 부령 1,325건, 국회규칙 등 기타 법령 362건이 있다(총 5,252건).

자치법규는 총 135,392건으로 이 중에서 조례는 106,784건, 규칙은 27,786건, 훈령 등 기타 자치법규는 822건이 있다.[6]

---

5) 행정규칙의 법규성 인정 여부는 제2장 법해석 방법론의 행정해석 부분에서 설명한다.
6) 법제처 홈페이지, 법령통계, 2023. 2. 1. 기준. 법제처에서 주기적으로 법령통계를 집계하고 있으니, 현재 통계가 궁금할 경우 직접 홈페이지에 방문할 것을 권한다.
   https://www.moleg.go.kr/esusr/mpbStaSts/stastsList.es?mid=a10110010000&srch_csf_cd=120001

3. 법해석의 개념

가. 법률관계와 법해석

법이 무엇인가에 관하여는 동서고금을 통하여 많은 견해들이 쌓여 왔다. 법이 무엇인가를 살펴보기 위해서는 인간 사이에 이루어지는 관계를 먼저 살펴볼 필요가 있다. 인간은 사회적 존재이기에 인간 생활은 타인과의 관계 속에서만 이루어진다고 볼 수 있다. 그리고 불완전한 존재이기에 이 관계에서는 다툼과 분쟁, 이견이 존재할 수밖에 없다.[7]

그러므로 이러한 다툼과 이견으로부터 개인의 정당한 이익을 지켜주는 한편 공동체의 질서를 유지하기 위해서 인간 사이에 발생하는 다툼이나 분쟁을 해결할(또는 해결해줄) 필요가 있다. 합리적 방법이나 수단에 의한 분쟁 해결이 없다면 그 사회는 유지될 수 없고, 소위 말하는 약육강식에 의한 만인의 만인에 대한 투쟁을 피할 수 없기 때문이다. 이러한 분쟁과 갈등을 해결하는 기준이나 수단, 혹은 행동준칙으로는 양심, 도덕, 종교 등이 있을 수 있고, 법도 그 해결수단의 하나라고 할 수 있다. 그리고 이들을 모두 합하여 규범이라고 부를 수 있을 것이다.

인간의 사회적 관계를 규범을 통한 행동준칙의 설정이나 분쟁의 해결이라는 영역에서 다시 나눈다면, 법률관계와 비법률관계로 대별할 수 있다. 여기서 법률관계란 법을 적용할만한 관계, 혹은 법이 적용되어야 할 관계라 할 것이다. 이는 다시 말하면, 사회관계 속에서 발생하는 갈등과 분쟁을 법을 통하여 해결하는 관계라고 할 수 있을 것이고, 법을 통하여 해결할 만한 관계라는 것은 법의 가장 기본적 요소인 국가에 의한 강제력을 동원하여 분쟁을 해결할 만한(또는 해결하여야 할) 관계라고 정의할 수 있다. 이에 반하여 비법률관계란 법을 적용하는 것보다는 종교나 도덕, 인간의 양심 등을 적용할 만한 사회관계로서 국가의 강제력을 동원하지 않고 종교 등을 통하여 인간 사이의 갈등과 분쟁을 해결하는 사회관계라고 할 수 있을 것이다.[8]

---

7) 곽윤직·김재형, 민법총칙, 제9판, 박영사, 2016, 1면.
8) 자세한 내용은 손종학, 강해 민법총칙, 충남대학교출판부, 2010, 23-24면 참조.

법률관계	비(非)법률관계
법을 적용할 만한 관계 법이 적용되어야 할 관계 국가에 의한 **강제력을 통하여** 분쟁을 해결	종교나 도덕, 인간의 양심 등을 적용할 만한 사회관계 국가의 강제력 동원 × 종교 등을 통하여 분쟁해결

여기서 주목할 것은 인간 사회가 복잡하면 하여질수록, 구성원의 이해관계가 대립되면 대립될수록, 전문화가 심화되면 심회될수록 비법률관계의 영역은 좁아지고 대신 법률관계의 영역이 넓어지게 된다는 점이다. 즉 종전에는 비법률관계로 치부되어 법을 적용하여 분쟁을 해결하는 것에 거부감이 있었던 관계서의 분쟁이 점점 법률관계로 인식되어 법을 통한 분쟁해결을 하고자 하는 사회적 욕구가 증대되게 된다. 그 결과 분쟁해결 규범으로서의 법의 중요성이 그 어느 때보다 높아지게 된다는 점이다. 부모와 자녀 간, 형제와 자매 간, 교사와 학생 간 친구와 친구 간의 분쟁에서 도덕이나 양심 등에 의한 해결이 아니라 법을 통한 해결이 점점 늘어나는 현상이 바로 그것이다.

이처럼 법률관계는 법을 통하여 분쟁을 해결하여야 하는 관계이기에 법률관계상의 분쟁 해결을 위해서 법을 적용하여야만 한다. 즉 법은 인간 사회에서 발생하는 갈등과 분쟁을 해결하기 위하여 존재하는 것이기에, 법을 구체적인 갈등과 분쟁 사건에 적용할 때 비로소 법에 의한 분쟁이 해결될 수 있으므로 구체적인 분쟁에 법을 적용하는 것은 필수적인 절차이자 과정이라고 할 수 있다. 이때 법을 구체적 사건에 적용하기 위하여 반드시 거쳐야 할 작업이 바로 법의 의미와 내용을 명확히 하는 법해석이다.

법해석이란 추상적, 일반적으로 규정되어 있는 법률 등 법규범을 구체적인 사건에 적용하고 집행하기 위하여 법규범의 의미와 내용을 명확히 밝히는 것을 말한다.[9] 즉 추상적 법규범을 구체적 사건 해결에 적용하기 위하여 이루어지는 법규범의 의미와 내용의 명확화 작업을 법해석이라고 할 수 있다.

---

9) 곽윤직·김재형, 민법총칙, 제9판, 박영사, 2016, 47면.

나. 입법자의 의사와 법해석

법은 입법목적인 입법자의 의사가 반영된 결과물이다. 그러나 일단 법규범이 제정된 이후에는 그 해석과 적용에 있어서는 입법자의 의사에 구속되지 않는 것이 원칙이다. 즉 입법자의 의사를 해석 자료로 삼을 수 없는 것이다.

이는 소위 입법자의사설(입법자구속설)과 법률의사설의 논쟁과 연계된 문제이다. 즉 해석의 목적이나 대상이 입법자의 의사를 알아내는 것으로 볼 것인지, 아니면 법의 의사를 찾는 것으로 볼 것인지의 문제이다. 입법자의사설은 법 제정 당시 입법자가 품고 있던 의사를 다시 나타내어 명확히 하는 것이 법해석의 목적이라고 보는 견해이고, 법률의사설은 법을 입법자의 의사에서 분리시켜 법규범 자체의 의미(의사)를 파악해내는 것을 법해석의 목적이라고 보는 견해이다.[10]

그러나 재판 등 실제 법의 적용에 있어서 법해석이 전제될 때, 입법자의 의사는 중요한 해석 기준이 되고 있다. 즉 법률 등의 개정 이유나 제안 이유서, 기초위원의 설명서 등을 가지고 법문언의 의미와 효력 범위 등을 정할 수 있기에 법해석에 있어서 입법자의 의사는 중요한 기준으로 기능하게 된다.

여기서 말하는 입법자란 보통은 법률의 경우에는 국회의원, 조례의 경우에는 지방의회의원, 행정입법의 경우에는 행정부처 관계자들을 의미하지만, 반드시 이에 한정되는 것은 아니고 법률 등 법규범의 기초자들을 포함하는 개념으로 이해하여야 할 것이다.[11]

그에 따라 입법자의 의사를 해석함에 있어서는 단순히 법률 제안서에 국한하지 않고 기초자의 이유서나 설명자료 등과 같은 모든 입법자료를 대상으로 삼아야 할 것이다.

4. 법해석의 필요성

법규범은 다수의 관계자에게 다양한 분쟁에 적용될 것을 전제로 하기에

---

10) 자세한 것은 곽윤직·김재형, 민법총칙, 제9판, 박영사, 2016, 49−50면 참조.
11) 송덕수, 민법총칙, 박영사, 2018, 41면.

입법기술상 모든 것을 조문화(규범화)할 수 없음은 당연하다. 그에 따라 법규범은 추상적, 일반적으로 기술되어 있게 마련이어서 이를 바로 구체적 분쟁의 해결이나 집행에 사용할 수가 없다.

그러므로 추상적, 일반적 법규범을 구체적 사건에 적용하기 위해서는 일반적 형식으로 된 조문의 해석이 반드시 필요한 것으로, 법해석은 바로 법의 적용을 전제로 하는 것이다.

이러한 법해석은 주로 분쟁해결기관이자 판단기관인 법원의 재판 시에 필요한 것이기는 하지만 재판에서만 법해석이 필요한 것은 아니고 법의 집행기관인 행정기관에서 법을 집행함에 있어서도 올바른 집행을 위하여는 법의 적용 전에 관련 법규범에 대한 해석이 반드시 필요하다.

판례도 법규범의 추상성과 일반성을 이유로 구체적 사건에의 적용을 위한 법해석의 필요성을 인정하고 있다.

판례

대법원 2018. 6. 21. 선고 2011다112391 전원합의체 판결 [임금등]
법은 원칙적으로 불특정 다수인에 대하여 동일한 구속력을 갖는 사회의 보편타당한 규범이므로 법의 표준적 의미를 밝혀 객관적 타당성이 있도록 해석하여야 하고, 가급적 모든 사람이 수긍할 수 있는 일관성을 유지함으로써 법적 안정성이 손상되지 않도록 하여야 한다. 한편 실정법은 보편적이고 전형적인 사안을 염두에 두고 규정되기 마련이므로 사회현실에서 일어나는 다양한 사안에서 구체적 사안에 맞는 가장 타당한 해결이 될 수 있도록 해석·적용할 것도 요구된다.

먼저 형법상의 살인죄 규정을 통하여 법해석의 필요성을 살펴보면 다음과 같다.

[예] 형법 제250조 제1항
사람을 살해한 자는 사형, 무기 또는 5년 이상의 징역에 처한다.

위 조문은 형법상의 살인죄에 관한 규정이다. 형법은 사람을 살해한 자를 사형 등의 형에 처한다고 규정하고 있는바, 구체적인 살인사건에 위 조항을 적용하기 위해서는 위 조문에 대한 해석이 필요하다.

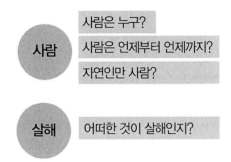

먼저 위 조문에서의 '사람'은 누구를 의미하는지가 문제된다. 즉 과연 누구를 죽였을 때 사람을 죽인 것이 되는지가 문제되므로 먼저 '사람'이 누구를 지칭하는 것인지, 사람의 범위는 어디까지인지에 대한 해석이 필요한 것이다.

이를 좀 더 자세히 살펴보면 다음과 같다. 위 사람에는 타인을 가리키는 것이 일반적이겠지만 살해행위자 본인도 여기의 사람에 포함되는지가 문제된다. 만약 위 '사람'은 타인을 의미하는 것으로 본인은 여기의 사람에 포함되지 않는 것으로 해석한다면, 스스로 자기 목숨을 끊는 자살행위는 여기의 살인죄에 해당하지 않아서 자살을 시도하였으나 죽음에 이르지 못한 경우(이를 미수라고 한다)에도 살인미수죄로 처벌할 수가 없게 된다. 반면에 '사람'의 범위에 본인도 포함되는 것으로 해석한다면, 자살미수도 살인미수죄에 해당하게 된다.

또 사람은 언제부터 사람인지(이것이 바로 사람의 시기 문제임)가 문제된다. 즉 모가 태아를 잉태하여 출산하는 과정을 놓고 볼 때 과연 어느 단계부터 사람으로 볼 것인지의 문제이다. 모가 잉태한 순간부터 사람이라고 해석한다면, 모태 속의 태아는 당연히 사람이어서 태아를 살해하는 행위(소위 낙태행위)도 살인죄로 규율할 수 있게 된다. 반면에 모가 임신 중인 태아 상태는 사람이 아니고 출산하였을 때 비로소 사람이라는 해석을 하게 되면, 태아에 대한 살인행위는 적어도 위 형법 제250조 상의 살인죄에는 해당하지 않게 된다.

더 나아가 태어난다는 의미, 즉 출산의 의미도 해석에 따라 달라질 수 있다. 태아가 모체로부터 전부 분리되었을 때 비로소 태어난 것으로 보는 견해(전부노출설, 민사 통설), 전부가 아니라 일부라도 모체 밖으로 나오면 출생이라고 보는 견해(일부노출설), 태아가 모체의 태반으로부터 분리되기 시작하여 규칙적으로 진통이 수반될 때 이미 사람이라는 견해(진통설 혹은 분만개시설, 형사통설) 등으로 견해가 나누어진다.

　　일반적으로 민사에서는 권리능력의 취득이라는 점에서 태아가 모체로부터 전부 분리되었을 때 비로소 사람이 된다고 보는 전부노출설이 통설인 반면에,[12] 형사법 영역에서는 주기적인 진통이 수반되고 분만이 개시될 때부터 사람이라고 보는 진통설이 통설로 자리 잡고 있다. 민사법과는 달리 형사법에서 진통설을 취하는 이유 중의 가장 큰 이유는 형법 제121조에서 분만중인 영아를 살해하는 경우에 이를 낙태죄가 아닌 영아살해죄로 처벌하도록 규정하고 있기 때문이다.[13]

　　다음으로 사람은 필연적으로 죽음에 이르게 되는데, 과연 언제까지 사람으로 보고, 언제부터 죽은 상태로 볼 것인지가 문제된다(사람의 종기 문제임). 즉 사람이 사망하면 더 이상 사람이 아니어서 사망한 자를 살해하더라도 이는 형법상의 살인죄에 해당하지 않으므로 과연 사람의 종기(죽음)를 언제까지로 볼 것인지에 대한 해석이 문제되는 것이다. 만일 사람의 뇌가 기능을 잃었을 때 사람이 죽은 것으로 해석을 하게 되면(이 견해가 바로 뇌사설임), 뇌가 기능을 잃었을 때 그때부터는 사람이 아닌 것으로 보게 된다. 반면에 사람의 호흡이 멈추었을 때 비로소 사망한 것으로 보는 견해(호흡종지설), 심장의 고동이 영원히 정지하였을 때, 즉 맥박이 정지하였을 때 비로소 사람이 사망한 것으로 보는 견해(맥박종지설) 등과 같이 다양한 견해도 존재하고 있다.

　　또 하나 해석이 필요한 것은 형법상의 살인죄에서 말하는 '사람'에 소위 자연인만이 해당되는 것인지, 아니면 법인도 여기에 포함되는지에 관한 것이다. 보통 법에서의 인(人)에는 생명을 가진 자연인(自然人)과 법에 의하여 인격이 부여되고 그에 따라 권리와 의무의 주체가 되는 법인(法人, 예를 들어, 주식회사와 같은 사단법인과 학교나 장학단체와 같은 재단법인 등이 이에 해당한다)이 있는 바, 여기서 자연인에 대한 살해행위가 살인죄에 해당함은 의문의 여지가 없지

---

12) 송덕수, 민법총칙, 박영사, 2018, 520면. 그에 따라 쌍둥이가 출생할 경우, 먼저 모체에서 분리된 자가 당연히 권리능력을 먼저 갖게 된다.

13) 이재상 외 2인, 형법각론, 제10판, 박영사, 2017, 14면.

만, 법인도 여기서 말하는 '사람'에 해당하는지도 문제된다.

마지막으로 '살해'의 의미가 무엇을 말하는 것인지에 대하여도 해석이 필요하다. '살해'의 사전적 의미는 사람의 생명을 고의로 끊어서 자연적인 시기에 앞서서 단절시키는 행위를 말한다고 볼 수 있다. 즉 사람의 생명을 고의로 끊는 행위 일체를 말하는 것으로, 그 수단과 방법은 불문하고, 그것이 흉기나 총으로 살해하는 유형적 방법은 물론, 정신적 고통 등을 가하는 방법과 같은 무형적 방법에 의한 살해행위도 여기서 말하는 '살해'에 해당한다고 해석하고 있다.

한편 적극적으로 일정한 행위를 함으로써 사람을 죽이는 행위가 살해행위에 해당됨은 의문의 여지가 없겠지만(이를 작위에 의한 살해행위라 하고 이러한 범죄를 저지른 자를 작위범이라고 부른다), 역으로 일정한 행위를 하지 않음으로써 사람을 사망에 이르게 하는 경우도 여기서 말하는 살해행위에 포함되는 것으로 해석할 수 있는지도 문제된다(이것이 바로 부작위에 의한 살인의 문제이다).

일반적으로는 모든 부작위가 살해행위에 해당하는 것은 아니고 일정한 보증인적 지위에 있는 자가 보증인적 지위에서 요구되는 일정한 행위를 하지 않는 경우에는 부작위에 의한 살인죄가 인정되는 것으로 해석하고 있다.[14]

예를 들어, 어린 학생에 대한 담임 교사나 어린이에 대한 부모와 같이 일정한 보증인적 지위에 있는 자가 그 보증인으로서의 의무를 다하지 않아 사람을 사망에 이르게 한 때에는 부작위에 의한 살인죄가 성립하는 것으로 해석한다. 구체적으로는 판례는 유아에게 어머니가 젖을 주지 않아 당해 유아로 하여금 죽음에 이르게 하는 경우나, 어린 조카를 저수지로 데려가서 미끄러지기 쉬운 제방 쪽으로 유인하여 함께 걷다가 물에 빠진 조카를 구조하지 않고 방치하여 익사하게 한 경우에는 부작위에 의한 살인죄가 성립되는 것으로 해석하고 있다.

판례

대법원 1982. 11. 23. 선고 82도2024 판결 [특정범죄가중처벌등에관한법률위반, 사체유기, 자살교사미수, 도박]

---

14) 이재상 외 2인, 형법각론, 박영사, 2017, 18면.

가. 피고인이 미성년자를 유인하여 포박 감금한 후 단지 그 상태를 유지하였을 뿐인데도 피감금자가 사망에 이르게 된 것이라면 피고인의 죄책은 감금치사 죄에 해당한다 하겠으나, 나아가서 그 감금상태가 계속된 어느 시점에서 피고인에게 살해의 범의가 생겨 피감금자에 대한 위험발생을 방지함이 없이 포박감금상태에 있던 피감금자를 그대로 방치함으로써 사망케 하였다면 피고인의 부작위는 살인죄의 구성요건적 행위를 충족하는 것이라고 평가하기에 충분하므로 부작위에 의한 살인죄를 구성한다.

나. 피해자를 아파트에 유인하여 양 손목과 발목을 노끈으로 묶고 입에 반창고를 두 겹으로 붙인 다음 양 손목을 묶은 노끈은 창틀에 박힌 시멘트 못에, 양발목을 묶은 노끈은 방문손잡이에 각각 잡아매고 얼굴에 모포를 씌워 감금한 후 수차 아파트를 출입하다가 마지막 들어갔을 때 피해자가 이미 탈진 상태에 이르러 박카스를 마시지 못하고 그냥 흘려버릴 정도였고 피고인이 피해자의 얼굴에 모포를 덮어씌워 놓고 그냥 나오면서 피해자를 그대로 두면 죽을 것 같다는 생각이 들었다면, 피고인이 위와 같은 결과발생의 가능성을 인정하고 있으면서도 피해자를 병원에 옮기지 않고 사경에 이른 피해자를 그대로 방치한 소위는 피해자가 사망하는 결과에 이르더라도 용인할 수밖에 없다는 내심의 의사 즉 살인의 미필적 고의가 있다고 할 것이다.

대법원 1992. 2. 11. 선고 91도2951 판결 [살인]

가. 형법이 금지하고 있는 법익침해의 결과발생을 방지할 법적인 작위의무를 지고 있는 자가 그 의무를 이행함으로써 결과발생을 쉽게 방지할 수 있었음에도 불구하고 그 결과의 발생을 용인하고 이를 방관한 채 그 의무를 이행하지 아니한 경우에, 그 부작위가 작위에 의한 법익침해와 동등한 형법적 가치가 있는 것이어서 그 범죄의 실행행위로 평가될 만한 것이라면, 작위에 의한 실행행위와 동일하게 부작위범으로 처벌할 수 있다고 할 것이다.

나. 피고인이 조카인 피해자(10세)를 살해할 것을 마음먹고 저수지로 데리고 가서 미끄러지기 쉬운 제방 쪽으로 유인하여 함께 걷다가 피해자가 물에 빠지자 그를 구호하지 아니하여 피해자를 익사하게 한 것이라면 피해자가 스스로 미끄러져서 물에 빠진 것이고, 그 당시는 피고인이 살인죄의 예비 단계에 있었을 뿐 아직 실행의 착수에는 이르지 아니하였다고 하더라도, 피해자의 숙부로서 익사의 위험에 대처할 보호능력이 없는 나이 어린 피해자를 익사의

위험이 있는 저수지로 데리고 갔던 피고인으로서는 피해자가 물에 빠져 익사할 위험을 방지하고 피해자가 물에 빠지는 경우 그를 구호하여 주어야 할 법적인 작위의무가 있다고 보아야 할 것이고, 피해자가 물에 빠진 후에 피고인이 살해의 범의를 가지고 그를 구호하지 아니한 채 그가 익사하는 것을 용인하고 방관한 행위(부작위)는 피고인이 그를 직접 물에 빠뜨려 익사시키는 행위와 다름없다고 형법상 평가될 만한 살인의 실행행위라고 보는 것이 상당하다.

더 나아가 소위 '저주 기도'와 같은 미신적 방법에 의한 살해행위가 여기서 말하는 살해행위에 포함되는지가 문제된다. 즉 타인을 증오한 나머지 죽으라는 기도나 저주를 하였고, 그 후 이를 알게 된 그 타인이 정신적 충격 등으로 사망한 경우에, 이러한 저주 기도 등이 여기서 말하는 살해행위에 해당되어 살인죄로 처벌할 수 있는지가 문제되는 것이다.[15]

다음으로 민법의 규정을 통하여 해석의 필요성을 살펴보면 다음과 같다.

[예] 민법 제1조(법원)

민사에 관하여 법률에 규정이 없으면 관습법에 의하고 관습법이 없으면 조리에 의한다.

위 민법 제1조는 민사분쟁이 재판에 붙여진 경우에 분쟁의 당부나, 법원이 권리의 유무나 범위, 내용 등에 관하여, 즉 구체적 법률관계에서 원고 주장의 당부를 판단함에 있어 적용할 법규범을 정해 놓은 것으로, 이를 법원(法源)이라고 한다.

민법전의 규정만으로는 다양하고도 방대한 모든 법률관계를 해결할 수 없어, 이른바, 법의 부족 현상이 발생하게 된다. 이러한 법의 부족을 해결하기 위하여 관습법이나 조리와 같은 법규범으로 성문법의 흠결을 보충하고자 하는 필요에서 만든 규정이라고 할 수 있다.[16] 그러나 이러한 민법 제1조도 구체적

---

15) 일반적으로는 이와 같은 행위는 살인죄의 '살해행위'에 포함되지 않는 것으로 해석하고 있다(이에 대한 학설의 자세한 내용은 이재상 외 2인, 형법각론, 박영사, 2017, 18면 참조).
16) 자세한 것은 손종학, 강해 민법총칙, 충남대학교출판부, 2010, 32-33면 참조.

인 사건에 적용하기 위해서는 또 다른 법해석이 필요하게 된다.

민사 민사가 무엇을 의미하는지?

법률 법률은 무엇인지?

관습 관습법은 무엇인지?

조리 조리는 무엇인지?

먼저 제1조에서 말하는 '민사(民事)'가 무엇을 의미하는지, 어떤 법률관계를 '민사'라고 하는 것인지가 문제된다. 즉 법률관계는 크게 공법관계(公法關係)와 사법관계(私法關係)로 나눌 수 있고, 그에 따라 적용 법규범과 관할 법원이 달라짐은 물론 법해석의 원리도 달라진다. 또한 같은 사법관계 안에서도 민사관계(民事關係)와 상사관계(商事關係)는 구별되는바, 과연 공법관계로부터 무엇을 사법관계라고 할 것인지, 더 나아가 상사관계와는 어떻게 구별되는지가 문제되어, 이의 해석이 필요하게 되는 것이다.

다음으로 '법률'이란 구체적으로 무엇을 말하는지가 문제되고,[17] 이어서 관습법이란 무엇을 말하는지, 관습법은 어떻게 형성되고, 인식되는 것인지, 관습법의 성립요건은 무엇인지, 관습법의 존부와 내용에 대한 판단권자는 누구인지, 관습법이 헌법에 위배되면 어떻게 되는 것인지, 그리고 민법전과 같은 성문의 법률과 관습법의 우열관계는 대등한 관계로서 관습법으로도 성문법을 개폐할 수 있는 것인지, 아니면 관습법은 성문법의 흠결 시 보충적으로 적용되는 보충적 효력만을 갖는 것인지 등이 문제되고, 역시 이에 대한 해석이 필요하게 되는 것이다.[18]

---

17) 일반적으로는 민법전(1958. 2. 22. 공포, 1960. 1. 1. 시행)과 부동산등기법, 주택임대차보호법 등과 같은 민사특별법이나 민사부속법률 등이 여기서 말하는 법률에 해당하는 것으로 해석된다.

18) 일반적으로 관습법은 일정한 관행의 존재와 그 관행에 대한 사회 구성원의 법적 확신(당해 관행이 법규범으로 인식, 내지는 인정된다는 법적 확신)이 있을 때 비로소 성립되

마지막으로, 관습법도 없을 때 적용되는 조리란 과연 무엇을 말하는 것인지, 조리의 인식 근거와 판단권자는 누구인지, 조리도 재판규범으로서 법원성이 인정되는 것인지 등이 또한 문제되어 그 해석이 필요하게 된다.[19]

이처럼 매우 간단한 규정으로 보이는 민법 제1조와 형법 제250조의 규정도 수많은 해석의 대상이 될 수밖에 없음을 알 수 있다. 뿐만 아니라 그 해석의 내용에 있어서도 다양한 학설이 제기되고 있음을 알 수 있는바, 왜 법해석이 필요한 것인지, 그 필요성을 충분히 인식할 수 있을 것이다. 이와 같이 구체적 사건에 추상적 법규범을 적용하기 위해서는 그것이 재판의 영역에서든, 행정의 영역에서든 법규범(법조문)의 해석이 반드시 필요한 것이다.

5. 법해석의 중요성과 한계

앞서 살펴본 바와 같이 법규범의 해석은 반드시 필요할 뿐만 아니라 매우 중요한 것이기에, 법학은 법해석학이라고 할 정도로 학문으로서의 법학과 같은 개념으로 이해될 수도 있다. 이를 해석법학이라고 부른다.

즉 실제 법학의 대부분은 법규범의 의미와 내용을 해석하는 해석법학인바, 이러한 해석법학의 시작점은 1088년에 설립되어 중세 최초의 대학이라고 알려져 있는 이탈리아의 볼로냐대학에서 찾을 수 있다. 즉 볼로냐대학의 법과

는 것으로, 법률과 마찬가지로 그 내용이 헌법에 위반되지 아니하여야 하며, 관습법은 성문 법률과 대등한 효력을 갖지는 못하고, 단지 법률의 흠결 시 이를 보충하는 보충적 효력을 갖는 것으로 해석되고 있다(자세한 것은 손종학, 강해 민법총칙, 충남대학교출판부, 2010, 33-36면 참조).

19) 조리란 사물의 당연한 이치나 도리, 사회통념 등을 의미하는 것으로 해석되고 있다(자세한 것은 손종학, 강해 민법총칙, 충남대학교출판부, 2010, 38-39면 참조) 조리의 법원성 인정 여부에 관하여 판례는 "헌법 제35조 제1항은 환경권을 기본권의 하나로 승인하고 있으므로, 사법의 해석과 적용에 있어서도 이러한 기본권이 충분히 보장되도록 배려하여야 하나, 헌법상의 기본권으로서의 환경권에 관한 위 규정만으로서는 그 보호대상인 환경의 내용과 범위, 권리의 주체가 되는 권리자의 범위 등이 명확하지 못하여 이 규정이 개개의 국민에게 직접으로 구체적인 사법상의 권리를 부여한 것이라고 보기는 어렵고, 사법적 권리인 환경권을 인정하면 그 상대방의 활동의 자유와 권리를 불가피하게 제약할 수밖에 없으므로, 사법상의 권리로서의 환경권이 인정되려면 그에 관한 명문의 법률규정이 있거나 관계 법령의 규정취지나 조리에 비추어 권리의 주체, 대상, 내용, 행사방법 등이 구체적으로 정립될 수 있어야 한다"라고 하여 그 법원성을 인정하고 있다(대법원 1995. 5. 23. 자 94마2218 결정).

대학에서 이르네리우스(Irnerius)가 사용한 교수법이 '주석'인바, 이 주석이라는 단어는 라틴어 'glossa'[20]로서, 그 의미는 '혀'를 뜻하는 그리스어에서 유래한 것으로 결국 'glossa'는 본문의 의미를 명확히 하거나 모르는 단어에 대한 설명을 말하는 것으로 이것이 바로 법규범의 해석에 해당한다고 할 수 있다.

이러한 주석 교수법은 유스티니아누스 법전[21]이 6세기에 편찬된 관계로 500년도 넘은 시대에 이를 그대로 교재로 삼을 수 없었기에 이 법전에 성문화된 법규범의 의미와 내용을 시대에 맞게 쉽게 이해할 수 있도록 해석하는 작업이 필요하였다. 이것이 바로 법규범 해석의 시발점이라고 할 수 있고, 이 점에서 위 이르네리우스는 유스티니아누스 법전의 최초 주석자라고 할 수 있다.[22]

법해석과 그 방법론을 체계화한 학자로는 프리드리히 칼 폰 사비니(Friedrich Carl von Savigny)[23]가 있다. 사비니는 법학이 그의 과제를 수행하기

---

20) Wilhelm Gemoll/Karl Vretska, Griechisch-deutsches Schul- und Handwörterbuch, 10. Auflage, München u. a. (Oldenbourg) 2006, S. 183: 그리스어로 γλῶσσα는 혀를 의미함.

21) 신유철(역), 로마법 산책(Rolf Knütel[저], Spaziergänge im römischen Recht), 법문사, 2008, 15면~16면 인용: 유스티니아누스 법전은 바로 로마법대전(Corpus Iuris Civilis)을 말한다. 이 대전은 "총 4부로 구성되어 있는데, 제1부는 기원후 533년에 작성된 초학도를 위한 교재인 법학입문(Institutiones)으로 그 내용은 대체로 기원후 2세기 중엽에 나온 기존서들에 바탕을 두고 있으며, 세계 십대 내지 십이대 주요 서적 중의 하나로 꼽히고 있다. 대전의 제2부는 학설유취(Digesta)로서 그 속에는 고전기시대 법학자들의 상술한 저술들에서 사항별 자료에 따라 분류하여 발췌한 내용들이 수록되어 있다. 그리고 533년에 법적 효력이 부여된 학설유취의 뒤를 이어 534년에는 유스티니아누스 칙법전(Codex Institutiones)이 편찬되었는데, 이 칙법전(勅法典)은 로마 황제들의 결정들을 집대성한 것이다. 마지막으로 제4부는 535년부터(575년까지) 반포된 새로운 법률들을 모은 신칙법(Novellae)으로 이루어져 있다."; "Institutiones"는 "법학제요", "Digesta"는 "학설휘찬"으로 번역되기도 한다.

22) 이 부분과 관련된 상세한 내용은 한동일, 법으로 읽는 유럽사, ㈜ 글항아리, 2018, 311-312면 참조.

23) Franz Wieacker, Privatrechtsgeschichte der Neuzeit unter besonderer Berücksichtigung der deutschen Entwicklung, 2. Aufl., Göttingen (Vandenhoeck & Ruprecht) 1967, S. 381 ff.: 프리드리히 칼 폰 사비니(Friedrich Carl von Savigny)는 1779년 프랑크푸르트(Frankfurt)에서 태어났다. 일찍부터 고아가 된 그는 1795년부터 1799년까지 독일의 마부르크(Marburg)에서 법을 공부하였다. 그곳에서 사비니의 스승인 바이쓰(Weiß)와 훼프너(Höpfner)가 사비니를 고고학(Altertumswissenschaft)에 대한 관심을 갖도록 유도하였으며, 사비니는 일찍이 분명한 목적의식을 갖고 학문적이고 학술적인 계획을 세웠다. 경제적으로는 완전히 독립적인 상태에서 사비니는 1799년과 1800년에 최초의 peregrinatio academica에 기하여 독일전역을 여행하면서 개인적으로 인맥을 쌓고 풍부한 경험을 하

위해서는 우선적으로 법의 해석방법과 법의 체계화가 중요하다고 하면서, 이를 위하여 다음 장에서 살펴보는 여러 법해석방법론과 그 적용순서 등을 체계화하였다.[24]

　　법해석의 중요성은 법률가, 특히 법조인의 실력과도 직결된다. 즉 법조인실력의 탁월함은 바로 법해석 능력에 달려 있다고 하여도 과언이 아니다. 이는 다음과 같은 지적[25]을 통하여 더욱 분명하게 알 수 있다.

　　"법조인의 실력이나 능력을 논할 때에는 좀 더 근본적인 지점으로 다가가 볼 필요가 있다. 과연 '법조인의 실력'이라고 할 때의 '실력'은 무엇을 의미하는 것인지 정확히 해 둘 필요가 있다는 것이다. 그러한 의미 확정없이 막연히 실력이 없다는 것은 전혀 논리적이지 못 하고 때로는 상황과 편의에 따라 극히 자의적으로 이용될 수도 있기 때문이다. 아마도 많은 법조인들은 법조인의 실력을 법학의 기본개념과 원리에 대한 이해, 법조문 내용 암기, 판례 결론 숙지, 소장이나 판결문과 같은 형식적 법문서 작성 등으로 이해하고 있는 듯하

였으며, 원고 및 발췌본을 수집했다. 마부르크로 돌아온 후 그는 1803년 교수가 되었으며, 저명한 학자가 되었다. 독일과 파리(1804년과 1805년)에서 새로운 연구여행을 한 뒤에 사비니는 군다 브렌타노(Gunda Brentano)와 결혼하였다. 1808년 사비니는 란츠후트(Landshut)에 있는 바이에른 대학교로 갔으며 1810년 새로운 대학의 공동설립자로 베를린으로 갔는바, 사비니는 격동의 해인 1812년과 1813년에 이 새로운 대학의 학장을 역임하였다. 1812년과 1813년 이래로 사비니의 방향을 제시하는 저술들과 역사법학잡지(Zeitschrift für geschichtliche Rechtswissenschaft)의 창간은 그를 역사법학파의 선두에 서게 하였다. 1820년대에 베를린학술원과 왕립학술원에서 사비니의 활동은 계속적으로 이루어졌다. 사비니는 1819년부터 프로이센의 입법개혁(특히 프로이센 일반국법전[Allgemeines Landrecht für die Preußischen Staaten, "일반란트법"이라고도 부름])에 관여하였으며, 후에 프리드리히 빌헬름 4세(Friedrich Wilhelm (IV.))의 스승이 되었고, 1829년 프로이센 국무원에 임명되었으며, 1842년 베를린 교수직을 포기하면서, 일반국법전의 개정을 위해 만들어진 입법장관으로 임명되었다. 이러한 직은 불리한 시대적 상황과 보수적인 분위기 때문에 외부적으로는 열매가 거의 맺히지 않았지만, 유가증권법 및 장래의 상법과 채무법의 준비에는 지속적인 도움을 주었다. 사비니는 1848년 공직에서 물러났지만, 1850년 이후로 재건된 왕정과 관료제에 대한 사비니의 영향력은 컸다. 1861년에 사비니는 독일과 유럽 최고의 명성속에서 사망하였다. 3가지의 독일의 중요한 법역사 잡지들은 사비니를 기념하기 위하여 설립된 사비니 재단(Savigny-Stiftung)의 이름을 포함하고 있다."; 이 잡지(Zeitschrift der Savigny-Stiftung für Rechtsgeschichte)의 3분야는, ① 게르만법분야(Germanistische Abteilung), ② 교회법분야(Kanonistische Abteilung), ③ 로마법분야(Romanistische Abteilung)이다.

24) 김학태, 법의 해석과 적용, 한국외국어대학교 지식출판콘텐츠원, 2018, 41-42면.
25) 손종학, 로스쿨시대의 법학교육과 법조시장: 법학교육의 방향성과 법조시장의 정비를 중심으로, 법학연구 제28권 제1호, 충남대학교 법학연구소, 2017, 61면.

다. 이들은 법조인의 실무능력의 유무나 정도를 평가함에 있어 매우 중요한 영역임에 틀림이 없다. 그러나 이들이 중요한 평가기준이 될 수는 있지만 결코 이들만이 법조인의 실력 평가 대상이 될 수는 없고, 그 이외의 '무엇'이 더 필요하다. 아니 이들은 사실 평가의 결과일 뿐이지 결코 근원적 평가 대상은 아니다. 그렇다면 더 근본적인 법조인 능력의 평가 대상은 무엇일까? 그것은 바로 '사건(문제)해결능력'이다. 사건의 쟁점을 파악하여 그 쟁점에 적용될 법조문과 법리를 찾아내고, 이를 기존의 판례를 통하여 점검한 후 결론을 내어 문제를 해결하는 능력이 바로 사건(문제)해결능력이다." 여기서 말하는 사건해결능력, 법적용 능력이 바로 법해석능력에 의하여 좌우되는 것이다.

법해석을 함에 있어서 명심할 것이 있다. 그것은 앞으로 본서에서 누누이 언급하겠지만, 법해석은 결코 입법이 아니라는 점이다. 법해석은 글자 그대로 있는 법을 해석하는 것뿐이지 새롭게 법을 만드는 것은 아니다. 즉 법해석은 결코 현존하는 법을 뛰어넘을 수 없다는 한계를 안고 있다. 비록 현존하는 법이 문제점을 안고 있고, 정의 관념 등에 부합되지 않는다 할지라도, 이는 법개정이나 제정과 같은 입법절차를 통하여 이룰 일이지 해석으로 접근할 일은 아닌 것이다. 법해석이 '있는 법'을 뛰어넘을 경우 그것은 민주주의의 핵심 기반인 3권분립 정신에 정면으로 반하는 결과를 초래하기 때문이다.

그러나 해석론과 입법론은 따로따로 가는 것이 아니라 밀접하게 연결되어 한 몸처럼 굴러가기도 한다. 즉 현존하는 법을 해석함에 있어서 후술할 여러 법해석방법론을 가지고도 공정하고, 평등하며, 합리적인 해석에 이르지 못할 때, 다시 말하여 해석론으로는 바람직하다고 여겨지는 결론에 이르지 못할 때 그 문제점을 지적하면서 대안으로 바람직한 내용으로의 법개정의 필요성을 거론할 수 있으며(이를 해석론과 비교하여 입법론이라고 한다), 이러한 입법론이 사회 구성원 다수의 지지를 받을 경우 국회를 통하여 실제 법제정이나 개정으로, 즉 입법으로 이어질 수 있기 때문에 법해석론과 입법론은 어찌 보면 동전의 양면과 같이 분리할 수 없는 함께 가는 작업일 수 있다. 아래에 인용하는 글[26]은 이점을 잘 지적하고 있는 글이다.

"존재하는 법이 불편할 수 있다. 그러면 '개정'의 과정을 거쳐 불편하지

---

26) 정주백, 평등정명론, 충남대학교출판문화원, 2019, 4면.

아니한 법으로 나아가야 한다. 존재하는 법의 의미가 무엇이고, 거기에 어떤 문제가 있는지를 탐구하는 작업이 입법 과정에 디딤돌로 될 것이다. 존재하는 법을 받아들이는 바탕에서 입법론이 개진되어야 한다는 것이고, 이는 당연한 말이다.”

뿌리 잃은 법학 교육[27)]

철옹성처럼 완고하기만 하던 사법시험이 폐지되고 새롭게 도입된 로스쿨 제도는 법조인 양성의 패러다임을 바꾸는 대전환점이었다. 엘리트 중심의 법조인 선발에서 벗어나 전문성과 다양성을 갖춘 법조인 양성이라는 시대적 사명을 띠고 출범한 로스쿨 제도는 많은 순기능을 발휘해온 것이 사실이다. 그중에서도 전문성과 다양성을 갖춘 수많은 법조인을 배출하여 시민들에게 다가가게 한 것은 로스쿨의 가장 큰 업적이다.

그러나 밝음이 있으면 어둠도 있는 법이다. 로스쿨에서의 법학 교육이 학문으로서의 법 연구에서 실무가 양성 중심으로 바뀌면서 법철학, 법제사, 법사학과 같은 기초법학이 점점 설 자리를 잃어가고 있다. 이들 과목은 설강되지 않거나 폐강되기 일쑤이고, 전공 교수의 퇴임 후에도 후임 교수를 뽑지 않는 사례도 비일비재하다. 학생들은 또 어떤가? 변호사시험에만 매몰되어 이들 과목을 수강하지 않은 채 시험 대비용 공부만 하고 있다.

결국 기초법학은 사라지고 '임상 법학'만 남는 상황이다. 이를 의학 분야와 비교한다면, 의대생이 인체해부학, 생리학, 생화학, 세균학 등 기초의학은 배우지 않은 채 곧바로 성형외과 등의 지식만을 배워 의료 현장에 나가는 것과 유사하다. 문외한이 보더라도 뭔가 이상하다고 느낄 것이다.

이런 문제점은 고스란히 부실한 법학 교육으로 이어지게 되어 있다. 기초법학은 법학의 뿌리라고 할 수 있어 의학에서의 생리학이나 해부학, 생화학 등과 같은 학문이다. 이들 학문이 없는 의학 교육을 생각할 수 없듯이 법학에서도 기초법학 없이는 결코 법학 교육의 완전성이 이루어질 수 없다. 법학 분야의 기초 학문과 인문학을 제대로 습득하지 못한 채 법조인이 되면, 결국 '법기술자'들만 판을 치게 되고 진정한 '법률가'는 사라질 수밖에 없다. 왜냐고?

---

27) 이 글은 필자 손종학 교수가 2022. 9. 27.자 중도일보에 게재한 칼럼이다.

법은 결국 인간을 다루는 제도이기에 그렇다.

그러면 실무 중심의 임상 법학은 또 어떤가? 고백하건대, 로스쿨에서 힘을 쏟는 임상 법학조차도 깊이 있게 진행되기 어려운 게 현실이다. 대학 측이나 학생들 모두 '수험법학', 심하게 말하면 '문제 풀이 수험법학'에 매몰되어 있다고 하여도 과언이 아니다. 기본서조차 읽지 않고 보기 편하게 짜깁기 해놓은 얄팍한 수험서만을 금과옥조처럼 여기며 공부한다. 이런 상황은 졸업생의 합격률에 매달릴 수밖에 없는 우리나라 로스쿨 전반의 문제이기에 그 심각성이 더하다.

법은 그 시대의 사상과 문화가 표출된 결과물이기에 법조인이 되고자 하는 사람이라면 법철학, 법제사, 인문학, 사회과학 등에 대한 심도 있는 연구와 성찰이 필요하다. 법철학 등 기초 학문은 무시하고 판례 등 결과물에 대해서만 피상적으로 공부해 법조인이 되는 경우 법에 대한 올바른 해석이 불가능하다. 즉 기초법학은 임상법학과도 깊이 있게 연결되어 있다는 의미이다. 법학은 법해석학이라고 하여도 지나치지 않는데, 실무 법조인이 법해석 능력을 갖추지 못했다면 무슨 말을 더할 수 있을까?

기초법학과 인문학 분야의 소양을 제대로 갖추지 못한 자가 변호사가 되면 금전욕에서 벗어나기 어렵다. 검사가 되면 권력만 좇으려 할 것이며, 판사가 된다면 인간에 대한 깊은 이해 없이 형식적 법 논리만으로 기존 판례만 따르는 판결을 쏟아낼 우려를 지울 수 없다. 법조인들은 재판을 받는 시민이 승패에 관계없이 결과에 마음으로 승복하고 감동할 수 있게 하여야 한다. 하지만 아쉽게도 현재의 교육 시스템으로는 그런 승복과 감동을 내놓을 수 있는 법조인을 양성하기 어렵다.

로스쿨 제도가 도입된 지도 어느덧 13년이 넘었다. 이제 지금까지의 로스쿨 제도의 공과와 장단점을 살펴보고 문제점을 바로잡을 시점이다. 그리고 이러한 중간 점검은 실무가 양성 중심의 로스쿨에서 어떻게 하면 기초법학을 다시 법학의 중심으로, 아니 변방에라도 올려놓을 것인지를 고민하는 데서부터 시작되어야 할 것이다. '뿌리 잃는 법학 교육'에서 '뿌리째 뽑혀 나가는 법학'을 지금이라도 막아야만 한다. 그것은 단지 법학자나 법조인들만이 아닌 교육과 법무 관료, 정치가, 언론인들에게 주어진 시대적 과업이다.

제2장
법해석방법론

1. 법률해석의 이론적 기초

법률해석(Gesetzesauslegung)의 기준은 다양하다. 여기에서는 독일의 저명한 로마법학자인 프리드리히 칼 폰 사비니(Friedrich Carl von Savigny)의 법률해석기준과 법학방법론(Methodenlehre der Rechtswissenschaft)[1]을 저술한 독일의 법학자 칼 라렌츠(Karl Larenz)의 법률해석기준을 간략하게 설명하고자 한다.

가. 사비니의 법해석론

우선 문법적(grammatisch) 요소가 해석의 기준이 된다. 입법자의 생각을 우리의 생각으로 전달해주는 단어가 바로 해석의 대상이 된다. 따라서 문법적 해석은 입법자가 적용한 언어규칙을 설명하는 것이다.[2]

그 다음으로 논리적(logisch) 요소를 제시한다. 논리적 요소는 사고의 구조이다. 즉 사고의 개개의 부분 상호간의 논리적 관계이다.[3]

역사적(historisch) 요소는 당해 법률의 시행시점에 법규정을 통하여 해당 법적관계의 정해진 상태를 대상으로 한다. 이 상태에 법률은 일정한 방식으로 개입하여야 하며, 개입의 방법을, 즉 이러한 법률을 통해 새롭게 법에 삽입된 것을, 역사적 요소가 밝혀야 한다.[4]

체계적(systematisch) 요소는 모든 법제도와 법규정을 하나로 결속시키는 내부적인 연관성에 해당한다. 즉 역사적인 것뿐만 아니라 이러한 연관성은 입법자가 동시에 염두에 두고 있었던 것이다. 우리는 이 법률이 전체 법체계와 어떠한 관계에 있는지, 그리고 이 법률이 어떻게 이 체계에 효과적으로 개입하여야만 하는지를 우리가 이해하는 경우에만 우리는 입법자의 생각을 완전하게 파악하게 될 것이다.[5]

---

1) Karl Larenz, Methodenlehre der Rechtswissenschaft, 6. Auflage, Berlin u. a. (Springer) 1991.
2) Friedrich Carl von Savigny, System des heutigen Römischen Rechts. Band 1, Berlin (Bei Veit und Comp.) 1840 [= Savigny, System I], S. 213 f.
3) Savigny, System I, S. 214.
4) Savigny, System I, S. 214.
5) Savigny, System I, S. 214.

Savigny는 이러한 4가지 요소를 통해 법률의 내용에 대한 통찰이 완성된다고 보았다. 이는 기호에 따라 4가지 유형 중 하나를 선택할 수 있는 것이 아니라, 서로 다른 유형이 연합하여 효력을 발휘해야만 해석이 이루어지는 것이라고 강조하였다.[6]

나. 라렌츠의 법해석론

라렌츠는 사비니가 제시하는 기준을 좀 더 구체적으로 설명하고 있다. 다음에서 그 내용을 살펴보자.

1) 원문의 의미(Sinn des Worlauts)

우선 원문의 의미를 해석해야 할 필요가 있다. 그 이유는 법률은 단어(Wort)로 표현하는 입법자의 이성적인 의사이기 때문이다. 단어의 의미(Wortsinn, 語義)는 일반적인 언어사용으로부터 나타나기도 하고, 법조인들의 언어사용으로부터 발생하거나 혹은 바로 이 법률의 특별한 언어사용으로부터 나타나기도 한다. 동일한 단어와 개념은 원칙적으로 동일한 의미를 갖는다고 할 수 있지만, 단어의 의미가 표현된 문장과 의미의 관계에 따라서, 법률규정의 목적에 따라서, 법률에서의 위치 및 관련된 인적 집단에 따라서 다양한 의미의 변이를 허용한다.[7]

예를 들어, 법률에서 과실(Fahrlässigkeit, 過失)이라는 말을 살펴보자. 대표적으로 민법과 형법에서 과실이라는 말을 사용한다. 민법상 과실이란 일정한 결과가 발생한다는 것을 알고 있었어야 함에도 불구하고, 부주의 즉 주의를 게을리하였기 때문에 그것을 알지 못하고서 어떠한 행위를 하는 심리상태를 말한다.[8] 형법상 과실은 행위자가 보통의 주의를 게을리하여 범죄사실의 발생을 인식하지 않은 것으로 고의와 더불어 책임요건의 하나이다.[9] 민법상 "과실"과 형법상의 "과실"은 동일한 "과실"이라는 단어이지만, 그 의미가 민법

---

6) Savigny, System I, S. 215.

7) Karl Larenz/Manfred Wolf, Allgemeiner Teil des Bürgerlichen Rechts, 9, Auflage, München (Beck) 2004 [= Larenz/Wolf, BGB-AT], S. 81.

8) 곽윤직, 채권각론, 신정판, 박영사, 1998], 686면.

9) 조상원, 법률용어사전, 개정 3판, 현암사, 2016, 1063면.

과 형법에서 서로 구별되는 것임을 고려하여 원문의 의미에 따라 해석할 필요
가 있다.

2) 체계적 해석(Systematische Auslegung)

체계적 해석은 관련된 법률 전체에서 관련된 규정이 있는 위치와 배열에
기초를 둔다. 이를 통하여 조문을 어떻게 더 자세하게 이해해야만 하는지에
대한 추가적인 설명을 제공할 수 있는 것이다.[10]

민법 제390조(채무불이행과 손해배상)

채무자가 채무의 내용에 좇은 이행을 하지 아니한 때에는 채권자는 손해배상
을 청구할 수 있다. 그러나 채무자의 고의나 과실없이 이행할 수 없게 된 때에
는 그러하지 아니하다.

민법 제750조(불법행위의 내용)

고의 또는 과실로 인한 위법행위로 타인에게 손해를 가한 자는 그 손해를 배
상할 책임이 있다.

민법 제751조(재산 이외의 손해의 배상)

① 타인의 신체, 자유 또는 명예를 해하거나 기타 정신상고통을 가한 자는 재
산 이외의 손해에 대하여도 배상할 책임이 있다.
② 법원은 전항의 손해배상을 정기금채무로 지급할 것을 명할 수 있고 그 이
행을 확보하기 위하여 상당한 담보의 제공을 명할 수 있다.

예를 들어, 교통사고가 나면 피해자는 치료비를 지급해야 할 손해, 일을
하지 못해서 수입이 없는 손해 등을 입는다. 그런데 이러한 손해와 분명하게
구별되는 정신적 손해도 발생한다. 위자료는 이러한 정신적 손해를 전제로 하
는 개념이다. 위자료에 관한 배상은 민법 제751조에서 규정하고 있다. 우리 민
법 "제3편 채권 - 제5장 불법행위(민법 제750조~제766조)"에서 위자료에 관한
규정이 존재한다. 그러나 위자료에 관한 규정은 우리 민법 "제3편 채권 - 제1
장 총칙 - 제2절 채권의 효력(민법 제387조~제407조)"에 위치하고 있는 민법 제

---

10) Larenz/Wolf, BGB-AT, S. 83.

390조 채무불이행을 근거로 한 손해배상책임에 적용되지 않는다. 민법 제390조의 채무불이행책임은 계약관계를 전제로 하는 약정책임이다. 이에 반하여, 앞에서 말한 민법 제750조에 기한 불법행위책임은 계약관계와 무관한 법정책임이다. 위 두 책임을 개별적으로 보지 않고 체계적 해석을 통하여 종합적으로 해석할 때 불법행위책임에 속하는 위자료의 개념을 채무불이행책임에 적용할 수 없음을 확인할 수 있다.

민법 제391조(이행보조자의 고의, 과실)

채무자의 법정대리인이 채무자를 위하여 이행하거나 채무자가 타인을 사용하여 이행하는 경우에는 법정대리인 또는 피용자의 고의나 과실은 채무자의 고의나 과실로 본다.

민법 제756조(사용자의 배상책임)

① 타인을 사용하여 어느 사무에 종사하게 한 자는 피용자가 그 사무집행에 관하여 제삼자에게 가한 손해를 배상할 책임이 있다. 그러나 사용자가 피용자의 선임 및 그 사무감독에 상당한 주의를 한 때 또는 상당한 주의를 하여도 손해가 있을 경우에는 그러하지 아니하다.

② 사용자에 갈음하여 그 사무를 감독하는 자도 전항의 책임이 있다.

③ 전2항의 경우에 사용자 또는 감독자는 피용자에 대하여 구상권을 행사할 수 있다.

그리고 민법 제391조의 이행보조자책임과 민법 제756조의 사용자책임을 비교해 볼 필요가 있다. 식당에서 손님이 화상을 입는 일을 생각해 보자. 식당 종업원이 뜨거운 국물음식을 손님에게 전달하다가 실수로 손님에게 화상을 입히면 손님에게는 치료비 등의 손해가 발생한다. 이 경우 손님이 식당 주인을 상대로 손해배상을 요구해야 하는지 아니면 식당 종업원을 상대로 손해배상을 요구하여야 하는지 문제가 된다. 우리 민법 제756조의 사용자책임에 따르면 종업원이 민법 제750조에 따른 불법행위책임을 지는 것을 전제로, 식당 주인도 손님에게 민법 제756조의 사용자책임을 질 수 있다. 이 경우 식당 주인은 민법 제756조에 따르면 손님에게 배상해 준 금액만큼 식당종업원에게 구상권을 행사하여 그 돈을 다시 받을 수도 있다. 이러한 사용자책임에 관한 민법 제

756조는 우리 민법 "제3편 채권 - 제5장 불법행위(민법 제750조~제766조)"에 위치하고 있다.

그러나 계약관계를 전제로 하는 민법 제391조의 이행보조자책임은 앞의 사용자책임의 법리와는 구별된다. 이행보조자인 식당 종업원의 책임은 모두 채무자인 식당주인이 부담하는데, 다만 식당주인은 종업원에게 손님에게 배상해준 돈을 구상권을 행사하여 받아 낼 법적 근거가 없다. 이러한 민법 제391조의 이행보조자책임은 민법 제390조의 채무불이행책임과 관계되며 우리 민법 "제3편 채권 - 제1장 총칙 - 제2절 채권의 효력(민법 제387조~제407조)"에 위치하고 있다.

식당에서 손님이 종업원의 실수로 화상을 입는 이 사례를 생각해 보면 민법 제391조의 이행보조자책임에 관한 법리를 민법 제756조의 사용자책임에 적용할 수 없음을 체계적 해석을 통하여 이해할 수 있다.

3) 역사적 해석(Historische Auslegung)

역사적 해석은 입법에 참여한 사람들의 생각에 기반을 두고 있다. 이 생각은 사전초안과 그에 수반되는 이유서, 위원회의 회의록 및 의회의 협상으로부터 확인할 수 있다. 이러한 법률자료들은 법률의 목적과 입법자에 의하여 이루어진 원칙적인 결정을 이해함에 있어서 의미를 갖는다.[11]

관련하여 우리 민법의 제정과 민법전 편찬요강, 김병로의 민법전 초안, 민법전을 만들면서 참고한 독일민법전(Bürgerliches Gesetzbuch, 1896), 프랑스민법전(Code civil, 1804), 스위스민법(Schweizerisches Zivilgesetzbuch, 1907), 스위스채무법(Obligationenrecht, 1881), 영미법, 중화민국민법, 만주국 민법 등, 민법안심의록(2권), 민법안의견서 등은 우리 민법전을 작성하는 입법자들이 어떠한 사고에 기초하여 민법전을 작성하였는지 알 수 있는 중요한 자료들이다.[12] 이 자료들의 내용을 탐구함으로써 입법자의 생각을 확인하고, 역사적 해석을 통한 법해석이 이루어진다.

---

11) Larenz/Wolf, BGB-AT, S. 83.
12) 송덕수, 민법총칙, 제5판, 박영사, 2020, 32면 이하.

4) 객관적 목적론적 해석(Objektiv teleologische Auslegung)

입법자의 생각에는 부분적으로 틈(Lücke)이 있는데, 이는 입법자는 미래의 모든 발전을 예견할 수 없기 때문이다. 이것은 약 70년 이상된 우리 민법에도 적용되는 것이다. 계속적으로 발생되어 왔고, 나타나고 있는 사회적, 경제적 그리고 기술적 변화를 입법자가 고려하는 것은 불가능하다. 따라서 주관적(subjektiv) 역사적 해석은 바로 이러한 객관적 목적론적 해석을 통하여 보충되어야만 하는 것이다. 이러한 객관적 목적론적 해석은 발생시점과는 무관하게 일반적으로 유효하고 현재에도 중요한 규정의 의미를 탐구하고자 한다. 목적론적 기준으로 특히 법률규정의 객관적인 목적과 법률에 표현된 목적의 순위관계는 결정적이다.

민법 제111조(의사표시의 효력발생시기)
___
① 상대방이 있는 의사표시는 상대방에게 도달한 때에 그 효력이 생긴다.

예를 들어, 민법 제111조 제1항에서 규정하고 있는 의사표시의 도달[13]을 생각해 볼 수 있다. 1960년대 우리 민법 제정시 민법 입법자는 전보나 우편을 통한 의사표시의 도달을 생각했을 것이다. 그러나 현재 이메일이나 휴대폰메시지를 통한 의사표시의 도달이 이루어지고 있다. 이러한 통신수단의 발달에 비추어 "도달"이라는 표현을 단어의 의미에 기초하더라도 규정의 목적에 따라 해석할 필요가 있다.[14]

5) 일반법원칙(Allgemeine Rechtsprinzipien)

법률규정의 해석시 일반법원칙을 적용할 수 있다. 이 해석방식은 특히 가치의 모순을 가능한 한 피하기 위해서 적용된다. 이와 관련하여 원칙적으로 예외규정은 엄격하게 해석되어야 한다는 해석원칙도 있다.[15]

신의성실의 원칙을 예로 들어볼 수 있겠다. 신의성실이라는 것은 민법 제

___

13) 곽윤직, 민법총론, 신정판, 1996, 430면: 도달이라 함은 상대방의 지배권 내에 들어가 사회통념상 일반적으로 요지할 수 있는 상태가 생겼다고 인정되는 것을 말한다.

14) Larenz/Wolf, BGB – AT, S. 84.

15) Larenz/Wolf, BGB – AT, S. 85.

2조 제1항에 규정한 바와 마찬가지로 권리의 행사와 의무의 이행은 신의에 좇
아 성실하게 하여야 한다는 원칙이다. 신의성실의 원칙은 민법의 모든 분야에
적용되는 원칙으로서 그 의미가 크다.[16] 신의성실의 원칙은 최종적으로 법적
분쟁을 조정하는 기능을 수행한다.

민법 제2조(신의성실)

① 권리의 행사와 의무의 이행은 신의에 좇아 성실히 하여야 한다.

6) 헌법에 합치하는 해석(Verfassungskonforme Auslegung)

해석의 결과는 헌법에 포함된 법원칙에 합치하여야 한다. 일반 법률에 대
한 헌법의 우위는 일반 법률이 헌법에 합치하도록 해석될 것을 요구한다.[17]

2. 유권해석과 무권해석(학리해석)

가. 의의

법해석은 여러 가지로 분류할 수 있지만, 해석의 구속력이라는 점을 기준
으로 나누어 본다면 크게 유권해석(有權解釋)과 무권해석(無權解釋)으로 나눌
수 있다.

유권해석은 행정관청 등 국가기관이 유권적(有權的)으로 내리는 해석을
말하는 것으로 공권적(公權的) 해석이라고도 한다. 이에 비하여 무권해석은 사
인(私人, 주로 법학자)이 내리는 해석으로 우리가 흔히 말하는 학설이 여기에 해
당한다. 무권해석은 학리해석 혹은 사인해석이라고도 불린다. 그리고 이러한
학리해석에 따른 학자들의 견해를 학설이라고 부른다.[18]

---

16) 송덕수, 민법총칙, 제5판, 박영사, 2020, 94면 이하.

17) Larenz/Wolf, BGB-AT, S. 84.

18) 박경신 외 4인, 법정보조사, 법문사, 2016, 130면.

유권해석(有權解釋)	무권해석(無權解釋)
행정관청 등 국가기관이 유권적으로 내리는 해석 공권적(公權的) 해석	사인(私人, 주로 법학자)이 내리는 해석 학설 학리해석, 사인해석

나. 구별기준 및 효력

유권해석과 무권해석의 근본적인 차이점은 앞서 설명한 바와 같이 국가의 공권력에 의한 구속력의 유무이다. 유권해석은 국가기관에 의한 해석으로 당해 해석은 원칙적으로 국가기관을 구속함에 비하여 무권해석은 사인이 하는 해석이기에 아무런 법적 구속력이 없는 것이다.

여기서 아무런 구속력이 없다는 것은 국가기관 중 집행기관의 성격을 갖는 행정부나 재판과 심판기능을 갖는 사법부가 법의 집행이나 재판에 있어서 무권해석의 내용을 따르지 아니하여도 아무런 문제가 발생하지 않는다는 의미이다.

즉 무권해석의 내용을 따르지 않고 달리 해석하여 이를 적용하였다 할지라도 당해 재판이나 행정행위에 무효나 취소 등의 하자가 있는 것도 아니고, 위법한 행위로 되는 것도 아니라는 의미이다.

다. 유권해석별 효력(구속력)의 차이

이처럼 유권해석은 구속력을 갖는 해석이지만, 구속력의 범위와 내용은 유권해석의 종류에 따라 달라지게 된다. 예를 들어 뒤에서 살펴보는 바와 같이 법원의 판결과 같은 재판도 일종의 유권해석으로서, 법원의 판결은 행정기관을 구속하지만 이와 달리 행정기관의 유권해석은 당해 행정기관만을 구속할 뿐 법원을 구속하는 것은 아닌 점에서 차이가 있게 된다.

라. 학리해석의 중요성

무권해석 그중에서도 학리해석은 유권해석이 아니어서 국가기관을 구속하지는 않는다. 그렇지만 법원이나 검찰 등 법을 해석, 적용하는 기관에 상당한 영향을 줄 수 있음을 기억하여야 한다.

특히 새롭게 제정되거나, 개정된 법규범에 대한 해석에 있어서는 기존 판례가 없기에, 재판을 하는 법원 입장에서는 당해 법규범에 대하여 이루어진 학리해석을 중요한 해석기준으로 삼게 되므로 학리해석의 영향력은 클 수밖에 없다. 그리고 당해 학리해석이 지금은 판례의 입장과 다를지라도 훗날 판례의 입장으로 채택되기도 하기에, 학리해석의 중요성은 결코 작지 않다.

또한 재판 등을 함에 있어 당해 사건에 적용할 만한 기존 판례가 없거나 불명확한 경우에, 법률가나 재판관이나 제일 먼저 찾아보는 것이 학리해석인 학설이 어떻게 이루어지고 있느냐는 것이다. 여기에 학리해석의 중요성과 존재 의의가 있는 것이다.

3. 유권해석의 종류

유권해석은 해석의 주체인 국가기관에 따라 크게 입법해석, 행정해석, 사법해석으로 나누어진다. 그리고 그에 따라 유권해석이 갖는 특징인 구속력의 범위나 대상도 달라진다.

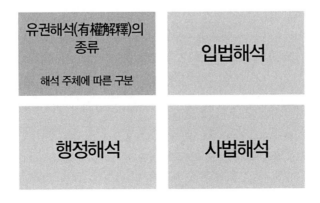

가. 입법해석

이는 입법기관이 법률을 제정함에 있어 미리 입법으로 특정 법률의 내용이나 문구의 의미와 적용범위, 효력 등을 밝혀놓은 것을 말한다.[19] 입법해석은 그 자체로 독립된 법규이므로 당연히 구속력을 갖게 된다.[20] 입법해석은 보통 '정의'라는 제목하에 당해 법률에서 자주, 그리고 중요하게 사용하는 용어를 입법적으로 해석하여 놓은 방식으로 이루어진다.

그래서 이러한 법규정을 '정의 규정' 내지는 '법적 정의'라고 부르고 있는 바, 이러한 정의 규정은 법해석이라기 보다는 입법 그 자체라고도 할 수 있다. 그러나 이러한 입법해석도 그 내용을 다시 구체화, 명확화할 필요가 있기에 입법해석 그 자체도 뒤에서 살펴보는 학리해석의 대상이 된다.[21]

[예] 제98조(물건의 정의)
本법에서 물건이라 함은 유체물 및 전기 기타 관리할 수 있는 자연력을 말한다.

이처럼 민법은 제98조에서 권리의 객체인 '물건'이 무엇을 의미하는지 입법해석을 해놓았지만, 위 정의 규정에서 말하는 '유체물'이나 '기타 관리할 수 있는 자연력'이 구체적으로 무엇을 말하는지는 다시 해석이 필요하기에, 결국 모든 해석은 무권해석인 학리해석으로 귀결될 수밖에 없다.

즉 권리객체인 물건이 무엇을 말하는 것인지에 대하여 민법은 물건을 "유체물 및 전기 기타 관리할 수 있는 자연력"이라고 유권해석을 하여 놓고 있지만, 이 해석만으로는 물건에 관한 법률관계에서 문제되는 모든 것을 처리할 수 없기에 다시 추가적인 해석이 필요한 것이다.

그에 따라[22] '유체물'은 고체, 기체, 액체처럼 공간의 일부를 차지하고 사람의 오감에 의하여 지각할 수 있는 형체를 가진 물질을 의미하는 것으로 해석하게 되고, '관리할 수 있는 자연력'은 배타적 지배가 가능하여 통제가 가능

---

19) 박경신 외 4인, 법정보조사, 법문사, 2016, 131면.
20) 박경신 외 4인, 법정보조사, 법문사, 2016, 131면.
21) 곽윤직·김재형, 민법총칙, 제9판, 박영사, 2016, 48면.
22) 이하의 내용은 손종학, 강해 민법총칙, 충남대학교출판부, 2010, 238-240면 참조.

하다는 의미로 해석을 하고, 이러한 관리가능성은 무체물은 물론 유체물에도 필요한 것으로 보아 배타적 지배가 사실상 불가능한 태양이나 별들은 유체물이지만, 적어도 현재의 과학기술로는 관리가능하지 않기에 민법상의 물건으로는 보지 않는 것으로 해석하는 것이다.

그러면 인체(人體)는 민법상의 물건일까? 이에 대한 해석도 필요하다. 즉 인체도 물건의 한 유형으로 보아 법적으로 물건으로 취급할 수 있는지의 문제이다. 인체도 일종의 고체로서 형체가 있고, 오감에 의하여 지각할 수 있으며, 관리가능성도 있기에 어쩌면 물건으로 해석할 수도 있을 것이다. 그러나 권리의 주체로서 존엄성을 가진 사람의 신체(몸)가 어떻게 권리객체인 물건이라고 볼 수 있을까? 그렇게 해석할 수는 없기에 학자들은 물건의 요건 중에 하나를 더 추가하여 외계(外界)의 일부로서 배타적 지배가 가능한 존재만이 물건이 되는 것으로 해석하고 있다. 그에 따라 신체의 일부인 장기 등은 물건이 될 수 없는 것으로 보게 된다.[23]

그러나 이러한 신체의 일부도 그것이 신체로부터 분리되었을 때에는 외계의 일부가 되고, 배타적 지배도 가능하기에 물건으로 볼 수 있게 된다. 그리고 사람이 사망한 이후에는 당해 사체나 유해는 물건성이 인정되지만, 그 특수성에 착안하여 제사용 재산인 분묘 등의 범위에 포함되는 관계로 일반 상속재산과는 분리되어 상속인이 아닌 제사주재자가 별도로 이를 승계하게 된다고 해석한다.

판례

대법원 1969. 2. 18. 선고 68도906 판결 [재물손괴]
원판결 이유에 의하면, 원심은 본건 답 70평에 권원 없는 조인복이가 모판을 만들어 심은 모는 독립한 물건으로서의 존재가치가 없어 거래의 대상이 되지 않으므로 부동산의 부합물로서 경작권자인 피고인의 소유라 할 것인데, 피고인이 위 모판을 파헤칠 때에 그 모판에서 성장하고 있었던 모는 길이가 4,5 센치미터에 불과하여 이로써 독립한 물건으로 취급할 수 없었다 할 것이고, 피고인이 위 모

---

23) 민법 제1008조의3, 대법원 2008. 11. 20. 선고 2007다27670 판결.

판을 파헤쳤다고 하더라도 이를 가리켜 타인의 재물을 손괴하였다고는 볼 수 없다고 판시하였다. 그러나 남의 땅에다 권한 없이 경작한 자라 할지라도 그가 재배한 농작물의 소유권은 그 경작자에게 있다는 것이 대법원 판례(1968.6.4. 선고 68다613,614 판결 참조)이고, 본건 모자리도 농작물에 해당한다 할 것이다.

그렇다면 원판결은 대법원판례와 상반한 판단을 하여 판결에 영향을 미친 것이 명백하므로 원판결을 파기 환송하기로 한다.

대법원 1990. 12. 26. 선고 88다카20224 판결 [제3자이의]

가. 일반적으로 일단의 증감 변동하는 동산을 하나의 물건으로 보아 이를 채권담보의 목적으로 삼으려는 이른바 집합물에 대한 양도담보설정계약체결도 가능하며 이 경우 그 목적 동산이 담보설정자의 다른 물건과 구별될 수 있도록 그 종류, 장소 또는 수량지정 등의 방법에 의하여 특정되어 있으면 그 전부를 하나의 재산권으로 보아 이에 유효한 담보권의 설정이 된 것으로 볼 수 있다.

나. 양도담보계약서 중 양도물건목록에 소재지, 보관창고명과 목적물이 양만장 내 뱀장어, 수량 약 백만 마리라고 기재되어 있을 뿐이고 특별히 위 양만장 내의 뱀장어 중 1,000,000마리로 그 수량을 지정하여 담보의 범위를 제한한 사실이 인정되지 않는다면 위 양도담보계약서에 기재된 수량은 단순히 위 계약 당시 위 양만장 내에 보관하고 있던 뱀장어 등의 수를 개략적으로 표시한 것에 불과하고 당사자는 위 양만장 내의 뱀장어 등 어류 전부를 그 목적으로 하였다고 봄이 당사자의 의사에 합치된다고 할 것이다.

다. 성장을 계속하는 어류일지라도 특정 양만장 내의 뱀장어 등 어류 전부에 대한 양도담보계약은 그 담보목적물이 특정되었으므로 유효하게 성립하였다고 할 것이다.

라. 집합물에 대한 양도담보권설정계약이 이루어지면 그 집합물을 구성하는 개개의 물건이 변동되거나 변형되더라도 한 개의 물건으로서 동일성을 잃지 아니하므로 양도담보권의 효력은 항상 현재의 집합물 위에 미치는 것이고, 따라서 양도담보권자가 담보권설정계약 당시 존재하는 집합물을 점유개정의 방법으로 그 점유를 취득하면 그 후 양도담보설정자가 그 집합물을 이루는 개개의 물건을 반입하였다 하더라도 그때마다 별도의 양도담보권설정계약을 맺거나 점유개정의 표시를 하여야 하는 것은 아니다.

대법원 2008. 11. 20. 선고 2007다27670 전원합의체 판결 [유체인도등]

(가) 사람의 유체·유골은 매장·관리·제사·공양의 대상이 될 수 있는 유체물로서, 분묘에 안치되어 있는 선조의 유체·유골은 민법 제1008조의3 소정의 제사용 재산인 분묘와 함께 그 제사주재자에게 승계되고, 피상속인 자신의 유체·유골 역시 위 제사용 재산에 준하여 그 제사주재자에게 승계된다.

(나) 피상속인이 생전행위 또는 유언으로 자신의 유체·유골을 처분하거나 매장 장소를 지정한 경우에, 선량한 풍속 기타 사회질서에 반하지 않는 이상 그 의사는 존중되어야 하고 이는 제사주재자로서도 마찬가지이지만, 피상속인의 의사를 존중해야 하는 의무는 도의적인 것에 그치고, 제사주재자가 무조건 이에 구속되어야 하는 법률적 의무까지 부담한다고 볼 수는 없다.

대법원 2016. 5. 19. 선고 2009다66549 전원합의체 판결 [손해배상(기)]
토지에 오염물질이 스며들어 토양이 오염된 경우와 달리, 폐기물은 유체물로서 토지에 매립되었다는 사정만으로 바로 토지에 결합되어 부합된다고 단정할 수 없다.
어떠한 동산이 민법 제256조에 의하여 부동산에 부합된 것으로 인정되기 위해서는 그 동산을 훼손하거나 과다한 비용을 지출하지 않고서는 분리할 수 없을 정도로 부착·합체되었는지 여부 및 그 물리적 구조, 용도와 기능면에서 기존 부동산과는 독립한 경제적 효용을 가지고 거래상 별개의 소유권의 객체가 될 수 있는지 여부 등을 종합하여 판단하여야 한다고 설명되는데(대법원 2009. 9. 24. 선고 2009다15602 판결 등 참조), 이와 같이 동산의 부합을 소유권취득 원인의 하나로 보는 것은 동산을 분리하는 것이 사회경제상으로 손해이기 때문이다. 그런데 앞에서 본 것과 같이 생활환경을 오염·훼손시키는 폐기물은 구 폐기물관리법이 정한 기준과 방법에 의하여 처리되어야 하며 토지에 임의로 매립하는 것은 금지되므로, 폐기물이 토지에 매립되었다 하더라도 그 상태를 유지할 수 없고 반드시 토지에서 분리하여 적법하게 처리되어야 하며 그 분리 및 처리에 상당한 비용이 든다고 하더라도 달리 볼 수 없다. 따라서 폐기 대상인 폐기물은 이를 분리하여 처리하는 것이 오히려 사회경제적으로 이익이며 부동산의 효용이나 가치 면에서도 유리하므로, 이를 경제적인 가치를 가지는 일반적인 동산과 동일하게 취급하여 쉽게 토지와의 부합을 인정하여서는 아니 된다.

이러한 입법해석의 방식은 아래의 예에서 보듯이 행정법규나 특별법규에서 많이 활용되고 있다.

[예] 행정소송법 제2조(정의)

① 이 법에서 사용하는 용어의 정의는 다음과 같다.

1. "처분등"이라 함은 행정청이 행하는 구체적 사실에 관한 법집행으로서의 공권력의 행사 또는 그 거부와 그 밖에 이에 준하는 행정작용(이하 "處分"이라 한다) 및 행정심판에 대한 재결을 말한다.

2. "부작위"라 함은 행정청이 당사자의 신청에 대하여 상당한 기간내에 일정한 처분을 하여야 할 법률상 의무가 있음에도 불구하고 이를 하지 아니하는 것을 말한다.

② 이 법을 적용함에 있어서 행정청에는 법령에 의하여 행정권한의 위임 또는 위탁을 받은 행정기관, 공공단체 및 그 기관 또는 사인이 포함된다.

[예] 국가공무원법 제5조(정의)

이 법에서 사용하는 용어의 뜻은 다음과 같다.

1. "직위(職位)"란 1명의 공무원에게 부여할 수 있는 직무와 책임을 말한다.

2. "직급(職級)"이란 직무의 종류·곤란성과 책임도가 상당히 유사한 직위의 군을 말한다.

3. "정급(定級)"이란 직위를 직급 또는 직무등급에 배정하는 것을 말한다.

4. "강임(降任)"이란 같은 직렬 내에서 하위 직급에 임명하거나 하위 직급이 없어 다른 직렬의 하위 직급으로 임명하거나 고위공무원단에 속하는 일반직공무원(제4조제2항에 따라 같은 조 제1항의 계급 구분을 적용하지 아니하는 공무원은 제외한다)을 고위공무원단 직위가 아닌 하위 직위에 임명하는 것을 말한다.

5. "전직(轉職)"이란 직렬을 달리하는 임명을 말한다.

6. "전보(轉補)"란 같은 직급 내에서의 보직 변경 또는 고위공무원단 직위 간의 보직 변경(제4조제2항에 따라 같은 조 제1항의 계급 구분을 적용하지 아니하는 공무원은 고위공무원단 직위와 대통령령으로 정하는 직위 간의 보직 변경을 포함한다)을 말한다.

7. "직군(職群)"이란 직무의 성질이 유사한 직렬의 군을 말한다.

8. "직렬(職列)"이란 직무의 종류가 유사하고 그 책임과 곤란성의 정도가 서로 다른 직급의 군을 말한다.

9. "직류(職類)"란 같은 직렬 내에서 담당 분야가 같은 직무의 군을 말한다.

나. 행정해석

1) 의의

행정해석은 행정관청이 하는 해석으로, 법의 집행의 형식 또는 상급관청의 하급관청에 대한 훈령, 지침, 회답, 지령 등의 형식으로 이루어지는 해석을 말한다.[24] 앞서 설명한 바와 같이 행정해석도 유권해석이지만 원칙적으로 행정관청 내에서만 구속력이 있을 뿐 대외적으로 일반 사인이나 법원 등에는 하등의 구속력을 갖지 못한다. 왜냐하면 법원은 행정에 관한 법규의미를 해석하여 이를 구체적인 사건에 적용함으로써 행정법의 효력을 담보하고 사법적 정의를 실현하는 임무를 지니고 있기 때문이다.[25]

그에 따라 법원은 재판을 함에 있어 행정관청의 행정해석을 따르지 않고 독자적인 입장에서 법을 해석, 적용하고 있으며, 행정해석을 따르지 아니하였다고 하여 당해 판결에 어떠한 하자가 있는 것도 아니고, 오히려 잘못 해석하여 행정처분을 한 행정청의 처분을 취소시키거나 무효화할 수 있다.

예를 들어 행정청이 어떠한 행정처분을 함에 있어 문제된 당해 법규의 해석이 갑설(甲說)과 을설(乙說)로 대립되는 경우에, 갑설을 취하여 처분을 하였고, 이에 대하여 그 처분의 상대방이 이는 법규를 잘못 해석하여 이루어진 위법한 행정처분이므로 이를 취소하여 달라는 행정소송을 제기한 경우, 법원이 심리 결과 행정청이 취한 갑설은 그릇된 해석이고, 오히려 을설로 해석하여 처분을 하는 것이 옳다고 판단할 경우에, 법원은 행정청의 해석에 구속되지 않으므로 갑설이 아닌 을설을 취하여, 행정처분을 위법한 처분으로 보아 이를 취소하는 판결을 선고할 수 있는 것이다.

---

24) 박경신 외 4인, 법정보조사, 법문사, 2016, 132면.
25) 이동수, 미국에서의 법원의 행정법 해석, 토지공법연구 제57집, 한국토지공법학회, 2012, 210면.

2) 행정해석과 행정규칙

가) 행정규칙의 의의

행정해석의 구속력 여부와 관련하여 소위 행정규칙이 법원에 대하여 구속력을 갖는지가 문제되는바, 이것이 바로 행정규칙(혹은 행정명령)의 법규성 논쟁이다. 행정규칙이란 행정조직 내부에 적용되는 행정사무의 처리기준 내지는 준칙으로서 제정된 법규범을 말한다.[26] 그러므로 행정규칙은 당연히 행정조직 내부에 대한 구속력을 갖게 되고, 이에 반하는 처분을 하는 경우에는 당해 처분을 한 자는 징계처분을 받을 수 있음은 물론 당해 처분도 위법한 처분임을 벗어날 수가 없다.

나) 행정규칙의 법규성 여부

그러나 더 나아가 행정규칙에 따라 처분을 한 경우에, 이 처분은 적법한 처분이 되어 법원이 이에 기속되는지가 문제되는 것이고, 이것이 바로 행정규칙의 법규성 문제이다. 행정규칙의 법규성 인정 여부와 관련하여서는 크게 행정부도 민주적 정당성을 갖는 국가기관으로서 고유의 법정립 권한을 가지므로 일정한 행정규칙은 법규명령과 같이 법규성을 가진 것으로 보는 견해(법규설)와 행정규칙은 국민에 대한 직접적 효력이 없기에 법규가 아니라는 견해(비법규설)로 양분되고 있다.

일반적으로는 행정규칙은 위와 같이 단순히 행정조직 내부 또는 특별한 공법상의 법률관계 내부에서 그 조직과 활동을 규율하는 일반적이고도 추상적인 명령으로서 외부적 구속효가 없어서 법규적 성질을 갖지 않는 것을 말하는 것으로 해석하고 있다.[27] 그에 따라 비록 훈령의 형식으로 이루어진다 할지라도 행정규칙은 행정 내부에서만 구속력이 있을 뿐, 대외적으로는 아무런 구속력이 없다고 보는 것이다.

판례도 일관되게 행정규칙은 그 성질이 행정기관 내부의 사무처리준칙을 정한 것으로서 행정명령의 성질을 가지는 것이고, 대외적으로 국민이나 법원

---

26) 최인호, 행정법총론, 충남대학교출판부, 2010, 182면.
27) 홍정선, 행정법원론(상), 제27판, 박영사, 2019, 267면.

을 기속하는 힘이 있는 것은 아니라는 이유로 행정규칙의 법규성을 부인하고
있다.

판례

대법원 1995. 3. 28. 선고 94누6925 판결 [영업정지처분취소]
구 식품위생법시행규칙(1993.7.3. 보건사회부령 제910호로 개정되기 전의 것) 제
53조에서 [별표 15]로 식품위생법 제58조에 따른 행정처분의 기준을 정하였다고
하더라도 이는 형식만 부령으로 되어 있을 뿐, 그 성질은 행정기관 내부의 사무
처리준칙을 정한 것으로서 행정명령의 성질을 가지는 것이고, 대외적으로 국민이
나 법원을 기속하는 힘이 있는 것은 아니므로 같은 법 제58조 제1항에 의한 처
분의 적법 여부는 같은법시행규칙에 적합한 것인가의 여부에 따라 판단할 것이
아니라 같은 법의 규정 및 그 취지에 적합한 것인가의 여부에 따라 판단하여야
한다.

다) 법제처에 의한 행정해석[28]

(1) 문제의 소재

법을 집행하는 행정기관 내부에서도 법규범의 해석에 있어서 의견이 다
를 수 있다. 이 경우 각 행정기관이 서로 다른 법규범 해석으로 법을 집행하
고, 행정을 할 경우 그 혼란으로 인한 피해는 온전히 국민이 질 수밖에 없다.
이러한 문제점을 피하기 위해서는 각 행정기관 사이의 법해석의 이견을 조정
하여 하나의 해석으로 통일시킬 필요가 있게 된다. 이를 위하여 행정기관 사
이 혹은 행정기관과 민원인 사이에 법령해석의 이견이 있을 시 법제처에 의한
유권해석제도를 운영하고 있으며, 최근 그 활용이 더욱 많아지고 있다.

(2) 개념

즉 법제처는 행정기관 사이 또는 민원인과 중앙행정기관 사이에 법령해
석상 대립이 생긴 경우, 유권해석을 통해 법집행의 공정성 및 신속성을 제고
하고자 법령해석 권한을 행사하고 있다. 법제처가 제시하는 법령의 해석의견

---

28) 자세한 것은 법제처 홈페이지 – 법제업무정보 – 법령해석 부문 참조.

은 행정부에서의 최종적인 결론이 되므로 결국 행정부의 유권해석이 된다.

(3) 절차

이러한 법령해석은 다음의 절차를 통하여 이루어진다. 먼저 행정기관이나 민원인이 법제처에 법령해석을 의뢰하면, 법제처는 이를 검토, 정리하여 법학교수, 변호사 등 150명 내외의 외부 전문가로 구성된 법령해석심의위원회의 심의를 거친 후 그 해석의 결과를 관계자에게 회신함으로써 종결된다.

(4) 법원에 의한 사법해석과의 관계

법제처에 의한 유권해석은 다음에 살펴보는 법원에 의한 사법해석과 달리 관계 행정기관에 대한 법적 구속력은 없다. 그러나 법제처의 유권해석은 정부 견해의 통일성과 행정 운영의 일관성을 위한 기준을 제시한다는 점에서 관계 행정기관이 법제처의 유권해석과 달리 집행할 경우 부적절한 집행으로 인한 징계나 감사원의 감사 등을 통한 책임 문제가 제기될 수 있다. 그로 인하여 결과적으로는 법제처의 유권해석은 관계 행정기관에 대한 사실상의 구속력을 가진다고 할 수 있다.

다만, 법제처의 유권해석과 다른 법원의 확정판결이 나온 경우에는 법적 구속력을 가진 법원의 확정판결에 의해 법제처의 유권해석이 갖는 사실상의 구속력은 제한되어, 행정기관은 법제처의 유권해석을 따라서는 아니 되고, 법원의 확정판결 상의 해석에 따라야 한다.

법제처의 유권해석이 법원에 의한 사법해석과 근본적으로 다른 점은 법을 집행하는 행정기관과 이의 적법 여부를 구체적으로 판단하는 사법부의 존재 목적과 기능에서 기인한다. 즉 법원이 행하는 사법해석은 구체적 쟁송의 해결을 목적으로 추상적인 법규범의 객관적 의미를 파악하는 데에 그 중점을 두고 있다.

이에 비하여 법제처가 행하는 유권해석은 행정기관이 앞으로 법령을 집행하여 행정목적을 달성하는 데에 있어 그 방향과 기준을 제시하는 데에, 즉 해당 법령의 집행으로 달성하려는 목적의 효율적 수행에 중점을 두고 있다. 결국 법제처의 유권해석은 법령에 담긴 정책집행의 방향을 제시하는 기능을 수행한다는 점에서 법 집행의 결과로 인하여 발생한 구체적이고 특정한 법적 분쟁에 대하여 하는 사법해석과는 기능적으로 차이가 있다고 할 수 있다.

해석례
___

[법제처의 법령해석 사례 1]

－민원인 － 개발행위허가 대상이 되는 "2미터 이상의 절토·성토가 수반되는 경우"의 의미(「국토의 계획 및 이용에 관한 법률 시행령」 제51조제2항제4호 등 관련)

안건번호20－0334

회신일자2020－08－03

1. 질의요지

「국토의 계획 및 이용에 관한 법률 시행령」(이하 "국토계획법 시행령"이라 함) 제51조제2항제4호 본문의 "2미터 이상의 절토·성토가 수반되는 경우"는 동일한 토지에 대해 절토한 후 성토하는 과정에서 토지의 형질변경 결과가 토지의 형질변경 전에 비해 2미터 이상 변화한 경우를 의미하는지, 아니면 절토·성토 중 어느 하나라도 2미터 이상인 경우를 의미하는지?

2. 질의배경

민원인은 위 질의요지에 대한 국토교통부의 회신 내용에 이견이 있어 법제처에 법령해석을 요청함.

3. 회답

국토계획법 시행령 제51조제2항제4호 본문의 "2미터 이상의 절토·성토가 수반되는 경우"는 절토·성토 중 어느 하나가 2미터 이상인 경우를 의미합니다.

4. 이유

「국토의 계획 및 이용에 관한 법률」(이하 "국토계획법"이라 함) 제56조제1항제2호에서는 토지의 형질변경을 개발행위허가 대상으로 규정하면서 경작을 위한 경우로서 대통령령으로 정하는 토지의 형질변경은 개발행위허가를 받지 않도록 제외하고 있고, 그 위임에 따른 같은 법 시행령 제51조제2항제4호 본문에서는 조성이 끝난 농지에서 농작물 재배, 농지의 지력 증진 및 생산성 향상을 위한 객토나 정지작업, 양수·배수시설 설치를 위한 토지의 형질변경으로서 "2미터 이상의 절토·성토가 수반되는 경우"에 해당하지 않는 형질변경을 개발행위허가 대상에서 제외되는 행위로 규정하고 있으므로, 2미터 이상의 절토·성토가 수반되는 형질변경은 개발행위허가 대상에 해당합니다.

그런데 국토계획법 시행령 제51조제1항제3호에서는 절토(땅깎기)·성토(흙쌓기)·정지·포장 등의 방법으로 토지의 형상을 변경하는 행위를 토지의 형질변경으로 규정하고 있고, 통상 가운뎃점은 열거할 어구들을 일정한 기준으로 묶어서 나타낼 때 사용(각주: 「한글 맞춤법」(문화체육관광부고시) 별표 문장부호 제5호(1) 참조)하므로 절토와 성토는 정지 또는 포장 등과 같이 각각 토지의 형상을 변경하는 방법의 종류로 보아야 하며, 절토의 방법으로 토지의 형상을 변경하는 행위와 성토의 방법으로 토지의 형상을 변경하는 행위 모두 각각 토지의 형질변경에 해당한다고 보아야 합니다.

그렇다면 국토계획법 시행령 제51조제2항제4호 본문에서 2미터 이상의 절토·성토가 수반되는 형질변경을 개발행위허가 대상으로 규정한 것은 조성이 끝난 농지에서 농작물 재배, 농지의 지력 증진 및 생산성 향상을 위한 객토를 위한 형질변경이라고 하더라도 그 과정에서 절토 또는 성토의 규모가 각각 2미터 이상인 경우에는 해당 토지의 형상 변경에 대해 관할 관청에서 검토하고 허가 여부를 결정하도록 하려는 것으로 보아야 합니다.

만약 이와 달리 "2미터 이상의 절토·성토가 수반되는 경우"를 절토와 성토가 순차적으로 이루어진 결과가 토지의 형질변경 전에 비해 2미터 이상 변화한 경우를 의미한다고 본다면, 국토계획법 시행령 제53조제3호가목에서 "높이 50센티미터 이내 또는 깊이 50센티미터 이내의 절토·성토·정지 등"을 개발행위허가를 받지 않아도 되는 경미한 행위로 규정한 것도 절토 또는 성토의 규모에 상관없이 그 결과를 기준으로 경미한 변경 여부를 판단하게 될 뿐 아니라, 토지의 이용과 환경적 보전의 조화를 도모하고 난개발을 방지하며 국토를 계획적으로 관리하기 위한 개발행위허가 제도의 취지(각주: 「개발행위허가운영지침」(국토교통부훈령 제1218호) 제1장제2절 1-2-1 참조)에도 부합하지 않습니다.

[법제처의 법령해석 사례 2]
－민원인 － 농지에서 농업을 하면서 동시에 태양에너지 발전설비를 설치하는 경우 농지의 전용에 해당하는지 여부(「농지법」 제2조제7호 등 관련)
안건번호20－0172
회신일자2020－07－13

1. 질의요지

「농지법」 제2조제1호에 따른 농지(이하 "농지"라 함)(각주: 「농지법」
제28조에 따른 농업진흥지역이 아닌 농지로 전제함)에서 농작물을 경작하
면서 동시에 태양에너지 설비(각주: 「신에너지 및 재생에너지 개발·이용·
보급 촉진법」 제2조제2호가목의 태양에너지를 생산 또는 이용하기 위한
설비를 말함.)를 설치하는 경우 「농지법」 제2조제7호에 따른 "농지의 전
용"에 해당하는지?

2. 질의배경

민원인은 위 질의요지에 대해 농림축산식품부로부터 농지의 전용에 해
당한다는 회신을 받자 이에 이견이 있어 법제처에 법령해석을 요청함.

3. 회답

이 사안의 경우 「농지법」 제2조제7호에 따른 농지의 전용에 해당합니다.

4. 이유

농지는 국민에게 식량을 공급하고 국토 환경을 보전(保全)하기 위한 기
반이며 농업과 국민경제의 조화로운 발전에 영향을 미치는 한정된 귀중한
자원이라는 점을 고려하여 「농지법」에서는 농지의 소유·이용 및 보전 등
농지에 관한 권리의 행사에 대해 일반 토지보다 강한 제한과 의무를 부과
하고 있으므로 농지의 소유·이용 및 보전의 제한에 대한 예외는 엄격하게
해석할 필요가 있습니다.

그런데 「농지법」 제2조제7호 본문에서는 농지를 농작물의 경작이나 다
년생식물의 재배 등 농업생산 또는 대통령령으로 정하는 농지개량 외의
용도로 사용하는 것을 "농지의 전용"이라고 정의하고 있는바, 농지를 농업
생산 또는 농지개량 외의 다른 용도로만 사용하는 경우와 농지를 농업생
산 또는 농지개량의 목적으로 사용하면서 동시에 다른 용도로 사용하는
경우를 구분하고 있지 않으므로, 농지를 농업생산 또는 농지개량 외의 다
른 용도로 사용하는 이상 농지의 전용에 해당한다고 보아야 하고, 명문의
근거 없이 같은 농지에서 농작물의 경작도 이루어지고 있다는 이유로 농
지의 전용에 해당하는지 여부를 달리 판단할 수는 없습니다.

그리고 「농지법」의 연혁법률인 구 「농지의 보전 및 이용에 관한 법률」
(1996. 1. 1. 법률 제4817호로 타법폐지되기 전의 것)에서는 농지의 형질

을 변경하거나 농지의 이용에 장해가 되는 시설 또는 구조물의 설치 등으로 농지를 농작물경작 또는 다년성식물재배 이외의 목적에 사용하는 것을 농지의 전용이라고 정의하던 것을, 법률 제4817호로 「농지법」을 제정하면서 형질 변경이나 시설 또는 구조물의 설치 없이 이루어지는 농지의 사용도 농지의 전용에 해당하도록 규정하여 농지의 전용을 폭넓게 정의하고 있습니다.

따라서 농지의 전용이 이루어지는 모습은 농지의 형질을 외형상 및 사실상 변경시켜 원상회복이 어려운 상태로 만드는 경우뿐 아니라 농지의 외형을 변경시키지 않으면서 다른 목적에 사용하는 경우를 포함(각주: 대법원 2009. 4. 16. 선고 2007도6703 판결례 참고)한다는 점을 고려할 때, 이 사안과 같이 농지에서 농작물을 경작하면서 동시에 태양에너지 설비를 설치하는 경우에도 농지의 전용에 해당한다고 보아야 합니다.

만약 이와 달리 농지에서 농작물을 경작하면서 동시에 태양에너지 설비를 설치하는 경우 이를 "농지의 전용"에 해당하지 않는다고 본다면, 명목상 농지를 농업활동에 사용하는 이상 농지전용허가 등의 절차를 거치지 않고 각종 시설물을 농지에 설치할 수 있게 되어 식량생산과 생태환경 유지를 위한 공공재로서의 농지를 보전하려는 것을 목적으로 하는 「농지법」의 입법취지에도 반하게 된다는 점도 이 사안을 해석할 때 고려해야 합니다.

라) 행정심판위원회 등의 법규범해석과 행정규칙의 법규성

행정기관 중 소청심사위원회, 행정심판위원회 등과 같이 심판기능을 담당하는 행정기관의 경우에는 심판이나 심사에 있어서 행정해석(행정규칙 등)에 구속(기속)되지는 않는다. 그에 따라 행정심판위원회 등은 당해 행정처분의 적법 여부를 심사함에 있어서 행정규칙을 중요한 기준으로 삼고는 있지만 이에 얽매이지 않고 독자적으로 법규범을 해석하여 위법성 여부 등을 판단할 수 있다.

그러나 행정심판위원회 등의 판단(이를 '재결'이라고 한다)은 당해 행정기관을 기속하여, 당해 행정기관(피청구인)이나 그 밖의 행정기관은 비록 위원회의 판단 내용과 다른 해석을 한다 할지라도 이에 대하여 행정소송 등을 제기하여 불복할 수 없고, 행정심판위원회의 판단은 확정된다.[29]

다. 사법해석(재판해석)

1) 의의와 효력

사법해석은 법원 등 사법기관이 하는 법해석으로, 주로 판결 등 재판절차를 통하여 이루어지기에 '재판해석'이라고도 부른다.[30] 사법해석도 법률상의 구속력은 없는 관계로 원칙적으로 당해사건 이외의 다른 사건에는 구속력이 없다.

그러나 대법원의 판단은 당해 사건에 관하여 하급심을 기속하고(법원조직법 제8조), 당해 사건이 아니어도 일반적으로 하급심 법원은 대법원의 판결(판단)에 따라 재판하기에 사실상 강력한 구속력이 있다.

무엇보다도 대법원판결의 경우 종전 대법원판결의 입장을 변경, 수정, 폐지할 때에는 소부에서 재판하지 아니하고 대법원장을 포함한 13인의 대법관으로 구성된 전원합의체에서 재판을 담당하고 있다. 또한 소액사건의 경우 소액사건심판법에 따라 기본적으로 상고가 제한되지만, 당해 판결이 기존의 대법원판례와 상반되는 경우에는 예외적으로 대법원에 상고를 할 수 있다. 이러한 것들이 대법원판결의 구속력을 더욱 강화하는 기능을 수행한다고 볼 수 있다.

[예] [법원조직법 제8조]
제8조(상급심 재판의 기속력) 상급법원 재판에서의 판단은 해당 사건에 관하여 하급심(下級審)을 기속(羈束)한다.

[예] [소액사건심판법]
제3조(상고 및 재항고) 소액사건에 대한 지방법원 본원 합의부의 제2심판결이나 결정·명령에 대하여는 다음 각호의 1에 해당하는 경우에 한하여 대법원에 상고 또는 재항고를 할 수 있다.

---

29) 행정심판법 제49조(재결의 기속력 등) ① 심판청구를 인용하는 재결은 피청구인과 그 밖의 관계 행정청을 기속(羈束)한다. 그러나 민원인인 청구인은 행정심판위원회의 판단에 불복하여 행정소송을 제기할 수 있다.

30) 박경신 외 4인, 법정보조사, 법문사, 2016, 131면.

1. 법률·명령·규칙 또는 처분의 헌법위반여부와 명령·규칙 또는 처분의 법률
   위반여부에 대한 판단이 부당한 때
2. 대법원의 판례에 상반되는 판단을 한 때

이러한 법률의 규정이나 제도를 떠나 실제 재판을 함에 있어서도 기존의 대법원판례를 변경함에 있어서는 사회 구성원의 신뢰를 보호하고 질서를 유지하여 혼란을 피하기 위하여 매우 신중하여야 하는바, 이 점에서도 대법원에 의한 사법해석의 기속력은 매우 강하다고 할 수 있다. 아래 대법원판결과 같이 비록 소수의견이기는 하지만 이 점을 명시적으로 강조하는 대법원판결도 있다.

판례

대법원 2004. 9. 16. 선고 2001도3206 전원합의체 판결 [사기]
[반대의견] 포괄일죄인 상습사기죄의 일부에 관하여 유죄의 확정판결이 있더라도 단순사기죄로 처벌된 것인가, 상습사기죄로 처벌된 것인가에 따라 기판력이 미치는 범위가 달라진다고 하는 다수의견에는 다음과 같은 이유로 찬성할 수 없는바, 첫째 다수의견은 공소불가분의 원칙을 규정하고 있는 형사소송법 제247조 제2항과 일사부재리의 원칙을 규정하고 있는 헌법 제13조 제1항 후단 및 형사소송법 제326조 제1호에 반하는 것으로 다수의견이 기존에 확립된 판례를 변경하는 것은 법령의 해석·적용에 관하여 선택할 수 있는 여러 견해 중 하나를 선택하는 차원의 범위를 넘어선 것이고, 둘째 후에 공소제기된 사건에 관하여 확정판결이 있었는지 여부는 그 사건의 공소사실의 전부 또는 일부에 대하여 이미 판결이 있었는지 여부의 문제이고, 이는 전의 확정판결의 죄명이나 판단내용에 의하여 좌우되는 것이 아니므로 이론상으로도 전의 확정판결에서 단순사기죄로 판단한 것의 구속력을 인정할 여지는 없고, 단순사기죄의 확정판결에 그와 같은 내용적 확정력을 인정할 법령상의 근거 역시 찾아볼 수 없으며, 셋째 다수의견이 기판력이 미치는 범위를 기본적으로 공소장 기재 사실을 한도로 하는 것은 소인개념을 채택하고 있지 아니하는 현행법상으로는 무리한 해석이다.

2) 사법해석의 인정 여부

오늘날 법해석의 대부분은 구체적인 분쟁을 해결하는 과정인 재판절차를 통하여 이루어진다. 그래서 이를 재판해석이라고 하고, 재판해석은 당연히 법원을 위시한 사법부에 의하여 이루어지는 것이기에 사법부 특히 법원에 의하여 법해석이 이루어지며, 법원은 그러한 법해석권을 갖고 있다는 점에 대하여 그 누구도 의문을 갖거나 반대하지 않는다.

그러나 법원이 법률해석권을 갖는 것이 처음부터 당연한 것은 아니었다. 사법부에 의한 법해석도 일종의 입법이자 법의 창조라는 점(유추해석의 경우를 보면 이 점이 더욱 분명하다)에서 3권분립의 원칙을 엄격히 적용할 경우 입법권을 침해할 요소가 있기에 대륙법계 계통에서는 법문언의 의미에 대하여 의문이 있을 경우 판사가 이를 해석하는 것이 아니라 입법부에 그 해석을 의뢰하는 형식으로 해결하기도 하였다. 즉 대륙법계 원칙론자의 입장에서는 입법자만이 유일하게 유권해석을 할 수 있다는 관념이 전제되어 있었다. 이는 판사에 대한 불신감이 그 배경이 되었다. 그러다가 이와 같은 방식에 의한 법해석이 현실적으로 어려움에 처하게 되어 입법부가 아닌 별도의 기관을 설립하여 그 기관에 유권해석을 맡기는 단계로 옮겨갔고 최종적으로 지금과 같은 법원의 판사에 의한 유권해석이 인정되기에 이르렀다.[31]

3) 사법해석의 중요성과 책임

사법해석 특히 재판해석의 중요성은 아무리 강조하여도 지나침이 없다. 재판해석은 사실상 모든 해석의 종결판이라고 할 수 있을 뿐만 아니라 재판해석을 통하여 비로소 법조항은 그 존재의의가 드러나기 때문이다.

무엇보다도 아래에서 살펴볼 여러 법해석방법론은 때로는 상호 충돌하기도 하고 모순되기도 하여 어떤 해석방법론을 취하느냐에 따라 유죄와 무죄가 갈리고, 권리의무관계에 직접적인 영향을 주는데, 사실 이들 해석방법론의 상호 충돌시 어떻게 하여야 한다는 원칙이 존재하지 않기에 결국 구체적 사건과

---

31) 자세한 것은 존 헨리 메리먼 외 1인 공저, 김희균 옮김, 대륙법 전통, 책과함께, 2020, 72면 이하 참고. 그러나 아직도 판사의 법률해석권을 부정하는 태도는 대륙법 전통의 일부로 남아 있다고 한다(위의 책, 89면).

관련하여 재판에서 어떤 해석방법론을 취하느냐가 가장 중요한 키가 되기 때문이다. 즉 법관은 재판을 함에 있어 어떤 해석방법론을 취할 것인지를 최종 결정할 권한이 있고, 이는 법관의 자유에 속하기 때문이다.[32]

그렇기 때문에 재판해석을 담당하는 재판관의 책임이 중요한 과제로 떠오르는 것이다. 즉 재판을 하는 법관은 자신에게 법해석 권한이 있다고 하여 자의적 해석으로 흘러갈 수 없고, 거기에는 일정한 책무를 부담한다. 이것을 소위 '법관의 논증의무'라고 하는 것이다. 현실적으로 모든 사람이 동의하는 법해석은 있을 수 없기에, 법관은 자신이 어떠한 근거와 해석방법론을 통하여 당해 결론에 이르게 되었는지를 밝힐 의무가 있는바, 이를 법관의 논증의무라고 한다.[33] 이러한 논증의무를 통하여 법관의 자의적 법해석의 위험을 어느 정도 감소시킬 수 있다.

4. 무권해석(학리해석)

무권해석은 법문언 자체, 입법취지, 당해 법을 적용할 사물의 성질, 헌법질서 등을 기초로 하여 언어학적, 논리학적 방법을 가지고 법의 의미와 내용을 확정하는 해석을 말한다. 이러한 무권해석의 성과가 바로 학설이고, 학설은 비록 아무런 법적 구속력이 없지만, 법해석의 유력한 근거가 된다.[34]

학리해석의 범주에 법원이 재판을 통하여 하는 해석을 포함시키는 견해도 있다. 즉 보통 해석이라고 하면 법원이 하는 해석을 포함하여 재판을 예측하거나 재판을 지도하려는 생각으로 행하는 해석을 모두 학리적 해석이라고 부른다고 하여, 재판해석을 유권해석이 아닌 무권해석인 학리해석의 한 부분으로 보기도 한다.[35] 그러나 앞서 살펴본 바와 같이 구체적인 사건의 재판을 통하여 판결의 형식으로 이루어지는 해석은 유권해석의 한 종류인 사법해석으로 보아야 하지, 이를 무권해석의 한 종류인 학리해석으로 볼 것은 아니라고 할 것이다.

---

32) 김학태, 법의 해석과 적용, 한국외국어대학교 지식출판콘텐츠원, 2018, 37면.
33) 김학태, 법의 해석과 적용, 한국외국어대학교 지식출판콘텐츠원, 2018, 37면.
34) 박경신 외 4인, 법정보조사, 법문사, 2016, 133면.
35) 곽윤직 · 김재형, 민법총칙, 제9판, 박영사, 2016, 48면.

전통적인 법해석방법론이라고 할 수 있는 사비니의 법해석방법론에 따르면, 먼저 방법에 따른 구분과 결과에 따른 구분으로 나눌 수 있다. 다시 방법에 따른 구분에는 문리적 해석과 논리적 해석이 속하고, 결과에 따른 구분에는 확장해석과 축소해석이 속하는 것으로 보고 있다.[36)]

학리해석(무권해석)의 방법론으로는 다음과 같은 방법이 활용되고 있다. 그러나 이러한 방법론은 무권해석은 물론 행정해석이나 사법해석과 같은 유권해석 시에도 그대로 사용된다는 점에서 무권해석에 그치지 않고 사실상 모든 해석의 방법론으로 기능한다고 할 수 있다.

5. 무권해석의 방법

무권해석의 방법		
문리해석		
논리해석	축소해석	확장해석
	반대해석	물론해석
	유추해석	보정해석
목적론적 해석		

가. 문리해석

1) 의의

문리해석은 법규범 상에 나타난 문언의 의미를 밝히는 해석으로 성문법해석의 출발점이자 가장 기본적인 해석방법론이다. 문리해석은 법규범의 문자나 문장에 중점을 두는 언어학적 해석방법이기에 문자해석이나 문언해석이라고도 부른다.[37)]

---

36) 자세한 것은 김학태, 법의 해석과 적용, 한국외국어대학교 지식출판콘텐츠원, 2018, 26면 참조.

37) 박경신 외 4인, 법정보조사, 법문사, 2016, 133면.

문리해석은 문언의 의미에 기초하는 것이기에 단순하고도 명료한 해석방법론이기는 하지만 인간의 사회생활에서 가지는 복잡하고도 미묘한 의미를 문자로 정확히 표현해내는 것은 어쩌면 불가능한 일이기도 하기에 문언해석만으로는 합리적이고도 올바른 해석을 하기에는 역부족이다. 그러므로 법규범을 해석함에 있어서는 너무 문리해석에 치중하여서는 아니 되고, 뒤에서 설명하는 여러 논리해석의 방법론을 함께 사용할 필요가 있게 된다.

2) 주의할 점

문리해석을 함에 있어서 주의할 것이 있다. 문리해석은 기본적으로 법규상의 문자나 문장을 해석하는 것이지만, 법규범에 사용하는 단어나 문자의 의미가 일반인들이 보통 사용하는 의미와 다르게 해석될 수 있다. 즉 같은 단어라 할지라도 일반인들이 파악하는 의미와 법의 영역에서 전문가들이 파악하는 의미가 전혀 다를 수 있기 때문에 법해석을 함에 있어서는 법규범에서 사용하는 의미로 해석할 필요가 있다.

예를 들어 일반인들의 입장에서는 일정한 행위나 의사의 취소, 해제, 해지, 철회 등을 같은 의미로 사용하거나 혼용하기도 하지만, 법의 영역에서는 위 단어들은 전혀 다른 의미와 효력을 갖게 된다. 그러므로 법률가들은 법적인 의미로 문리해석을 할 필요가 있는바, 이를 위해서는 법률용어사전과 같은 전문 사전을 가지고 해석하여야 할 것이다.

이와 관련하여 소위 '사용이론'이라는 것이 있다. 이는 "법률언어의 사용규칙은 법률언어 자체에 내재한 것이 아니라, 법의 적용자가 법률언어를 사용하는 궤적인 맥락 속에서 다른 사람들의 광범위한 동의를 얻어 낼 수 있는 방식으로 그 법률언어를 사용함으로써 귀납적으로 형성된다."[38]

여기서는 일반적으로 사용되는 의미와 다른 중요한 몇 가지 법률용어를 예시로 살펴본다.

제3자

이는 법률행위나 법률관계의 당사자(소송에서는 원고와 피고, 독립당사자참가

---

38) 김학태, 법의 해석과 적용, 한국외국어대학교 지식출판콘텐츠원, 2018, 35면.

인 등을 소송 당사자라고 함) 이외의 모든 자를 제3자라고 한다.

[예] 민법 제123조(복대리인의 권한)
① 복대리인은 그 권한내에서 본인을 대리한다.
② 복대리인은 본인이나 제삼자에 대하여 대리인과 동일한 권리의무가 있다.

대항하지 못한다.
법규범에서는 '대항하지 못한다'라는 문장을 쉽게 발견할 수 있다. 여기서 말하는 대항하지 못한다는 것은 법률행위의 당사자가 제3자에 대하여는 당해 법률행위의 효력을 주장하지 못하지만, 제3자는 얼마든지 당해 법률행위의 효력을 주장할 수 있다는 의미이다.

[예] 민법 제450조(지명채권양도의 대항요건)
① 지명채권의 양도는 양도인이 채무자에게 통지하거나 채무자가 승낙하지 아니하면 채무자 기타 제삼자에게 대항하지 못한다.

지명채권은 원칙적으로 채권자인 양도인과 양수인 사이의 합의만으로 자유롭게 양도할 수 있다. 그러나 이 양도를 가지고 채무자나 제3자에게 대항하기 위해서는, 즉 채권이 양도되었다고 주장하면서 양수인이 채무자에게 채무를 이행하라고 청구하기 위해서는 양도인에 의한 채권양도의 통지가 있어야 하고, 이의 통지 등이 없으면 채무자에게 채권이 양수인에게 양도되었음을 주장하지 못한다는 의미이다. 그러나 채무자 입장에서는 비록 채권양도의 통지가 없거나 본인이 양도를 승낙하지 않았다 할지라도 얼마든지 당해 채권이 양도되었음을 주장할 수 있게 된다.[39]

선의(善意)와 악의(惡意)
법률 영역에서 사용하는 의미와 일반인이 사용하는 의미가 완전히 다른 것 중의 하나가 바로 선의와 악의라는 단어이다. 법의 영역에서는 선의란 착한,

---

[39] 자세한 것은 손종학, 강해 계약법 Ⅰ, 충남대학교출판문화원, 2020, 307면 이하 참조.

좋은 뜻이라는 의미가 아니라 일정한 사실(사정)을 모르고 있다는 의미이고, 악의는 나쁜 뜻이나 나쁜 의도가 아니고 일정한 사실(사정) 등을 알고 있다는 의미이다. 즉 일정한 사실을 알고 있는지, 모르고 있는지의 의미로 선의와 악의라는 용어를 사용한다.

[예] 민법 제109조(착오로 인한 의사표시)

① 의사표시는 법률행위의 내용의 중요부분에 착오가 있는 때에는 취소할 수 있다. 그러나 그 착오가 표의자의 중대한 과실로 인한 때에는 취소하지 못한다.

② 전항의 의사표시의 취소는 선의의 제삼자(第3者)에게 대항하지 못한다.

법률행위의 중요 부분에 착오가 있고, 그 착오에 중대한 과실이 없을 때 표의자는 당해 법률행위를 취소할 수 있다. 그런데 법률행위를 취소할 경우, 당해 법률행위는 취소 시점이 아닌 당해 법률행위 시점부터 무효인 것으로 처리된다(이를 취소의 소급효라고 부름). 이처럼 취소 시에 처음부터 법률행위가 무효로 됨에 따라 당해 법률행위가 취소할 사정이 있는 사정을 모른 채 없는 것으로 믿고 법률행위를 한 제3자(第3者)는 불측의 손해를 입을 수 있게 된다. 이러한 문제점을 보완하기 위하여 제3자(第3者)가 취소 사유(사정)가 있음을 알지 못하였다면, 즉 선의(善意)라면, 취소의 소급효가 제한되어 제3자(第3者)가 취득한 권리 등에 영향을 주지 않는다는 의미이다.

또한 채권자취소권이 인정되기 위해서는 채무자의 사해행위 당시에 채무자가 악의(惡意)이어야 한다. 그런데 여기서 말하는 악의란 채권자를 해할 의사인 해의(害意)가 아니라 채무자가 당해 재산상의 법률행위가 채권자를 해(害)한다는 인식, 즉 당해 법률행위로 인하여 채권자에 대한 공동담보에 부족이 생긴다는 인식을 의미하는 것이다.[40]

---

40) 손종학, 강해 계약법 Ⅰ, 충남대학교출판문화원, 2020, 136면.

판례

대법원 1997. 5. 9. 선고 96다2606,2613 판결 [제3자이의·사해행위취소등]
채무자가 유일한 재산인 부동산을 매각하여 소비하기 쉬운 금전으로 바꾸는 것
은 특별한 사정이 없는 한 사해행위가 되는 것이고, 사해행위의 주관적인 요건인
채무자의 사해의 의사는 채권의 공동담보에 부족이 생기는 것을 인식하는 것을
말하는 것으로서 채권자를 해할 것을 기도하거나 의욕하는 것을 요하지 아니하
며, 채무자가 유일한 재산인 부동산을 매각하여 소비하기 쉬운 금전으로 바꾸는
경우에는 채무자의 사해의 의사는 추정된다 할 것이므로, 채무자가 유일한 재산
인 부동산을 매도한 경우 그러한 사실을 채권자가 알게 된 때에 채권자가 채무자
에게 당해 부동산 이외에는 별다른 재산이 없다는 사실을 알고 있었다면 그 때
채권자는 채무자가 채권자를 해함을 알면서 사해행위를 한 사실을 알게 되었다
고 할 것이다.

인(人)

일반적으로 인(人)은 살아 숨 쉬는 생명체로서의 우리 인간 즉 사람을 지칭한
다. 그러나 법 특히 민법 등에서의 인(人)은 인간만을 지칭하는 것이 아니다.
법에서 상정하고 있는 인(人)에는 두 가지가 있다. 그 하나는 바로 위에서 말
한 인간으로서의 인(人)인 자연인이고, 다른 하나는 법인(法人)이다. 즉 자연
인과 법인 모두 인(人)으로 취급된다.

법인이란 법에 의하여 자연인과 같은 권리능력이 부여된 단체를 말한
다.[41] 자연인으로서의 사람은 생존한 동안 권리와 의무의 주체가 되어(이를 권
리능력이라고 한다) 법률행위 등을 통하여 권리를 취득하기도 하고 의무를 부담
하기도 한다. 권리주체로서의 법인에는 일정한 목적에 의하여 결합된 사람의
단체인 사단법인과 일정한 목적을 위하여 출연된 재산에 법인격이 부여된 재
단법인이 있다. 이처럼 법인에도 자연인과 마찬가지로 권리능력이 부여되기에
법인은 권리와 의무의 주체가 되어 사회적, 경제적 활동을 할 수 있게 된다.
그러므로 법문을 해석함에 있어 법조문상에 '인(人)'이라는 단어가 나오면
그것이 자연인만을 말하는 것인지, 아니면 법인을 포함한 권리능력자로서의

---

41) 자세한 것은 손종학, 강해 민법총칙, 충남대학교출판부, 2010, 151면 이하 참조.

인(人)을 말하는 것인지 분별할 필요가 있다. 예를 들어, 민법 제1편 제2상 표
어에서의 인(人)은 자연인은 물론 법인까지 포함되는 개념이다. 또한 민사소송
법 제1편 제2장에서의 '당사자'도 사람인 자연인 이외에 법인이나 더 나아가서
는 일정한 경우 법인이 아닌 사단(법인 등록을 하지 않은 종중이나 교회 등)이나
재단까지도 포괄하는 용어이다.[42]

나. 논리해석

논리해석은 단순히 법규범 상의 문언에 얽매이지 않고 당해 법규범 전체
에 있어서의 구성적 연관, 법질서 전체와의 논리적 연관, 입법목적이나 취지,
적용결과의 기초 위에 논리적 사유의 법칙에 따라 법의 객관적 의미를 찾으려
는 해석방법론이다. 목적론적 해석도 논리해석과 같은 범주에 드는 해석방법
론이라고 할 수 있을 것이다.

즉 당해 조문의 문자나 자구(字句) 해석에 한하지 않고, 법질서 전체와의
체계적인 조화를 이룰 수 있게 하는 해석방법론인 것이다.[43] 이러한 논리해석
은 위에서 설명한 문언해석이 갖는 구조적 한계를 극복하여 좀 더 합리적이고
도 타당한 해석에 이르고자 하는 의도에서 나오는 해석 방법론이다.

판례[44]는 "법을 해석·적용할 때에는 그 결과를 고려해야 한다. 만일 해
석의 결과 심히 불합리하거나 부당한 결론이 도출된다면 그러한 해석을 배제
하는 방안을 강구해야 한다. 통상 이를 위하여 문언적 해석 외에 논리적·체계
적 해석, 역사적 해석, 목적론적 해석 등 여러 해석방법이 동원된다. 이러한
시도에도 불합리와 부당함이 교정되지 않는다면 법원은 법의 문언을 넘어서는
해석, 때로는 법의 문언에 반하는 정당한 해석을 해야 한다."라고 하여 문언해
석을 뛰어넘는 논리해석의 불가피성이나 필요성을 받아들이고 있다.

논리해석을 한 판결의 한 예로는 다음의 판결[45]을 들 수 있다. 즉 양도금

---

42) 이에 따라 종중 등과 같이 법인 등록을 하지 않은 일정 단체도 소송법상의 당사자능력
(이는 민법 등 실체법에서의 권리능력에 대응하는 개념임)이 부여되어 소송의 주체로서
원고가 되어 소를 제기할 수도 있고, 피고로서 응소할 수도 있는 것이다.

43) 곽윤직·김재형, 민법총칙, 제9판, 박영사, 2016, 48면.

44) 대법원 2020. 9. 3. 선고 2016두32992 전원합의체 판결 [법외노조통보처분취소].

45) 대법원 2019. 12. 19. 선고 2016다24284 전원합의체 판결 [공사대금].

지특약을 위반한 채권양도의 효력과 채권양수인의 악의 또는 중과실에 대한 주장·증명책임의 소재에 관하여 대법원의 다수의견은 다음과 같이 밝히고 있다. "(가) 채권은 양도할 수 있다. 그러나 채권의 성질이 양도를 허용하지 아니하는 때에는 그러하지 아니하다(민법 제449조 제1항). 그리고 채권은 당사자가 반대의 의사를 표시한 경우에는 양도하지 못한다. 그러나 그 의사표시로써 선의의 제3자에게 대항하지 못한다(민법 제449조 제2항).

이처럼 당사자가 양도를 반대하는 의사를 표시(이하 '양도금지특약'이라고 한다)한 경우 채권은 양도성을 상실한다. 양도금지특약을 위반하여 채권을 제3자에게 양도한 경우에 채권양수인이 양도금지특약이 있음을 알았거나 중대한 과실로 알지 못하였다면 채권 이전의 효과가 생기지 아니한다. 반대로 양수인이 중대한 과실 없이 양도금지특약의 존재를 알지 못하였다면 채권양도는 유효하게 되어 채무자는 양수인에게 양도금지특약을 가지고 채무 이행을 거절할 수 없다. 채권양수인의 악의 내지 중과실은 양도금지특약으로 양수인에게 대항하려는 자가 주장·증명하여야 한다.

(나) 양도금지특약을 위반하여 이루어진 채권양도는 원칙적으로 효력이 없다는 것이 통설이고, 이와 견해를 같이하는 상당수의 대법원판결이 선고되어 재판실무가 안정적으로 운영되고 있다. 이러한 판례의 법리는 다음과 같은 이유에서 그대로 유지되어야 한다.

① 민법 제449조 제2항 본문이 당사자가 양도를 반대하는 의사를 표시한 경우 채권을 양도하지 못한다고 규정한 것은 양도금지특약을 위반한 채권양도의 효력을 부정하는 의미라고 해석하여야 한다. 법조문에서 '양도하지 못한다'고 명시적으로 규정하고 있음에도 이를 '양도할 수 있다'고 해석할 수는 없다. 나아가 민법 제449조 제2항 단서는 본문에 의하여 양도금지특약을 위반하여 이루어진 채권양도가 무효로 됨을 전제로 하는 규정이다. 따라서 양도금지특약을 위반한 채권양도는 당연히 무효이지만 거래의 안전을 보호하기 위하여 선의의 제3자에게 무효를 주장할 수 없다는 의미로 위 단서규정을 해석함이 문언 및 본문과의 관계에서 자연스럽다.

② 이처럼 해석하는 것이 지명채권의 본질과 특성을 보다 잘 반영할 수 있다."라고 판시하고 있다. 이러한 논리해석의 방법론으로는 다음과 같은 해석방법론이 사용된다.

1) 축소해석

가) 의의

법규의 문리적(언어적) 의미가 너무 넓은 경우에 입법취지나 사회질서 등을 고려하여 언어적 표현인 법규의 문언이 뜻하는 바를 최대한 좁게 해석하는 방법론이다. 즉 법조문 상의 문언 그대로 해석할 경우 법이 예정하고 있는 적용 범위가 지나치게 넓어지거나 심히 부당한 결론에 이르게 된 경우에, 최대한 문언의 의미를 좁게 해석하여 적용범위를 한정시키는 해석이다. 이는 목적론적 해석에 기초하는 것이기에 목적론적 축소해석이라고도 부른다.

나) 활용영역

이러한 축소해석은 죄형법정주의나 조세법정주의처럼 피고인이나 납세자를 보호할 필요가 높은 영역에서 주로 이루어진다.

[예]

도로교통법 상 '횡단보도 보행자'의 개념에서 자전차를 타고 건너는 자를 보행자에서 제외하고, 자전차를 타지 않고 단지 자전차를 끌고 가는 사람만을 보행자로 봄으로써 가해 운전자의 처벌범위나 수위를 제한하는 해석

축소해석과 관련된 대법원 판결[46]에서, 다수의견은 "구 유통산업발전법 제12조의2 제1항, 제2항, 제3항에 따라 영업시간 제한 등 규제 대상이 되는 대형마트에 해당하는지는, 일단 대형마트로 개설 등록되었다면 특별한 사정이 없는 한, 개설 등록된 형식에 따라 대규모점포를 일체로서 판단하여야 하고, 대규모점포를 구성하는 개별 점포의 실질이 대형마트의 요건에 부합하는지를 다시 살필 것은 아니다."라고 하여 개별 점포가 아닌 대규모 점포를 일체로 판단하여야 할 것이라는 입장을 취하였다.

반면에, 2명의 대법관은 "구 유통산업발전법 제2조 제2호, 제3호, 제12조의2 제1항, 제2항, 제3항, 구 유통산업발전법 시행령 제2조, 제3조 및 [별표 1]

---

46) 대법원 2015. 11. 19. 선고 2015두295 전원합의체 판결 [영업시간제한등처분취소].

의 내용, 대형마트 매장의 구성 및 상품판매 장소와 용역제공 장소의 구분, 대형마트에 대한 영업시간 제한 등 규제의 목적, 영업의 자유에 대한 규제를 최소화할 필요성 등의 여러 사정들을 종합하면, 구 유통산업발전법 제12조의2 제1항, 제2항, 제3항에 따른 영업시간 제한 등 규제의 대상은 '대형마트로 등록된 대규모점포'의 매장 중 상품판매 장소이고, 용역제공 장소에 대하여는 실질이 상품판매 장소에 해당하는 경우 등과 같이 상품판매 장소와 마찬가지로 규제하여야 할 정당한 이유가 있는 경우가 아니라면, 원칙적으로 규제의 대상에 포함되지 아니한다."라고 하여 반대의견을 내고 있다. 즉 다수의견은 대규모점포의 해당 여부를 판단함에 있어 축소해석을 시도하지 않은 반면에, 반대의견은 축소해석을 꾀하고 있는 것이다.

판례

대법원 2020. 9. 3. 선고 2016두32992 전원합의체 판결 [법외노조통보처분취소] 중 대법관 김재형의 별개의견

노동조합법 제2조 제4호 단서 (라)목은 '원래 조합원이었던 근로자가 해직되더라도 조합원 자격을 유지하도록 하는 경우'에는 적용되지 않는다고 보아야 한다. 이러한 목적론적 축소가 헌법 규정과 법의 원리에 부합하고 이를 최대한 실현하는 합헌적 해석이다. 이와 달리 '원래 조합원이었던 근로자가 해직되더라도 조합원 자격을 유지하도록 하는 경우' 역시 '근로자가 아닌 자의 가입을 허용하는 경우'에 해당하고, 이를 이유로 노동조합으로서의 법적 지위를 원천적으로 박탈할 수 있다고 해석하는 것은 노동조합의 단결권을 본질적으로 침해하고 일반 노동조합과 교원 노동조합을 부당하게 차별하는 것일 뿐만 아니라 단체 또는 법인에 관한 일반 법리에도 어긋난다.

의정부지방법원 2016. 10. 7. 선고 2015노3482 판결

도로교통법 제27조 제1항은 '모든 차의 운전자는 보행자(제13조의2 제6항에 따라 자전거에서 내려서 자전거를 끌고 통행하는 자전거 운전자를 포함한다)가 횡단보도를 통행하고 있을 때에는 보행자의 횡단을 방해하거나 위험을 주지 아니하도록 그 횡단보도 앞(정지선이 설치되어 있는 곳에서는 그 정지선을 말한다)에서 일시정지하여야 한다'고 규정하고 있고, (후략)

대법원 1990. 10. 16. 선고 90도761 판결

손수레가 도로교통법 제2조 제13호에서 규정한 사람의 힘에 의하여 도로에서 운전되는 것으로서 '차'에 해당하고 이를 끌고 가는 행위를 차의 운전행위로 볼 수 있다 하더라도 손수레를 끌고가는 사람이 횡단보도를 통행할 때에는 걸어서 횡단보도를 통행하는 일반인과 마찬가지로 보행자로서의 보호조치를 받아야 할 것이므로 손수레를 끌고 횡단보도를 건너는 사람은 교통사고처리특례법 제3조 제2항 제6호 및 도로교통법 제48조 제3호에서 규정한 '보행자'에 해당한다고 해석함이 상당하다.

대법원 1992. 2. 14. 선고 90도2310 판결 [국가공무원법위반]

가. 국가공무원법 제66조에서 금지한 '노동운동'은 헌법과 국가공무원법과의 관계 및 우리 헌법이 근로삼권을 집회, 결사의 자유와 구분하여 보장하면서도 근로삼권에 한하여 공무원에 대한 헌법적 제한규정을 두고 있는 점에 비추어 헌법 및 노동법적 개념으로서의 근로삼권, 즉 단결권, 단체교섭권, 단체행동권을 의미한다고 해석하여야 할 것이고, 제한되는 단결권은 종속근로자들이 사용자에 대하여 근로조건의 유지, 개선 등을 목적으로 조직한 경제적 결사인 노동조합을 결성하고 그에 가입, 활동하는 권리를 말한다고 할 것이며 또한 같은 법상의 '공무 이외의 일을 위한 집단적 행위' 는 공무가 아닌 어떤 일을 위하여 공무원들이 하는 모든 집단적 행위를 의미하는 것은 아니고 언론, 출판, 집회, 결사의 자유를 보장하고 있는 헌법 제21조 제1항, 헌법상의 원리, 국가공무원법의 취지, 국가공무원법상의 성실의무 및 직무전념의무 등을 종합적으로 고려하여 '공익에 반하는 목적을 위하여 직무전념의무를 해태하는 등의 영향을 가져오는 집단적 행위'라고 축소해석하여야 할 것이다.

나. 피고인이 관련한 ○○교사협의회 내지 그 산하인 △△교사협의회는 보충수업 확대 실시 반대, 스승의 날 문제, 교사들의 대한교련 탈퇴촉구 등 교육 내부의 문제와 모순점들을 지적하거나 그 개선을 주장하기 위한 교사들의 임의단체인 것으로 보이고 설사 ○○교사협의회가 전교조 설립의 필요성을 교사들에게 홍보하는 등의 활동을 하였다고 할지라도 그러한 활동만으로 그 표현행위 자체가 노동조합의 설립행위 내지 노동조합의 통상활동이라고 볼 수 없으므로 피고인의 각 행위는 위 "가"항의 노동운동에 해당한다고 볼 수 없고 또한 피고인이 행한 ○○교사협의회 대의원대회 및 상임위원회 개최, 강연회에서의 연설, △△교사협의회 소식지의 작성, 배포는 모두 휴일이나 근무시간 이외에 이루어졌고 달리 공

익에 반하는 목적을 위하여 직무전념의무를 해태하였다고 볼 자료가 없으므로 피고인이 위 "가"항의 '공무 이외의 일을 위한 집단적 행위'를 하였다고 볼 수 없다고 한 사례.

대법원 2022. 8. 25. 선고 2018다205209 전원합의체 판결 [부당이득금] – 축소해석을 허용하고 있는 대법원 입장

[다수의견] 종래 대법원은 민사집행법 제267조가 신설되기 전에도 실체상 존재하는 담보권에 기하여 경매개시결정이 이루어졌으나 그 후 경매 과정에서 담보권이 소멸한 경우에는 예외적으로 공신력을 인정하여, 경매개시결정에 대한 이의 등으로 경매절차가 취소되지 않고 매각이 이루어졌다면 경매는 유효하고 매수인이 소유권을 취득한다고 해석해 왔다.

대법원은 민사집행법 제267조가 신설된 후에도 같은 입장을 유지하였다. 즉, 민사집행법 제267조는 경매개시결정이 있은 뒤에 담보권이 소멸하였음에도 경매가 계속 진행되어 매각된 경우에만 적용된다고 보는 것이 대법원의 일관된 입장이다. 위와 같은 현재의 판례는 타당하므로 그대로 유지되어야 한다.

다) 한계

축소해석은 그 해석 결과 당해 법규의 적용범위를 줄이는 쪽으로 귀결되게 된다. 그에 따라 축소해석이 심하게 이루어질 경우 애초 법이 규율하려고 하였던 효과를 내지 못하게 되는 단점이 있으므로 축소해석이라고 하여 쉽게 할 것은 아니고, 당해 문자 그대로 해석할 경우 누구도 예상하지 못했던 결과가 초래되고, 그 결과가 정의나 공평, 평등 등의 관념과 일치하지 않게 되는 등의 문제점이 명백할 때에만 예외적으로 축소해석을 할 필요가 있다.

판례

대법원 1999. 8. 19. 선고 99다23383 전원합의체 판결 [수표금]

[다수의견] 수표면의 기재 자체로 보아 국내수표로 인정되는 경우에 있어서는 발행지의 기재는 별다른 의미가 없는 것이고, 발행지의 기재가 없는 수표도 완전한 수표와 마찬가지로 유통·결제되고 있는 거래의 실정 등에 비추어, 그 수표면상

발행지의 기재가 없는 경우라고 할지라도 이를 무효의 수표로 볼 수는 없다.

[반대의견] 재판할 사항에 대하여 법규가 있고 그 의미 내용 역시 명확하여 달리 해석할 여지가 없는 경우에는, 다른 것을 다르게 취급하여야 한다는 정의의 요청 (이른바 목적론적 축소해석의 경우) 또는 합헌적인 해석의 요청(이른바 헌법합치적 해석의 경우)에 의하여 그 법규의 적용범위를 예외적으로 제한하여 해석할 필요가 있는 등의 특별한 사정이 없는 한, 법원으로서는 명문의 효력규정의 적용범위를 무리하게 벗어나거나 제한하는 해석을 하여서는 아니 될 것인바, 수표법 제1조 제5호 및 제2조에 관하여는 정의의 요청 또는 합헌적인 해석의 요청에 의하여 그 적용범위를 예외적으로나마 제한하여 해석할 만한 아무런 특별한 사정이 있다고 할 수 없으므로, 다수의견과 같이 위 수표법의 명문규정이 이른바 '국내수표'에는 적용되지 아니한다고 하는 것은 법원이 수표법에도 없는 단서 조항 즉 '발행지에 관하여 국내수표의 경우에는 그러하지 아니하다.'라는 규정을 신설하는 셈이 되고, 이는 명문의 규정에 반하는 법형성 내지 법률 수정을 도모하는 것으로서 법원의 법률해석권의 범위를 명백하게 일탈한 것이다.

대법원 1997. 3. 20. 선고 96도1167 전원합의체 판결 [공직선거및선거부정방지법위반]

형벌법규의 해석에 있어서 법규정 문언의 가능한 의미를 벗어나는 경우에는 유추해석으로서 죄형법정주의에 위반하게 된다. 그리고 유추해석금지의 원칙은 모든 형벌법규의 구성요건과 가벌성에 관한 규정에 준용되는데, 위법성 및 책임의 조각사유나 소추조건, 또는 처벌조각사유인 형면제 사유에 관하여 그 범위를 제한적으로 유추적용하게 되면 행위자의 가벌성의 범위는 확대되어 행위자에게 불리하게 되는바, 이는 가능한 문언의 의미를 넘어 범죄구성요건을 유추적용하는 것과 같은 결과가 초래되므로 죄형법정주의의 파생원칙인 유추해석금지의 원칙에 위반하여 허용될 수 없다.

한편 형법 제52조나 국가보안법 제16조 제1호에서도 공직선거법 제262조에서와 같이 모두 '범행발각 전'이라는 제한 문언 없이 "자수"라는 단어를 사용하고 있는데 형법 제52조나 국가보안법 제16조 제1호의 "자수"에는 범행이 발각되고 지명수배된 후의 자진출두도 포함되는 것으로 판례가 해석하고 있으므로 이것이 "자수"라는 단어의 관용적 용례라고 할 것인바, 공직선거법 제262조의 "자수"를 '범행발각 전에 자수한 경우'로 한정하는 풀이는 "자수"라는 단어가 통상 관용적으로 사용되는 용례에서 갖는 개념 외에 '범행발각 전'이라는 또 다른 개념을 추가하는 것으로서 결국은 '언어의 가능한 의미'를 넘어 공직선거법 제262조의 "자수"의 범위를 그 문언보다 제한함으로써 공직선거법 제230조 제1항 등의 처벌범위를 실정법 이상으로 확대한 것이 되고, 따라서 이는 단순한 목적론적 축소해석에 그치는 것이 아니라, 형면제 사유에 대한 제한적 유추를 통하여 처벌범위를 실정법 이상으로 확대한 것으로서 죄형법정주의의 파생원칙인 유추해석금지의 원칙에 위반된다.

2) 확장해석

확장해석 또는 확대해석은 앞의 축소해석과 정반대로 법조문 상의 문언의 의미를 언어적 표현의 의미보다 더 넓게 해석하는 방법론이다.[47] 확장해석을 통하여 법문언의 의미가 한정됨으로써 적용범위가 지나치게 좁아 결과적으로 법이 애초 규율하려는 영역에 적용되지 못함으로써 발생하는 불공정, 불평등을 해소하려는 해석방법론이다.

그러나 확장해석은 결국 법의 적용범위를 넓힘으로써 당사자에게 불측의 손해를 가할 수 있게 되는 관계로 죄형법정주의원칙이 엄격하게 적용되는 형사법, 조세법률주의원칙이 적용되는 조세법 등의 영역에서는 뒤에서 살펴보는 유추해석과 함께 제한되거나 금지된다.

[예]

도로교통법상의 '차마'에서 '마'의 의미를 문자적 의미인 '말'에 한정하지 않고, 소, 노새, 당나귀 등 동물이나 가축을 이용한 운송수단도 포함하는 것이라고 해석한다.

제163조(3년의 단기소멸시효) 다음 각호의 채권은 3년간 행사하지 아니하면 소멸시효가 완성한다. <개정 1997.12.13>
2. 의사, 조산사, 간호사 및 약사의 치료, 근로 및 조제에 관한 채권

---

47) 박경신 외 4인, 법정보조사, 법문사, 2016, 136면.

위 조문은 채권의 소멸시효 기간과 관련하여 의사나 간호사의 진료에 관한 채권(진료비나 치료비와 수술비 등)은 일반 채권의 소멸시효 기간인 10년이 아닌 그보다 단기인 3년의 소멸시효기간에 해당하는 채권으로 규정하고 있다. 그러나 법문에서는 단순히 '의사'로만 되어 있어서 한의사나 치과의사도 여기서 말하는 '의사'에 포함되는 것인지가 문제된다. 일반적으로 단기소멸시효의 취지나 의사와의 공통성 등을 종합하여 한의사나 치과의사도 여기의 '의사'에 해당하는 것으로 법문을 확장해석하여 이들의 진료비채권 등도 3년의 단기소멸시효에 걸리는 것으로 본다.

헌법해석과 관련된 확장해석의 예로는, "헌법 제107조 제1항, 제2항은 법원의 재판에 적용되는 규범의 위헌 여부를 심사할 때, '법률'의 위헌 여부는 헌법재판소가, 법률의 하위 규범인 '명령·규칙 또는 처분' 등의 위헌 또는 위법 여부는 대법원이 그 심사권한을 갖는 것으로 권한을 분배하고 있다. 이 조항에 규정된 '법률'인지 여부는 그 제정 형식이나 명칭이 아니라 규범의 효력을 기준으로 판단하여야 하고, '법률'에는 국회의 의결을 거친 이른바 형식적 의미의 법률은 물론이고 그 밖에 조약 등 '형식적 의미의 법률과 동일한 효력'을 갖는 규범들도 모두 포함된다. 따라서 최소한 법률과 동일한 효력을 가지는 이 사건 긴급조치들의 위헌 여부 심사권한도 헌법재판소에 전속한다."의 결정[48]례를 들 수 있다.

이는 비록 헌법 조문에서는 위헌심사의 대상이 되는 것은 '법률'이라고 표기하고 있으므로 이를 문자적으로 해석할 경우, 국회에서 제정한 법률만이 헌법재판소에 의한 위헌법률심사의 대상이 될 뿐이라고 할 것이지만, 위 '법률'을 형식적 의미의 법률만이 아니라 이와 동일한 효력을 갖는 법규범으로 확장해석하여 법률과 동일한 효력을 갖는 유신헌법 하에서의 '긴급조치'도 위 '법률'에 포함되는 것으로 보아 헌법재판소의 위헌법률심사의 대상이 되는 것으로 본 것이다.

---

48) 헌법재판소 2013. 3. 21. 선고 2010헌바132 결정 등, 판례집 25 – 1, 180 [전원재판부].

판례

대법원 2019. 10. 23. 선고 2016므2510 전원합의체 판결 [친생자관계부존재확인]

[다수의견] (가) 친생자와 관련된 민법 규정, 특히 민법 제844조 제1항(이하 '친생추정 규정'이라 한다)의 문언과 체계, 민법이 혼인 중 출생한 자녀의 법적 지위에 관하여 친생추정 규정을 두고 있는 기본적인 입법 취지와 연혁, 헌법이 보장하고 있는 혼인과 가족제도 등에 비추어 보면, 아내가 혼인 중 남편이 아닌 제3자의 정자를 제공받아 인공수정으로 자녀를 출산한 경우에도 친생추정 규정을 적용하여 인공수정으로 출생한 자녀가 남편의 자녀로 추정된다고 보는 것이 타당하다. 상세한 이유는 다음과 같다.

① 민법은 친생추정 규정과 이에 대한 번복방법인 민법 제847조의 친생부인의 소 규정을 엄격하게 정하고 있고, 친생부인을 할 수 없게 된 경우 자녀의 법적 지위가 종국적으로 확정된다. 따라서 혼인 중 출생한 자녀의 부자관계는 민법 규정에 따라 일률적으로 정해지는 것이고 혈연관계를 개별적·구체적으로 심사하여 정해지는 것이 아니다.

② 친생추정 규정은 혼인 중 출생한 자녀에 대해서 적용되는데, 친생추정 규정의 문언과 입법 취지, 혼인과 가족생활에 대한 헌법적 보장 등에 비추어 혼인 중 출생한 인공수정 자녀도 혼인 중 출생한 자녀에 포함된다고 보아야 한다.

③ 자녀의 복리를 지속적으로 책임지는 부모에게 자녀와의 신분관계를 귀속시키는 것이 자녀의 복리에 도움이 된다. 인공수정 자녀에 대해서 친생자관계가 생기지 않는다고 보는 것은 인공수정 자녀를 양육해 왔던 혼인 부부에게 커다란 충격일 뿐만 아니라 이를 바탕으로 가족관계를 형성해 온 자녀에게도 회복하기 어려운 위험이라고 할 수 있다.

④ 인공수정 자녀의 출생 과정과 이를 둘러싼 가족관계의 실제 모습에 비추어 보더라도 인공수정 자녀에 대해서 친생추정 규정을 적용하는 것에 사회적 타당성을 인정할 수 있다.

[대법관 민유숙의 반대의견] 일정한 요건하에 친생추정의 예외를 인정하는 종래의 대법원 판례는 유지되어야 하며, 오히려 확대해석할 필요가 있다. 종래 대법원 판례에서 친생추정 예외 인정 범위와 관련하여 판단 기준으로 삼은 '아내가 남편의 자녀를 임신할 수 없는 외관상 명백한 사정'은 '동거의 결여'뿐 아니라 친생추정 규정을 둘러싼 제반 환경의 변화와 개정된 민법 취지를 참작하여 '아내가

남편의 자녀를 임신할 수 없었던 것이 외관상 명백하다고 볼 수 있는 다른 사정'
도 포함하는 것으로 해석되어야 한다. 어느 경우가 '아내가 남편의 자녀를 임신
할 수 없었던 것이 외관상 명백한 사정'에 해당하는지는 일률적으로 말할 수 없
다. 개별 사건을 심리하는 가정법원이 여러 사정을 고려하여 구체적 타당성을 도
모할 수 있도록 합리적으로 판단할 것이다. 그 과정에서 혈액형 검사, 유전인자
검사 등 과학적 방법에 따른 검사결과뿐만 아니라 별거 유무와 그 기간, 부부 중
일방이 별도의 주거지를 가졌거나 외국 등 먼 장소로의 왕래가 잦았는지 여부 등
제반 사정을 종합적으로 고려할 수 있다. 나아가 부부의 혼인관계가 종료 또는
파탄되어 자녀를 둘러싼 종래의 공동생활을 유지할 수 없을 정도가 되었는지 여
부와 경위, 관련자들의 태도와 의사, 친생자관계의 부존재를 주장하는 사람이 부
모, 자녀와 같이 친생자관계의 직접 이해당사자인지 여부, 자녀의 생부가 청구하
는 경우 그에게 인지 및 양육의 의사가 있는지 여부, 제3자가 청구하는 경우 진
실한 신분관계의 확정이라는 본래의 목적을 넘어선 재산적 이해관계 같이 다른
의도가 엿보이는지 여부 등 여러 사정들도 심리하고 평가하여 '외관상 명백한 사
정'을 판단할 수 있을 것이다.

대법원 2013. 11. 28. 선고 2012도4230 판결

[1] 죄형법정주의는 국가형벌권의 자의적인 행사로부터 개인의 자유와 권리를 보
호하기 위하여 범죄와 형벌을 법률로 정할 것을 요구한다. 그러한 취지에 비추어
보면 형벌법규의 해석은 엄격하여야 하고, 명문의 형벌법규의 의미를 피고인에게
불리한 방향으로 지나치게 확장해석하거나 유추해석하는 것은 죄형법정주의의
원칙에 어긋나는 것으로서 허용되지 아니한다.

[2] 피고인이 선물거래시장의 실제 거래시세정보가 실시간으로 연동되는 사설 선
물거래 사이트를 개설한 다음, 회원들이 피고인 계좌로 돈을 입금하면 그들이 선
택한 적용비율로 환산한 전자화폐를 적립시켜 준 뒤, 회원들이 선물지수 변동에
따라 전자화폐로 거래를 할 때마다 수수료를 공제하고, 전자화폐의 환전을 요구
받으면 원래의 적용비율에 따라 현금으로 환산하여 송금해 주며, 거래 결과 회원
들에게 시세 차익이 발생하면 피고인의 손실이 되지만 회원들에게 손실이 발생
하면 이익이 되는 구조로 사이트를 운영한 사안에서, 사이트에서 회원들이 거래
한 대상이 구 자본시장과 금융투자업에 관한 법률(2013. 5. 28. 법률 제11845호
로 개정되기 전의 것, 이하 '구 자본시장법'이라고 한다)에서 정한 금융투자상품

에는 해당하나, 피고인은 회원들로 하여금 한국거래소가 개설한 실제 시장에서 이루어지는 선물거래를 할 수 있게 한 것이 아니라 단지 회원들이 선물지수를 기준으로 모의 투자를 할 수 있는 서비스를 제공하고 거래 결과에 따라 환전을 해 준 것에 불과하여 피고인이 회원들을 상대로 직접 매도·매수 등의 행위를 하였다고 볼 수 없고, 그러한 사이트를 개설하여 운영하는 행위를 구 자본시장법 제444조 제1호, 제11조에서 정한 무인가 금융투자업 영위에 의한 자본시장법 위반죄로 처벌하는 것은 형벌법규의 확장해석 또는 유추해석으로서 죄형법정주의에 반하므로 허용될 수 없다고 한 사례.

대법원 2020. 3. 12. 선고 2016도19170 판결

[1] 형법 제227조의2(공전자기록위작·변작)는 "사무처리를 그르치게 할 목적으로 공무원 또는 공무소의 전자기록 등 특수매체기록을 위작 또는 변작한 자는 10년 이하의 징역에 처한다."라고 규정하고 있다. 여기에서 '공무원'이란 원칙적으로 법령에 의해 공무원의 지위를 가지는 자를 말하고, '공무소'란 공무원이 직무를 행하는 관청 또는 기관을 말하며, '공무원 또는 공무소의 전자기록'은 공무원 또는 공무소가 직무상 작성할 권한을 가지는 전자기록을 말한다. 따라서 그 행위주체가 공무원과 공무소가 아닌 경우에는 형법 또는 특별법에 의하여 공무원 등으로 의제되는 경우를 제외하고는 계약 등에 의하여 공무와 관련되는 업무를 일부 대행하는 경우가 있더라도 공무원 또는 공무소가 될 수 없다. 형벌법규의 구성요건인 공무원 또는 공무소를 법률의 규정도 없이 확장해석하거나 유추해석하는 것은 죄형법정주의 원칙에 반하기 때문이다.

대법원 2017. 4. 20. 선고 2015두45700 전원합의체 판결

[1] 조세법률주의 원칙은 과세요건 등 국민의 납세의무에 관한 사항을 국민의 대표기관인 국회가 제정한 법률로써 규정하여야 하고, 법률을 집행하는 경우에도 이를 엄격하게 해석·적용하여야 하며, 행정편의적인 확장해석이나 유추적용을 허용하지 아니함을 뜻한다. 그러므로 법률의 위임 없이 명령 또는 규칙 등의 행정입법으로 과세요건 등에 관한 사항을 규정하거나 법률에 규정된 내용을 함부로 유추·확장하는 내용의 해석규정을 마련하는 것은 조세법률주의 원칙에 위배된다.

[2] 일반적으로 법률의 위임에 따라 효력을 갖는 법규명령의 경우에 위임의 근거가 없어 무효였더라도 나중에 법 개정으로 위임의 근거가 부여되면 그때부터는

유효한 법규명령으로 볼 수 있다. 그러나 법규명령이 개정된 법률에 규정된 내용을 함부로 유추·확장하는 내용의 해석규정이어서 위임의 한계를 벗어난 것으로 인정될 경우에는 법규명령은 여전히 무효이다.

대법원 2017. 12. 21. 선고 2015도8335 전원합의체 판결

[1] **[다수의견]** (가) 항공보안법 제42조는 "위계 또는 위력으로써 운항 중인 항공기의 항로를 변경하게 하여 정상 운항을 방해한 사람은 1년 이상 10년 이하의 징역에 처한다."라고 규정하고 있다. 같은 법 제2조 제1호는 '운항 중'을 '승객이 탑승한 후 항공기의 모든 문이 닫힌 때로부터 내리기 위하여 문을 열 때까지'로 정의하였다. 그러나 항공보안법에 '항로'가 무엇인지에 관하여 정의한 규정은 없다.

(나) 죄형법정주의는 국가형벌권의 자의적인 행사로부터 개인의 자유와 권리를 보호하기 위하여 범죄와 형벌을 법률로 정할 것을 요구한다. 그러한 취지에 비추어 보면 형벌법규의 해석은 엄격하여야 하고, 문언의 가능한 의미를 벗어나 피고인에게 불리한 방향으로 해석하는 것은 죄형법정주의의 내용인 확장해석금지에 따라 허용되지 아니한다. 법률을 해석할 때 입법 취지와 목적, 제·개정 연혁, 법질서 전체와의 조화, 다른 법령과의 관계 등을 고려하는 체계적·논리적 해석 방법을 사용할 수 있으나, 문언 자체가 비교적 명확한 개념으로 구성되어 있다면 원칙적으로 이러한 해석 방법은 활용할 필요가 없거나 제한될 수밖에 없다. 죄형법정주의 원칙이 적용되는 형벌법규의 해석에서는 더욱 그러하다.

(다) 법령에서 쓰인 용어에 관해 정의규정이 없는 경우에는 원칙적으로 사전적인 정의 등 일반적으로 받아들여진 의미에 따라야 한다. 국립국어원의 표준국어대사전은 항로를 '항공기가 통행하는 공로(空路)'로 정의하고 있다. 국어학적 의미에서 항로는 공중의 개념을 내포하고 있음이 분명하다. 항공기 운항과 관련하여 '항로'가 지상에서의 이동 경로를 가리키는 용어로 쓰인 예를 찾을 수 없다.

(라) 다른 법률에서 항로는 '항공로'의 뜻으로 사용되기도 하였다. 구 항공법(2016. 3. 29. 법률 제14116호로 폐지) 제115조의2 제2항은, 국토교통부장관이 항공운송사업자에게 운항증명을 하는 경우 '운항하려는 항로' 등 운항조건을 정하도록 규정하였다. 이 조문의 내용을 물려받은 항공안전법(2016. 3. 29. 법률 제14116호) 제90조 제2항은 '운항하려는 항로'를 '운항하려는 항공로'로 바꾸었으므로, 여기에서 '항로'는 항공로와 같은 뜻으로 쓰였음이 분명하다. 항공로의 법

률적 정의는 '국토교통부장관이 항공기 등의 항행에 적합하다고 지정한 지구의 표면상에 표시한 공간의 길'로 규정되어 있으므로(항공안전법 제2조 제13호, 구 항공법에서의 정의도 같다), 항공기가 비행하면서 다녀야 항공로가 될 수 있다. 이처럼 항로가 법률용어로서 항공로와 혼용되기도 한 것을 볼 때, 입법자도 항로를 공중의 개념을 내포한 단어로 인식하였다고 볼 수 있다.

(마) 반면에 입법자가 유달리 본죄 처벌규정에서만 '항로'를 통상의 의미와 달리 지상에서의 이동 경로까지 포함하는 뜻으로 사용하였다고 볼 만한 입법자료는 찾을 수 없다.

본죄는 항공보안법의 전신인 구 항공기운항안전법(1974. 12. 26. 법률 제2742호) 제11조에서 처음으로 범죄로 규정되었다. 구 항공기운항안전법의 제정과정에서 법률안 심사를 위해 열린 1974. 11. 26. 국회 법제사법위원회 회의록은, 본죄의 처벌규정에 관하여는 아무런 논의가 없어서 '항로'의 의미를 알 수 있는 직접적인 단서가 되기 어렵다. 다만 제안이유에 관한 설명을 보면, 민간 항공기에 대한 범죄 억제를 위한 국제협약에 우리나라가 가입한 데 따른 협력의무의 이행으로 범죄행위자에 대한 가중처벌규정 등을 마련하기 위해 구 항공기운항안전법이 제정된 것임을 알 수 있다.

(바) 본죄의 객체는 '운항 중'의 항공기이다. 그러나 위계 또는 위력으로 변경할 대상인 '항로'는 별개의 구성요건요소로서 그 자체로 죄형법정주의 원칙에 부합하게 해석해야 할 대상이 된다. 항로가 공중의 개념을 내포한 말이고, 입법자가 그 말뜻을 사전적 정의보다 넓은 의미로 사용하였다고 볼 자료가 없다. 지상의 항공기가 이동할 때 '운항 중'이 된다는 이유만으로 그때 다니는 지상의 길까지 '항로'로 해석하는 것은 문언의 가능한 의미를 벗어난다.

(사) 지상에서 이동하는 항공기의 경로를 함부로 변경하는 것은 다른 항공기나 시설물과 충돌할 수 있어 위험성이 큰 행위임이 분명하다. 그러나 처벌의 필요성만으로 죄형법정주의 원칙을 후퇴시켜서는 안 된다. 그런 행위는 기장에 대한 업무방해죄로 처벌할 수 있을 뿐만 아니라, 많은 경우 폭행·협박 또는 위계를 수반할 것이므로 10년 이하의 징역으로 처벌 가능한 직무집행방해죄(항공보안법 제43조) 등에 해당할 수 있어 처벌의 공백이 생기는 것도 아니다.

대법원 2021. 9. 9. 선고 2017도19025 전원합의체 판결 [저작권법위반방조]
[다수의견] (가) 공중송신권 침해의 방조에 관한 종전 판례는 인터넷 이용자가

링크 클릭을 통해 저작자의 공중송신권 등을 침해하는 웹페이지에 직접 연결되더라도 링크를 한 행위가 '공중송신권 침해행위의 실행 자체를 용이하게 한다고 할 수는 없다.'는 이유로, 링크 행위만으로는 공중송신권 침해의 방조행위에 해당한다고 볼 수 없다는 법리를 전개하고 있다.

링크는 인터넷 공간을 통한 정보의 자유로운 유통을 활성화하고 표현의 자유를 실현하는 등의 고유한 의미와 사회적 기능을 가진다. 인터넷 등을 이용하는 과정에서 일상적으로 이루어지는 링크 행위에 대해서까지 공중송신권 침해의 방조를 쉽게 인정하는 것은 인터넷 공간에서 표현의 자유나 일반적 행동의 자유를 과도하게 위축시킬 우려가 있어 바람직하지 않다.

그러나 링크 행위가 어떠한 경우에도 공중송신권 침해의 방조행위에 해당하지 않는다는 종전 판례는 방조범의 성립에 관한 일반 법리 등에 비추어 볼 때 재검토할 필요가 있다. 이는 링크 행위를 공중송신권 침해의 방조라고 쉽게 단정해서는 안 된다는 것과는 다른 문제이다.

(나) 정범이 침해 게시물을 인터넷 웹사이트 서버 등에 업로드하여 공중의 구성원이 개별적으로 선택한 시간과 장소에서 접근할 수 있도록 이용에 제공하면, 공중에게 침해 게시물을 실제로 송신하지 않더라도 공중송신권 침해는 기수에 이른다. 그런데 정범이 침해 게시물을 서버에서 삭제하는 등으로 게시를 철회하지 않으면 이를 공중의 구성원이 개별적으로 선택한 시간과 장소에서 접근할 수 있도록 이용에 제공하는 가벌적인 위법행위가 계속 반복되고 있어 공중송신권 침해의 범죄행위가 종료되지 않았으므로, 그러한 정범의 범죄행위는 방조의 대상이 될 수 있다.

[대법관 조재연, 대법관 김선수, 대법관 노태악의 반대의견] 다음과 같은 이유로 다수의견에 동의할 수 없다. 첫째, 다수의견은 규제와 처벌의 필요성을 내세워 저작권 침해물 링크 사이트에서 침해 게시물에 연결되는 링크를 제공하는 링크 행위를 처벌하고자 형법 총칙상 개념인 방조에 대한 확장해석, 링크 행위 및 방조행위와 정범의 범죄 사이의 인과관계에 관한 확장해석을 통해 형사처벌의 대상을 확대하고 있는데, 이는 형사처벌의 과잉화를 초래하고 사생활 영역의 비범죄화라는 시대적 흐름에 역행하는 것이다. 둘째, 다수의견은 방조범 성립 범위의 확대로 말미암아 초래될 부작용을 축소하고자 영리적·계속적 형태의 링크 행위만을 방조범으로 처벌할 수 있다고 하나, 이는 일반적인 방조범의 성립과 종속성, 죄수 등의 법리에 반하고, 법원으로 하여금 방조범의 성립이 문제 될 때마다

그 성립 요건을 일일이 정해야만 하는 부담을 지우며, 죄형법정주의 원칙에 따른 법적 안정성과 예측가능성에 커다란 혼란을 가져올 수밖에 없다. 셋째, 저작권 침해물 링크 사이트에서 침해 게시물에 연결되는 링크를 제공하는 링크 행위에 대하여 종전 판례를 변경하여 유죄로 판단할 정당성은 인정되기 어렵다. 비록 저작권 침해물 링크 사이트에서의 영리적·계속적 링크 행위의 폐해가 증가하고 있다고 하더라도 이에 대해서는 입법을 통해 대처하는 것이 바람직하다. 링크 행위의 유형화와 그에 따른 처벌의 필요성 및 근거 조항 마련을 위한 입법 논의가 이루어지고 있는 현시점에서 대법원이 구성요건과 기본 법리를 확장하여 종전에 죄가 되지 않는다고 보았던 행위에 관한 견해를 바꾸어 형사처벌의 범위를 넓히는 것(사실상 소급처벌에 해당한다)은 결코 바람직하지 않다. 충분한 논의를 통해 사회적 합의를 끌어내고, 그에 따른 입법적 결단을 기다려주는 것이 올바른 제도 도입을 위해서도 필요하다. 결론적으로 쟁점에 관한 종전 판례의 견해는 여전히 타당하므로 유지되어야 한다.

3) 반대해석

반대해석은 비록 법규범에 명시적으로 규정되어 있지 않은 사항이지만 법규범에 명시된 내용을 논리적으로 고려하여 볼 때 규정된 내용과 반대의 결과를 인정하는 해석방법론이다.

[예]

민법 제3조의 "사람은 생존한 동안 권리와 의무의 주체가 된다."의 문구 의미를 반대로 보면, 생존 전인 태아나 생존하지 않는 사자(死者)는 권리능력이 없는 것으로 해석할 수 있음

민법 제909조 제1항은 "부모는 미성년자인 자의 친권자가 된다."라고 규정하고 있는바, 이를 반대해석하면 성년의 자에 대하여는 친권자가 될 수 없는 것으로 해석할 수 있음

판례

대법원 2019. 11. 14. 선고 2018다200709 판결

근로기준법 제97조는 "취업규칙에서 정한 기준에 미달하는 근로조건을 정한 근로계약은 그 부분에 관하여는 무효로 한다. 이 경우 무효로 된 부분은 취업규칙에 정한 기준에 따른다."라고 정하고 있다. 위 규정은, 근로계약에서 정한 근로조건이 취업규칙에서 정한 기준에 미달하는 경우 취업규칙에 최저기준으로서의 강행적·보충적 효력을 부여하여 근로계약 중 취업규칙에 미달하는 부분을 무효로 하고, 이 부분을 취업규칙에서 정한 기준에 따르게 함으로써, 개별적 노사 간의 합의라는 형식을 빌려 근로자로 하여금 취업규칙이 정한 기준에 미달하는 근로조건을 감수하도록 하는 것을 막아 종속적 지위에 있는 근로자를 보호하기 위한 규정이다. 이러한 규정 내용과 입법 취지를 고려하여 근로기준법 제97조를 반대해석하면, 취업규칙에서 정한 기준보다 유리한 근로조건을 정한 개별 근로계약 부분은 유효하고 취업규칙에서 정한 기준에 우선하여 적용된다.

대법원 1991. 12. 24. 선고 90다카23899 전원합의체 판결

원심은 피고가 이 사건 사고는 무면허운전시에 생긴 사고로서 위 보험약관 소정의 면책사유에 해당한다고 주장한 데에 대하여, 자동차종합보험보통약관중 자동차의 운전자가 무면허운전을 하였을 때에 생긴 사고로 인한 손해를 보상하지 않는다고 한 규정은 무면허운전시 발생한 사고가 보험계약자 또는 피보험자의 경과실로 인한 것으로 평가되는 경우에 있어서는 고의 또는 중대한 과실로 인하여 생긴 보험사고에 대하여는 보험자의 보험금지급책임이 없다는 상법 제659조 제1항의 반대해석과 당사자 사이의 특약으로 보험계약자 또는 피보험자나 보험수익자의 불이익으로 변경하지 못한다는 같은 법 제663조에 위배되어 무효라고 판시하고, 이 사건 사고는 보험계약자 겸 피보험자인 원고가 열쇠를 위 트럭에 꽂아둔 잘못이 원인이 되어 무면허운전자인 위 소외 1이 무단운전하다가 발생한 것으로서 원고의 고의 또는 중과실로 인하여 발생한 사고라고 볼 수 없으므로 보험계약자 또는 피보험자의 경과실로 인한 사고에 있어서도 위 약관규정이 유효함을 전제로 하는 피고의 위 항변은 이유 없다고 판단하여 이를 배척하였다.

대법원 2006. 9. 28. 선고 2004도8435 판결 [외국환거래법위반]

[1] 거주자가 미화 1만 달러 이하의 외국통화 등 대외지급수단을 소지하고 외국으로 출국하여 외국에서 물품을 구입하는 등 경상거래를 하고 그에 따른 대

가를 외국환업무취급기관을 통하지 아니하고 외국에서 직접 지급하더라도, 이는 외국환거래규정 제5-11조 제1항 제4호 소정의 "거주자가 외국에서 보유가 인정된 대외지급수단으로 인정된 거래에 따른 대가를 외국에서 직접 지급하는 경우"에 해당하므로 외국환거래법 제16조에 의한 신고의무가 있다고 볼 수 없다.

[2] 외국환거래규정 제5-11조 제1항 각 호의 사유들은 외국환업무취급기관을 통하지 아니하고 지급 등을 하더라도 재정경제부장관에게 신고를 요하지 아니하는 사유를 열거한 것으로서, 그 중 어느 하나에 해당하는 한 제5-11조 제1항 각 호 중 다른 조항에 의하여 신고의무가 면제되는 것인지 여부를 따질 필요는 없으므로, 외국환거래규정 제5-11조 제1항 제4호에 의하여 신고의무가 면제된 이상 같은 항 제8호의 반대해석에 의하여 신고의무가 있다고 해석할 수는 없다.

[3] 일본으로 출국할 때마다 미화 1만 달러 이하에 해당하는 일본국 엔화를 소지하여, 일본에서 물품을 구입하고 엔화로 그 대가를 지급한 다음, 귀국시 관세를 납부하고 위 물품을 반입하여 판매한 경우, 각 지급행위는 외국환거래규정 제5-11조 제1항 제4호에 해당하여 외국환거래법 제16조에 의한 신고의무가 없다고 한 사례.

4) 물론해석

물론해석은 비록 당해 사항에 관하여는 법규상 아무런 규정이 없지만, 법문언이 규정한 사항에 관한 입법상의 취지나 사물의 당연한 성질상 당해 사항에 관하여는 더욱 강한 이유로 해당 조문이 적용되는 것이 타당한 경우에, 규정되지 않은 사항에 대하여도 해당 규정을 적용하도록 해석하는 방법론이다.

예를 들어, 법률이 A에 대하여 적용하는 것으로 규정하고 있지만, B에 대하여는 이의 적용규정이 없는 경우에, A에 대하여 당해 법률이 적용된다면, 사물의 성질상 B에도 당연히 적용되어야 할 경우에, 당해 법률을 B에 대하여도 적용하는 해석방법론이다.

확장해석이 법문언의 자구 외로 확장하여 하는 해석임에 비하여, 물론해석은 법문언의 자구 중에서 다른 사항도 당연히 포함되어 있다고 해석하는 점에서 양자는 구별된다.

판례

대법원 2000. 6. 15. 선고 98도3697 전원합의체 판결 [뇌물공여·변호사법위반]
[다수의견] 구 변호사법(2000. 1. 28. 법률 제6207호로 전문 개정되기 전의 것)
제90조 제2호 후단에서 말하는 알선이라 함은 법률사건의 당사자와 그 사건에
관하여 대리 등의 법률사무를 취급하는 상대방 사이에서 양자간에 법률사건이나
법률사무에 관한 위임계약 등의 체결을 중개하거나 그 편의를 도모하는 행위를
말하고, 따라서 현실적으로 위임계약 등이 성립하지 않아도 무방하며, 그 대가로
서의 보수를 알선을 의뢰하는 자뿐만 아니라 그 상대방 또는 쌍방으로부터 지급
받는 경우도 포함하고, 비변호사가 법률사건의 대리를 다른 비변호사에게 알선하
는 경우는 물론 변호사에게 알선하는 경우도 이에 해당하는바 이러한 법리는 변
호사에게 법률사건의 수임을 알선하고 그 대가로 금품을 받는 행위에 대하여 같
은 법 제90조 제3호, 제27조 제1항에서 따로 처벌하고 있다고 하여 달리 볼 것
도 아니므로, 비변호사인 경찰관, 법원·검찰의 직원 등이 변호사인 피고인에게
소송사건의 대리를 알선하고 그 대가로 금품을 받은 행위는 같은 법 제90조 제2
호 후단 소정의 알선에 해당하고, 따라서 변호사인 피고인이 그러한 사정을 알면
서 비변호사들로부터 법률사건의 수임을 알선받은 행위는 같은 법 제90조 제3
호, 제27조 제2항, 제90조 제2호 위반죄를 구성한다.
[다수의견에 대한 보충의견] 1993. 3. 10. 법률 제4544호로 개정된 구 변호사법
(2000. 1. 28. 법률 제6207호로 전문 개정되기 전의 것)에 제27조 제1항이 신설
되고 그 위반행위를 같은 법 제90조 제3호에서 따로 처벌하고 있다고 하더라도
이를 들어 같은 법 제90조 제2호 후단에서 말하는 알선의 의미를 종전과 달리
보아 여기에는 비변호사에 대한 법률사건의 알선만이 해당되고, 변호사에 대한
법률사건의 알선에 대하여는 같은 법 제27조 제1항만이 적용되어야 한다고 해석
할 근거가 된다고 볼 수는 없고, 구 변호사법 제90조 제2호와 같은 법 제27조
제2항의 문언과 입법취지, 같은 법 제27조 제1항을 신설한 취지 등을 종합해 보
면, 같은 법 제90조 제2호 후단의 알선이라 함은 법률사건의 당사자와 그 대리
등의 법률사무를 취급하는 상대방 사이에서 양자간에 법률사건이나 법률사무에
관한 위임계약 등의 체결을 중개하거나 그 편의를 도모하는 행위를 말하는 것으
로서 비변호사가 법률사건의 대리를 다른 비변호사에게 알선하는 경우는 물론

변호사에게 알선하는 경우도 이에 해당한다고 해석함에 아무런 무리가 없으며, 그 의미와 내용이 불명확한 것도 아니어서 이러한 해석이 죄형법정주의의 원칙에 위배된다고 할 수도 없다.

결국 변호사 아닌 자가 금품을 수수하고 변호사에게 법률사건을 알선하는 행위에 대하여 같은 법 제90조 제2호와 같은 법 제90조 제3호, 제27조 제1항이 중첩적으로 적용되어 동일한 법률에서 하나의 행위에 대하여 2개의 처벌규정이 병존하는 셈이고, 이를 법조경합의 특별관계 또는 상상적 경합관계로 볼 것은 아니라고 생각되는바, 이는 변호사에 대한 법률사건의 알선을 포괄적으로 금지하는 제27조 제1항을 신설하면서 그 적용 범위의 일부가 기존의 제90조 제2호 후단과 중복됨에도 이를 배려하지 않은 부적절한 입법에서 비롯된 것이라고 볼 수밖에 없다.

[반대의견] 구 변호사법(2000. 1. 28. 법률 제6207호로 전문 개정되기 전의 것) 제90조 제2호 후단의 알선의 대상에 변호사를 포함시키는 데에 찬성하기 어려운바, 그 이유는, 첫째 법규정의 문언이나 조문의 배열, 형식 등에 비추어 볼 때 변호사의 고유업무인 법률사건 등의 알선을 금지하는 규정으로는 같은 법 제27조 제1항과 제90조 제2호 후단의 규정이 있는데 전자는 정규 변호사에 대하여 알선하는 행위를 금지하는 것인 반면 후자는 변호사가 아닌 자에 대하여 알선하는 행위를 금지하는 것으로 보이는데, 이와 달리 제90조 제2호 후단의 '알선'의 개념에 '변호사에 대한 알선'까지도 포함되는 것으로 해석하면 변호사에게 사건을 알선한 경우에는 제90조 제2호와 제27조 제1항의 2개의 조문에 위반되게 되어 처벌규정이 2중으로 존재하게 되는 셈이 되고, 이 경우 위 2개의 처벌조항의 관계를 어떻게 볼 것인지(상상적 경합관계인지, 특별관계인지, 그냥 중첩적 관계인지)가 문제가 되는데 어느 견해에 의하여도 그 관계가 제대로 설명이 되지 않으며, 그래서 입법상의 실수라거나 부적절한 입법으로 보는 견해까지 나오고 있지만 이것을 반드시 실수 등으로 돌릴 수 있는지도 의문이며, 둘째 입법취지가 어떠하든 변호사법 전문이 개정되고 제27조 제1항과 같은 새로운 조항이 신설된 이상 위 각 법률조항의 관계를 새롭게 해석하는 것이 적법해석의 정신에 부합하고, 형사사법에 있어 죄형법정주의 또는 엄격해석의 원칙에 비추어 보더라도 제90조 제2호의 '알선'의 상대방에는 '변호사'는 포함되지 아니한 것으로 해석함이 상당하며, 셋째 이와 같이 해석하게 되면 변호사가 변호사법위반 행위를 직·간접으로 조장하는 행위를 규제하려는 입법 취지에 반한다고 하나 그렇다고 하여 필요

성의 법리만으로 무리하게 법해석을 하여 처벌할 수는 없다는 것이다.

5) 유추해석

가) 의의

유추해석은 특정 사항에 관하여 법규에 명문의 규정이 없는 경우에, 이와 유사한 사항에 관하여 규정한 법규정을 적용하여 같은 법적 효과를 인정하는 해석방법론이다.[49] 일반적으로는 죄형법정주의나 조세법률주의와 같이 엄격한 법정 요건을 요구하는 영역에서의 유추해석은 금지되지만 민사적 영역에서는 필요한 경우 유추해석이 허용되고 있다.

판례[50]도 "우리는 죄형법정주의를 기본으로 하는 형벌법규의 해석에 있어서는 엄격하게 그 성문법에만 의거함을 요하며 그 유추해석은 있을 수 없는 것이라 할 것이다.

그러나 민사법규의 해석에 있어서는 경우에 따라서 그 성문법의 문자를 넘어서서 조리 등에 의한 유추해석을 할 수도 있을 뿐 아니라 또 하여야 할 경우도 있는 것이다. 즉 필요는 법률을 통어하는 것이라 할 수 있으므로 직접적으로 법의 규정이 없더라도 동일한 법리와 법정신이 통용될 수 있는 한도에서 그 규정의 법적 의미를 다른 사항에 적용하는 유추해석을 함을 요할 경우가 있는 것이며 금전대차에 관한 이식제한령을 식량대차에 관하여도 유추적용할 수 있을 뿐 아니라 또 하여야 한다는 합리적 근거가 바로 여기에 있는 것이다."라고 하여, 민사 영역에서의 유추해석을 허용하고 있다.

[예]
권리능력 없는 사단 등에 대하여도 법인격의 존재를 전제로 한 규정이 아닌 한 법인에 관한 민법의 규정을 적용하는 것

---

49) 박경신 외 4인, 법정보조사, 법문사, 2016, 138면.
50) 대법원 1965. 11. 25. 선고 65다1422 전원합의체 판결 [양수채권].

판례

대법원 1965. 11. 25. 선고 65다1422 전원합의체 판결 [양수채권]

우리는 죄형법정주의를 기본으로 하는 형벌법규의 해석에 있어서는 엄격하게 그 성문법에만 의거함을 요하며 그 유추해석은 있을 수 없는 것이라 할 것이다.

그러나 민사법규의 해석에 있어서는 경우에 따라서 그 성문법의 문자를 넘어서서 조리 등에 의한 유추해석을 할 수도 있을 뿐 아니라 또 하여야 할 경우도 있는 것이다. 즉 필요는 법률을 통어하는 것이라 할 수 있으므로 직접적으로 법의 규정이 없더라도 동일한 법리와 법정신이 통용될 수 있는 한도에서 그 규정의 법적 의미를 다른 사항에 적용하는 유추해석을 함을 요할 경우가 있는 것이며 금전대차에 관한 이식제한령을 식량대차에 관하여도 유추적용할 수 있을뿐 아니라 또 하여야 한다는 합리적 근거가 바로 여기에 있는 것이다.

우리나라 국민의 과반수가 농민이고 많은 사람들이 어느 기간은 아직도 남의 양곡을 빌려 먹어야만 우선 식생활에서나마 인간다운 삶을 유지할수 있다는 현실이 양심적으로 솔직히 말할 수 있는 숨길 수 없는 사실인 것이다.

그리고 다수 국민들 사이에 금전의 소비대차에 못지않게, 식생활의 필수품인 식량의 소비대차가 상당한 고리로 널리 성행되고 있다는 생활사실을 우리는 도외시 할 수 없다는 것이 또한 우리의 실정인 것이다.

이러한 까닭에 우리나라에서는 국민 식량의 확보와 국민경제의 안정을 도모하기 위하여 특히 양곡을 관리규제하지 않을 수 없어 특별히 양곡관리법까지를 제정하기에 이른 것이다.

우리의 풍토와 현실이 이럴진대 장차 우리나라가 기필코 경제적자립과 번영을 이룩할 때까지는 고도로 발전한 선진국가의 이자제한법에 관한 판례들과 아직은 보조를 같이 할 수 없을 것이며, 우리는 우리 나름의 보조로서 이에 관한 제도와 판례의 발전을 꾀하여 나갈 수밖에 없는 것으로 보는 바이다.

만일 그들과 보조를 같이한다면 오히려 그 선진국들이 우리나라와 같은 발전단계에 있을 그 당시의 이식제한령에 관한 판례와 당분간 결과적으로 일치된다는 것이 자연의 이치일 것이다.

우리는 금전의 소비대차에 관하여 폭리를 취한다는등 이유로서 민법 제103조, 동 제104조에 의거하여 그 소비대차계약을 무효로 하는 방식 이외에 일정한도 이상의 고리의 억제를 목적으로 하고 있는 이식제한령의 제한이율 초과의 계약부분은 무효로 하면서 제한이율 이내의 계약부분은 유효로 보는식의 해석에 의하여 금전소비대차관계를 규제하고 있는 바와 같이, 아니 그 이상으로 식량의 소비대차관계에 관하여도 폭리등 이유로 위 민법 제103조, 동 제104조에 의거하여 그 소비대차계약을 무효로 하는 방식 이외에 일정한도 이상의 고리의 억제를 목적으로 하는 이식제한령의 입법정신에 따라 금전소비대차에 관한 것과 같이 위 이자제한법에 의한 일부 무효의 해석이 절실히 요청되는 것이다.

만일 이렇게 해석하지 않는다면 경제적으로 강한 일부 채권자(대여하는 사람을 말한다. 이하 같다)들은 앞으로는 금전의 소비대차계약에 가름하여 이식제한령의 적용이 없는 양곡등 다른 대체물의 소비대차계약으로 바꾸는 풍조를 일으킴으로써 (채권자들은 혹 민법 제605조의 준소비대차나 동법 제606조의 대물대차로서 결국 금전소비대차계약과 동일하게 이자제한법에 의한 규제를 받게 될 것을 염려하여 채권자와 채무자(차용하는 사람을 말한다. 이하 같다)의 중간에 일단 양곡상등을 개입시켜 양곡등의 소비대차계약으로 변질시킬 수도 있을 것이다) 위 이자제한법을 필경은 무의미한 사법(죽은법)으로 전락시키는 결과를 초래하고 말 것이 명백한 것이다.

나) 확장해석과의 구별

확장해석이 비록 법문언의 자구 밖으로의 확장이기는 하지만, 적어도 법문 자체가 이미 예정하고 있는 범위 내에서의 적용이라면, 유추해석은 입법자가 예기하지 않았던 사항에 관하여(일종의 법의 흠결 시) 법규가 이미 규정하고 있는 사항을 성질상 동일하게 적용하는 것이 타당하다고 보아 같은 결과를 적용하는 해석방법론이라는 점에서 확장해석과 구별된다고 할 수 있다.[51]

그렇기에 유추해석은 사실상 법해석이 아닌 일종의 새로운 입법이라는 견해도 있을 수 있다. 그러므로 앞의 확장해석과 같이 조세법률주의가 적용되는 조세 관련 법규범이나 죄형법정주의 원칙이 적용되는 형사법의 해석에 있어서는 유추해석이 금지되는 것이다.

판례[52]는 "(가) 법 해석의 목표는 어디까지나 법적 안정성을 저해하지 않는 범위 내에서 구체적 타당성을 찾는 데에 두어야 한다. 그리고 그 과정에서

---

51) 박경신 외 4인, 법정보조사, 법문사, 2016, 138면.
52) 대법원 2020. 8. 27. 선고 2019도11294 전원합의체 판결.

가능한 한 법률에 사용된 문언의 통상적인 의미에 충실하게 해석하는 것을 원칙으로 하고, 나아가 법률의 입법 취지와 목적, 제·개정 연혁, 법질서 전체와의 조화, 다른 법령과의 관계 등을 고려하는 체계적·논리적 해석방법을 추가적으로 동원함으로써, 법 해석의 요청에 부응하는 타당한 해석이 되도록 하여야 할 것이다. 형벌법규는 문언에 따라 엄격하게 해석·적용하여야 하고 피고인에게 불리한 방향으로 확장해석하거나 유추해석을 하여서는 안 되는 것이지만, 문언이 가지는 가능한 의미의 범위 안에서 규정의 입법 취지와 목적 등을 고려하여 문언의 논리적 의미를 분명히 밝히는 체계적 해석을 하는 것은 죄형법정주의의 원칙에 어긋나지 않는다."라고 하여 문언이 가지는 가능한 의미의 범위 안에서 규정의 입법 취지와 목적 등을 고려하여 문언의 논리적 의미를 분명히 밝히는 체계적 해석을 하는 것은 허용된다는 입장을 취하고 있다.[53]

이를 보다 직접적으로 밝힌 견해[54]도 있다. 즉 "형벌법규는 엄격하게 해석·적용해야 하고 피고인에게 불리한 방향으로 지나치게 확장해석이나 유추해석을 해서는 안 된다. 그러나 형벌법규의 해석은 그 규범적 의미를 명확히 하여 이를 구체적 사실에 적용할 수 있도록 하는 작업으로 다른 법률과 마찬가지로 다양한 해석방법이 필요하다. 우선 법률에서 사용하는 어구나 문장의 가능한 언어적 의미내용을 명확하게 하고(문리해석), 동시에 다른 법률과의 관련성 등을 고려하여 논리적 정합성을 갖도록 해석해야 한다(논리해석). 형벌법규의 문언이나 논리에 따르는 것만으로는 법규범으로서 의미를 충분히 파악할

---

53) 그러면서 위 판례는 "일반 국민은 형법 제20장에서 규정하고 있는 문서죄와 전자기록죄의 각 죄명에 비추어 형법 제227조의2와 제232조의2에서 정한 '위작(僞作)'이란 '위조(僞造)'와 동일한 의미로 받아들이기보다는 '위조(僞造)'에서의 '위(僞)'와 '허위작성(虛僞作成)'에서의 '작(作)'이 결합한 단어이거나 '허위작성(虛僞作成)'에서 '위작(僞作)'만을 추출한 단어로 받아들이기 쉽다. 형법에서의 '위작'의 개념은 형법이 그에 관한 정의를 하지 않고 있고, 해당 문언의 사전적 의미만으로는 범죄구성요건으로서의 적절한 의미 해석을 바로 도출해 내기 어려우므로, 결국은 유사한 다른 범죄구성요건과의 관계에서 체계적으로 해석할 수밖에 없다. 따라서 형법 제232조의2에서 정한 '위작'의 포섭 범위에 권한 있는 사람이 그 권한을 남용하여 허위의 정보를 입력함으로써 시스템 설치·운영 주체의 의사에 반하는 전자기록을 생성하는 행위를 포함하는 것으로 보더라도, 이러한 해석이 '위작'이란 낱말이 가지는 문언의 가능한 의미를 벗어났다거나, 피고인에게 불리한 유추해석 또는 확장해석을 한 것이라고 볼 수 없다."라고 하고 있다.

54) 대법원 2020. 6. 18. 선고 2019도14340 전원합의체 판결 [특정경제범죄가중처벌등에관한법률위반(배임)] 중 대법관 김재형의 반대의견에 대한 보충의견 중 일부.

수 없을 때에는 형벌법규의 통상적인 의미를 벗어나지 않는 한 법질서 전체의 이념, 형벌법규의 기능, 입법 연혁, 입법 취지와 목적, 형벌법규의 보호법익과 보호의 목적, 행위의 형태 등 여러 요소를 종합적으로 고려하여 그 의미를 구체화해야 한다(목적론적 해석).”라고 하여, 유추해석이 아닌 범위 내에서의 다양한 논리해석이나 목적론적 해석의 필요성을 인정하고 있다.

그러나 일정한 해석이 확장해석이나 유추해석에 해당하여 금지되거나 제한되는 것으로 볼 것인지의 여부는 매우 미묘하고도 어려운 문제이다. 동일해석을 놓고 그것이 유추해석이나 확장해석에 해당한다고 보는 견해가 있는가 하면, 유추해석이나 확장해석에 해당되지 않는다고 보는 견해가 양존함이 그 실례이다. 대법관들도 동일한 해석을 놓고 양분되는 경우가 있음을 종종 발견할 수 있다.

이러한 예로는 다음과 같은 대법원 결정[55]을 들 수 있다. 즉 호적상 여성으로 등재되어 있으나, 성장기부터 여성에 대한 불일치감과 남성으로의 귀속감을 나타내면서 성인이 된 후에는 오랜 기간 동안 남성으로서 살다가 성전환수술을 받아 남성의 외부 성기와 신체 외관을 갖춘 사람이 호적정정 및 개명신청을 한 사안에서, 다수의견은 “성전환자에 해당함이 명백한 사람에 대하여는 호적정정에 관한 호적법 제120조의 절차에 따라 호적의 성별란 기재의 성을 전환된 성에 부합하도록 수정할 수 있도록 허용함이 상당하다. 성전환자에 해당함이 명백한 사람에 대하여 호적법 제120조에서 정한 절차에 따라 성별을 정정하는 호적정정이 허가되고 그에 따라 전환된 성이 호적에 기재되는 경우에, 위 호적정정 허가는 성전환에 따라 법률적으로 새로이 평가받게 된 현재의 진정한 성별을 확인하는 취지의 결정이므로 호적정정허가 결정이나 이에 기초한 호적상 성별란 정정의 효과는 기존의 신분관계 및 권리의무에 영향을 미치지 않는다고 해석함이 상당하다.”라고 하여, 이러한 해석이 유추해석에 해당되지 않는다는 입장이다. 반면에 반대의견은 “성전환자의 경우는 선천적으로 불완전한 성적 특징을 가진 자에 대하여 착오나 출생신고 당시 오인으로 인하여 호적에 잘못된 성별로 기재한 경우와 달리, 처음부터 잘못 기재된 호적을 출생시에 소급하여 정정하기 위한 호적법 제120조가 그대로 적용될 수

---

55) 대법원 2006. 6. 22. 자 2004스42 전원합의체 결정 [개명·호적정정].

없는 사안이다. 호적법 제120조에 규정된 '착오', '호적의 정정'이라는 문구 등은 그 객관적 의미와 내용이 명확하여 해석상 의문의 여지가 없고, 호적법을 제정할 당시의 입법 취지도 그 내용이 처음 호적에 기재된 시점부터 존재하는 착오나 유루를 정정하고자 하는 것으로서 만일 호적기재가 기재 당시의 진정한 신분관계에 부합되게 적법하게 이루어졌다면 정정의 대상이 될 수 없는 것이었음이 명백하므로, 다수의견의 견해는 호적법 제120조에 대한 문리해석이나 입법 취지 등과는 관계없이, 객관적으로 명백한 호적법 제120조의 규정내용에 일부 내용을 추가·제거 또는 변경하는 것과 동일한 효과를 가져 오는 것으로서 정당한 유추해석의 한계를 벗어나는 것이다."라고 하여, 유추해석에 해당한다고 밝히고 있다.

또한 종전에는 대법원의 다수 판결[56]이 종중과 같이 권리능력 없는 사단의 소유 형태를 총유로 보면서, 비록 총유에는 공유나 합유와 달리 보존행위를 구성원 단독으로 할 수 있다는 민법 규정(민법 제265조 단서 또는 제272조 단서)이 없지만, 공유와 합유에 있어서의 보존행위에 관한 규정을 총유에도 유추적용하여, 권리능력 없는 사단의 구성원도 보존행위는 단독으로 할 수 있다는 입장을 취하여 왔다.[57] 그러나 2005. 9. 15. 선고한 대법원 2004다44971 전원합의체 판결에서는 위와 같은 입장을 뒤집고, "민법 제276조 제1항은 "총유물의 관리 및 처분은 사원총회의 결의에 의한다.", 같은 조 제2항은 "각 사원은 정관 기타의 규약에 좇아 총유물을 사용·수익할 수 있다."라고 규정하고 있을 뿐 공유나 합유의 경우처럼 보존행위는 그 구성원 각자가 할 수 있다는 민법 제265조 단서 또는 제272조 단서와 같은 규정을 두고 있지 아니한바, 이는 법인 아닌 사단의 소유형태인 총유가 공유나 합유에 비하여 단체성이 강하고 구성원 개인들의 총유재산에 대한 지분권이 인정되지 아니하는 데에서 나온 당연한 귀결이라고 할 것이므로 총유재산에 관한 소송은 법인 아닌 사단이 그 명의로 사원총회의 결의를 거쳐 하거나 또는 그 구성원 전원이 당사자가 되어

---

56) 대법원 1992. 2. 28. 선고 91다41507 판결, 대법원 1994. 4. 26. 선고 93다51591 판결 등 다수.

57) 그에 따라 비록 종중의 결의가 없어도 종중원은 누구나 종중재산인 총유물에 대한 보존행위로서 불법으로 소유권이전등기를 경료해간 제3자를 상대로 소유권이전등기말소청구소송을 단독으로 제기할 수 있었다.

필수적 공동소송의 형태로 할 수 있을 뿐 그 사단의 구성원은 설령 그가 사단의 대표자라거나 사원총회의 결의를 거쳤다 하더라도 그 소송의 당사자가 될 수 없고, 이러한 법리는 총유재산의 보존행위로서 소를 제기하는 경우에도 마찬가지라 할 것이다."라고 하여, 공유와 합유에서의 보존행위에 관한 민법 제265조 단서 또는 제272조 단서 규정을 총유에 유추적용하지 않기로 하면서 종전의 대법원 판결을 변경하였다.[58]

판례

대법원 2005. 9. 15. 선고 2004다44971 전원합의체 판결

민법 제276조 제1항은 "총유물의 관리 및 처분은 사원총회의 결의에 의한다.", 같은 조 제2항은 "각 사원은 정관 기타의 규약에 좇아 총유물을 사용·수익할 수 있다." 라고 규정하고 있을 뿐 공유나 합유의 경우처럼 보존행위는 그 구성원 각자가 할 수 있다는 민법 제265조 단서 또는 민법 제272조 단서와 같은 규정을 두고 있지 아니한바, 이는 법인 아닌 사단의 소유형태인 총유가 공유나 합유에 비하여 단체성이 강하고 구성원 개인들의 총유재산에 대한 지분권이 인정되지 아니하는 데에서 나온 당연한 귀결이라고 할 것이다.

따라서 총유재산에 관한 소송은 법인 아닌 사단이 그 명의로 사원총회의 결의를 거쳐 하거나 또는 그 구성원 전원이 당사자가 되어 필수적 공동소송의 형태로 할 수 있을 뿐 그 사단의 구성원은 설령 그가 사단의 대표자라거나 사원총회의 결의를 거쳤다 하더라도 그 소송의 당사자가 될 수 없고, 이러한 법리는 총유재산의 보존행위로서 소를 제기하는 경우에도 마찬가지라 할 것이다. 이와 달리 법인 아닌 사단의 대표자 개인 또는 구성원 일부가 총유재산의 보존을 위한 소를 제기할 수 있다고 판시한 대법원 1958. 2. 6. 선고 4289민상617 판결, 1960. 5. 5. 선고 4292민상191 판결, 1966. 3. 15. 선고 65다2465 판결, 1975. 5. 27. 선고 73다47 판결, 1977. 3. 8. 선고 76다1029 판결, 1980. 12. 9. 선고 80다2045, 2046 판결, 1992. 2. 28. 선고 91다41507 판결, 1994. 4. 26. 선고 93다51591 판결 등은 이 판결의 견해와 저촉되는 범위에서 이를 변경하기로 한다.

---

58) 이는 민사소송법상의 당사자적격과도 관련된 문제이다. 이 점에 관하여는 손종학, 강해 민사실무 Ⅰ, 충남대학교 출판문화원, 2017, 85면 이하 참조.

따라서 원고 보조참가인 종중의 구성원에 불과한 원고 개인이 총유재산의 보존행위로서 제기한 이 사건 소가 적법함을 전제로 한 원심의 판단은 총유재산에 관한 소송에 있어서 당사자적격에 관한 법리를 오해함으로써 판결 결과에 영향을 미친 위법이 있다고 할 것이다.

대법원 2010. 9. 30. 선고 2008도4762 판결 [독점규제및공정거래에관한법률위반]
형벌법규의 해석에서 법규정 문언의 가능한 의미를 벗어나는 경우에는 유추해석으로서 죄형법정주의에 위반하게 되고, 이러한 유추해석금지의 원칙은 모든 형벌법규의 구성요건과 가벌성에 관한 규정에 준용되는데, 위법성 및 책임의 조각사유나 소추조건 또는 처벌조각사유인 형면제 사유에 관하여도 그 범위를 제한적으로 유추적용하게 되면 행위자의 가벌성의 범위는 확대되어 행위자에게 불리하게 되는바, 이는 가능한 문언의 의미를 넘어 범죄구성요건을 유추적용하는 것과 같은 결과가 초래되므로 죄형법정주의의 파생원칙인 유추해석금지의 원칙에 위반하여 허용될 수 없다.

대법원 2004. 2. 27. 선고 2003도6535 판결 [주민등록법위반]
[1] 형벌법규의 해석은 엄격하여야 하고 명문규정의 의미를 피고인에게 불리한 방향으로 지나치게 확장해석하거나 유추해석하는 것은 죄형법정주의의 원칙에 어긋나는 것으로서 허용되지 않는다.
[2] 주민등록법 제21조 제2항 제3호는 같은 법 제7조 제4항의 규정에 의한 주민등록번호 부여 방법으로 허위의 주민등록번호를 생성하여 자기 또는 다른 사람의 재물이나 재산상의 이익을 위하여 이를 사용한 자를 처벌한다고 규정하고 있으므로, 피고인이 허위의 주민등록번호를 생성하여 사용한 것이 아니라 타인에 의하여 이미 생성된 주민등록번호를 단순히 사용한 것에 불과하다면, 피고인의 이러한 행위는 피고인에게 불리한 유추해석을 금지하는 법리에 비추어 위 법조 소정의 구성요건을 충족시켰다고 할 수 없다.

대법원 1992. 10. 13. 선고 92도1428 전원합의체 판결 [강도치사,특정범죄가중처벌등에관한법률위반(절도)]
죄형법정주의는 국가형벌권의 자의적인 행사로부터 개인의 자유와 권리를 보호하기 위하여 죄와 형을 법률로 정할 것을 요구하고, 이로부터 파생된 유추해석금지의 원칙은 성문의 규정은 엄격히 해석되어야 한다는 전제 아래 피고인에게 불리하게 성문규정이 표현하는 본래의 의미와 다른 내용으로 유추해석함을 금지하고 있다.

형법 제38조 제1항 제1호는 경합범 중 가장 중한 죄에 정한 형이 사형 또는 무기징역이나 무기금고인 때에는 가장 중한 죄에 정한 형으로 처벌하도록 규정하고 있으므로, 이 사건에서 경합범인 특가법위반죄와 강도치사죄 중 가장 중한 강도치사죄의 소정형에서 무기징역형을 선택한 이상 무기징역형으로만 처벌하고 따로이 특가법위반죄와 경합가중을 하거나 특가법위반죄가 누범이라 하여 누범가중을 할 수 없음은 더 말할 나위도 없는바, 위와 같이 무기징역형을 선택한 후 형법 제56조 제6호의 규정에 의하여 작량감경을 하는 경우에는 같은 법 제55조 제1항 제2호의 규정에 의하여 7년 이상의 징역으로 감형되는 한편, 같은 법 제42조의 규정에 의하여 유기징역형의 상한은 15년이므로 15년을 초과한 징역형을 선고할 수 없는 것이다.

원심은 강도치사죄의 소정형 중 유기징역형이 있다고 가정하여 유기징역형을 선택하였다면 누범가중 또는 경합범가중을 하여 징역 25년 또는 징역 22년 6월의 상한범위 내에서 형을 양정할 수 있어 이러한 경우와의 균형상 이 사건에서도 유기징역형을 가중하는 경우의 처단례에 따르는 것이 상당하다는 것이나, 이는 유기징역형을 가중하는 경우의 처단례를 유추하여 피고인에게 불리하게 징역 15년을 초과하는 처단형을 정할 수 있다는 것이어서 유추해석금지의 원칙에 정면으로 위배될 뿐 아니라, 이 사건에서 강도치사죄의 처단형 상한이 징역 15년으로 된 것은 무기징역형을 선택한 후 작량감경한 결과이므로 원심설시와 같이 유기징역형이 있다고 가정하여 유기징역형을 선택한 경우에도 작량감경을 하게 되면 그 처단형의 상한이 징역 12년 6월 또는 11년 3월이 되어 이 사건의 경우와 균형이 어긋난다고 볼 수도 없는 것이다.

대법원 1983. 3. 8. 선고 81므76 판결 [사실혼관계존재확인]
사실혼관계에 있던 당사자 일방이 사망하고 난 후 과거의 사실혼관계 존부확인청구를 하는 경우에 동 청구가 신분관계 존부확인청구의 일종이라는 점에서 친생자관계 존부확인청구에 관한 민법 제865조와 인지청구에 관한 민법 제863조의 규정을 유추해석하여야 하므로 그러한 소제기의 제척기간에 관한 규정도 유추적용되어야 할 것이다.

이러한 점에 착안하여 확장해석과 유추해석의 구별을 부인하려는 견해도 있다. 즉 확장해석과 유추해석을 구별하려는 것은 단순히 형식적인 기준에 불과한 것으로, 해석과 유추를 구별하여 평가하려고 하는 것은 지지될 수 없으며, 유추는 사실상 목적론적 해석과 동일한 것으로, 법문언의 의미와 취지에 합치될 수 있는 모든 법적용은 모두 해석의 범주에 포함되므로, 유추와 (확장)해석은 구별될 수 없다고 보는 견해가 있는 것이다.[59]

다) 준용과의 구별

'준용'은 성질상 비슷한 사항에 관하여 법규를 제정하는 경우에, 법조문의 반복을 피하거나 번잡함을 피하기 위하여 입법기술적으로 특정 사항에 관하여만 규정한 후, 이를 다른 사항에도 적용하게 하는 것이다.

즉 준용은 특정사항에 관하여도 규정하고 있지만, 문언만 간단히 기존의 다른 규정을 여기에도 '준용한다.'라고 하고 있다는 점에서 전혀 규정하고 있지 않은 사항에 대하여 기존의 법규를 적용하고자 하는 유추해석과는 구별된다. 그러므로 준용은 엄격하게 말하면 편의를 위한 입법기술이지 문언의 의미와 내용을 명확히 하고자 하는 해석방법론이 아니다.

예를 들어, 매매는 대표적인 쌍무·유상계약인바, 매매에 관한 규정은 다른 유상계약에도 똑같이 적용될 수 있어서 입법을 함에 있어 교환과 같은 계약에 관한 조항에 매매에 관한 규정을 다시 조문화하여야 하지만, 이렇게 될 경우 반복과 번잡을 피할 수 없게 된다. 이를 해결하기 위하여 민법은 제567조에서 "본절의 규정은 매매 이외의 유상계약에 준용한다. 그러나 그 계약의 성질이 이를 허용하지 아니하는 때에는 그러하지 아니하다."라고 하고 있는바, 이것이 바로 전형적인 준용의 예이다.

한편 비록 '준용'이라는 표현은 하지 않고 있지만 실질적으로 준용의 역할을 하는 규정도 있을 수 있다. 이러한 형식의 대표적인 예로는 민법 제561조의 부담부증여에 대한 쌍무계약에 관한 규정의 적용을 들 수 있다.

증여계약은 당사자 일방이 무상으로 재산을 상대방에 수여하는 의사를 표시하고 상대방이 이를 승낙함으로써 성립하는 계약[60]이기에, 가장 전형적인

---

59) 자세한 것은 김학태, 법의 해석과 적용, 한국외국어대학교 지식출판콘텐츠원, 2018, 49-51면 참조.
60) 민법 제554조.

무상, 편무계약이라고 할 수 있다. 그런데 이러한 증여계약을 함에 있어 증여를 받는 수증자에게 일정한 부담을 줄 수 있게 할 수 있는바, 이러한 증여를 부담부증여라고 한다. 즉 부담부증여란 부담이 붙어 있는 증여라는 뜻으로 수증자에게도 일정한 급부를 하여야 할 채무가 존재하는 것이다.

그러나 수증자의 이러한 부담, 즉 급부는 증여자가 수여하는 재산과의 대가성에 미치지 못하는 관계로(등가성이 없으므로) 소위 계약 당사자 쌍방의 채무가 상호 대가관계를 이루는 쌍무계약이라고 할 수는 없는 점에서 그 본질은 여전히 편무계약이라고 할 수 있다. 그러나 수증자의 부담이 비록 증여자의 채무와 대가성을 충족하지는 못하지만 수증자도 일정한 급부를 하여야 하는 채무를 부담한다는 점에서는 쌍무계약과 유사하다.[61] 그래서 민법은 부담부증여에 대하여도 쌍무계약에 관한 민법상의 여러 규정을 적용할 필요성을 인정하였고, 이러한 경우 원칙적으로는 부담부증여에 관한 규정에 쌍무계약에 관한 규정을 추가로 규정하여야 한다.

그러나 이렇게 할 경우 입법의 복잡과 번거로움이 있기에 이를 전부 규정하는 대신 위와 같이 민법 제561조에서 단순히 "상대부담있는 증여에 대하여는 본절의 규정외에 쌍무계약에 관한 규정을 적용한다."라고 하여 입법적으로 처리하고 있다. 이러한 것은 비록 용어상으로는 '적용'이라고 표기하였지만 그 실질은 입법기술론으로서의 '준용'에 해당한다고 볼 수 있다.

한편, 판결문상에서는 유추해석에 의한 특정 규정의 적용, 즉 '유추적용'이라고 표현할 곳에 '준용한다'고 표시한 경우도 있는바, 이는 정확한 표현은 아니라고 할 것이다. 이러한 판결문은 유추해석을 통한 적용인 '유추적용'의 의미로 '준용'이라는 문구를 사용한 것으로 이해할 필요가 있다.

[준용 예]

제26조(관리인의 담보제공, 보수) ① 법원은 그 선임한 재산관리인으로 하여금 재산의 관리 및 반환에 관하여 상당한 담보를 제공하게 할 수 있다.

② 법원은 그 선임한 재산관리인에 대하여 부재자의 재산으로 상당한 보수를 지급할 수 있다.

---

61) 자세한 것은 손종학, 강해 계약법 Ⅱ, 충남대학교출판문화원, 2018, 50면 이하 참조.

③ 전2항의 규정은 부재자의 생사가 분명하지 아니한 경우에 부재자가 정한 재산관리인에 준용한다.

제196조(점유권의 양도) ① 점유권의 양도는 점유물의 인도로 그 효력이 생긴다.

② 전항의 점유권의 양도에는 제188조제2항, 제189조, 제190조의 규정을 준용한다.

제188조(동산물권양도의 효력, 간이인도) ② 양수인이 이미 그 동산을 점유한 때에는 당사자의 의사표시만으로 그 효력이 생긴다.

제654조(준용규정) 제610조제1항, 제615조 내지 제617조의 규정은 임대차에 이를 준용한다.

제610조(차주의 사용, 수익권) ① 차주는 계약 또는 그 목적물의 성질에 의하여 정하여진 용법으로 이를 사용, 수익하여야 한다.

제615조(차주의 원상회복의무와 철거권) 차주가 차용물을 반환하는 때에는 이를 원상에 회복하여야 한다. 이에 부속시킨 물건은 철거할 수 있다.

판례 문리해석을 넘어 유추적용을 인정한 사례

대법원 2021. 5. 27.자 2019스621 결정 [양육비]

[1] 민사법의 실정법 조항의 문리해석 또는 논리해석만으로는 현실적인 법적 분쟁을 해결할 수 없거나 사회적 정의관념에 현저히 반하게 되는 결과가 초래되는 경우에는 법원이 실정법의 입법정신을 살려 법적 분쟁을 합리적으로 해결하고 정의관념에 적합한 결과를 도출할 수 있도록 유추적용을 할 수 있다.

[2] 가사소송법 제2조 제1항 제2호 (나)목 3)은 '민법 제837조(동조가 준용되는 경우 포함)에 따른 자녀의 양육에 관한 처분과 그 변경'을 마류 가사비송사건으로 정하고, 민법 제837조는 '양육자의 결정, 양육비용의 부담'을 자의 양육에 관한 사항으로 정하며(제2항), '가정법원은 부·모·자 및 검사의 청구 또는 직권으로 자의 양육에 관한 사항을 변경하거나 다른 적당한 처분을 할 수 있다.'고 정하고 있다(제5항). 가사소송규칙 제99조 제1항은 '자의 양육에 관한 처분과 변경에

관한 심판은 부모 중 일방이 다른 일방을 상대방으로 하여 청구하여야 한다.'고 정하고 있다. 또한 민법은 친권의 상실(제924조), 법률행위 대리권·재산관리권의 상실(제925조)에 관한 규정만을 두고 있었으나, 2014. 10. 15. 법률 제12777호로 개정되면서 가정법원은 친권 상실사유에 이르지 않더라도 미성년 자녀의 복리를 위해서 친권의 일부를 제한할 수 있다는 규정(제924조의2)을 신설하였고, 가정법원은 미성년 자녀의 보호에 공백이 생기는 것을 막기 위해 친권의 일부 제한 등으로 그 제한된 범위의 친권을 행사할 사람이 없는 경우 미성년후견인을 직권으로 선임하며(제932조 제2항, 제928조), 이 경우 미성년후견인의 임무는 제한된 친권의 범위에 속하는 행위에 한정되는 것으로 정하였다(제946조). 이에 따라 가정법원은 부모가 미성년 자녀를 양육하는 것이 오히려 자녀의 복리에 반한다고 판단한 경우 부모의 친권 중 보호·교양에 관한 권리(민법 제913조), 거소지정권(민법 제914조) 등 자녀의 양육과 관련된 권한(이하 '양육권'이라고 한다)만을 제한하여 미성년후견인이 부모를 대신하여 그 자녀를 양육하도록 하는 내용의 결정도 할 수 있게 되었다.

앞서 본 규정 내용과 체계, 민법의 개정 취지 등에 비추어 보면, 가정법원이 민법 제924조의2에 따라 부모의 친권 중 양육권만을 제한하여 미성년후견인으로 하여금 자녀에 대한 양육권을 행사하도록 결정한 경우에 민법 제837조를 유추적용하여 미성년후견인은 비양육친을 상대로 가사소송법 제2조 제1항 제2호 (나)목 3)에 따른 양육비심판을 청구할 수 있다고 봄이 타당하다.

판례   [유추적용의 의미로 '준용'의 용어를 사용한 판례]

대법원 1997. 7. 8. 선고 97다2177 판결 [소유권이전등기(말소)]

상대부담 있는 증여에 대하여는 민법 제561조에 의하여 쌍무계약에 관한 규정이 준용되어 부담의무 있는 상대방이 자신의 의무를 이행하지 아니할 때에는 비록 증여계약이 이미 이행되어 있다 하더라도 증여자는 그 계약을 해제할 수 있고, 그 경우 민법 제555조와 제558조는 적용되지 아니한다(당원 1996. 1. 26. 선고 95다43358 판결 참조). 원심이 그 내세운 증거들에 의하여 피고가 위 부담의무를 이행하지 아니할 뿐만 아니라, 그 부담 사실 자체를 부정하고 있는 사실을 확정한 후, 비록 원고가 이미 1985. 10. 29.자로 이 사건 토지에 관하여 피고에게 소유권이전등기를 마쳐주었다 하더라도 원고는 피고의 부담의무 불이행을 이유로 이 사건 토지에 관한 증여계약을 해제할 수 있다고 판단하였는바, 이는 위 법리에 따른 것으로서 정당하고, 여기에 논하는 바와 같은 법리오해의 위법이 있다고 할 수 없다.

대법원 2005. 5. 27. 선고 2004다44384 판결 [부당이득금반환]
국민연금법 제79조 제3항은 국민연금보험료 기타 국민연금법에 의한 징수금의 징수에 관하여, 구 산업재해보상보험법(2003. 12. 31. 법률 제7049호로 개정되기 전의 것) 제74조 제1항은 산업재해보상보험료의 징수에 관하여, 각 보건복지부장관이나 노동부장관의 승인을 얻어 국세체납처분의 예에 의한다는 취지로 규정하고 있는바, 위 각 조항은 그 문언이나 법규정의 형식상 국세징수법 중 제3장에서 규정한 체납처분의 절차에 따라 국민연금보험료와 산업재해보상보험료를 강제징수할 수 있는 자력집행권이 있음을 규정한 것일 뿐이고, 나아가 위 각 조항에 의하여 국민연금보험료와 산업재해보상보험료 상호간에도 압류선착주의를 규정한 국세기본법 제36조가 준용된다고 보기는 어렵다.

라) 유추적용의 요건과 한계

이처럼 법해석의 필요상 일정한 경우 민사법의 세계에서 유추해석을 인정할 수 있지만, 유추해석은 결국 법의 창조인 입법의 영역인 점에서 함부로 허용될 수 없고, 일정한 요건과 한계를 지니고 있다. 판례도 유추해석의 문제점을 인식하고 그 적용에 신중을 기하여야 한다는 각도에서 유추해석의 허용요건과 한계를 분명히 밝히고 있다. 즉 판례[62]는 "민사법의 실정법 조항의 문리해석 또는 논리해석만으로는 현실적인 법적 분쟁을 해결할 수 없거나 사회적 정의관념에 현저히 반하게 되는 결과가 초래되는 경우에는 법원이 실정법의 입법정신을 살려 법적 분쟁을 합리적으로 해결하고 정의관념에 적합한 결과를 도출할 수 있도록 유추적용을 할 수 있다. 법률의 유추적용은 법률의 흠결을 보충하는 것으로 법적 규율이 없는 사안에 대하여 그와 유사한 사안에 관한 법규범을 적용하는 것이다. 이러한 유추를 위해서는 법적 규율이 없는

---

62) 대법원 2020. 4. 29. 선고 2019다226135 판결.

사안과 법적 규율이 있는 사안 사이에 공통점 또는 유사점이 있어야 한다. 그러나 이것만으로 유추적용을 긍정할 수는 없다. 법규범의 체계, 입법 의도와 목적 등에 비추어 유추적용이 정당하다고 평가되는 경우에 비로소 유추적용을 인정할 수 있다."라고 하여 단순히 공통점이나 유사점이 있다는 이유만으로는 유추해석이 허용될 수 없고, 더 나아가 유추해석의 결과가 정의롭다고 평가될 때 비로소 허용된다는 점을 분명하게 밝히고 있다.

6) 보정해석

보정해석은 법문의 자구가 잘못 표기되었거나 표현이 부정확하다고 인정되는 경우에 당해 자구를 바로잡는다는 의미로 보정하거나 표현을 변경하는 해석을 말한다. 보충해석이나 변경해석이라고도 한다.[63]

보정해석의 인정 여부에 대하여는 견해의 대립이 있지만, 인정한다고 할지라도 결과적으로 보정해석은 법조문의 명시적 문구를 바꾸는 것이므로 매우 엄격한 경우에 한하여(예를 들어, 법조문이 잘못 표기된 것임이 명백한 경우 등) 이를 인정하여야 할 것이다.

> [예] 민법 제7조(동의와 허락의 취소)
> 법정대리인은 미성년자가 아직 법률행위를 하기 전에는 전2조의 동의와 허락을 취소할 수 있다.
> 여기서 법문에서는 비록 '취소'로 표기되어 있지만, 일반적으로 취소는 이미 발생하고 있는 법률행위의 효력을 소급적으로 소멸시켜 무효로 하는 의사표시인바, 여기서는 소급효가 없는, 즉 장래에 법률행위의 효력이 발생하지 못하게 할 뿐인 '철회'로 해석하여야 할 것인데, 이런 해석이 전형적인 보정해석에 해당된다.

7) 법률행위의 해석과 의사해석(意思解釋)

가) 의의 및 필요성

법률을 공부함에 있어, 특히 판례를 공부할 때 자주 발견하는 용어로 '법

---

63) 박경신 외 4인, 법정보조사, 법문사, 2016, 141면.

률행위의 해석'이나 '의사해석'이라는 단어가 있다. 당사자가 매매계약을 체결하는 경우와 같이 일정한 법률행위를 하였으나 이에 대하여 다툼이 있는 경우, 재판을 하기 위해서는 먼저 사실관계의 확정 차원에서 당해 법률행위의 존부나 의미와 내용을 확정할 필요가 있고, 이렇게 확정된 사실관계에 해당 법조항을 적용하여 재판의 결론에 이르게 된다. 여기서 법률행위의 목적이나 내용을 명확하게 하는 것을 법률행위의 해석이라고 한다.[64]

이처럼 법률행위의 해석, 즉 법률행위의 의미와 내용, 목적을 확정하기 위해서는 당해 법률행위를 한 당사자의 내면의 의사가 무엇이었는지를 확정할 필요가 있을 수 있다. 이는 당해 법률행위의 목적이나 내용을 확정하여야 당해 법률행위에 의하여 어떠한 법률효과를 부여할 수 있기 때문이다. 즉 법률행위를 해석할 필요가 있는바, 법률행위는 하나의 의사표시나 복수의 의사표시를 불가결의 요소로 하는 법률요건이기에, 법률행위의 해석은 결국 의사표시의 해석과 다름이 없고, 여기서 말하는 의사표시의 해석을 간단히 의사해석이라고 부르고 있다.

예를 들어, 매매대금채무와 같이 기왕에 금전 기타 대체물의 지급채무가 있는 경우에 당사자 사이의 합의로 당해 매매대금채무를 소비대차에 기한 채무로 변경하기로 하는 약정을 한 경우에, 이는 민법 제605조상의 준소비대차계약을 한 것으로 해석할 수도 있고, 민법 제500조의 경개(更改)계약을 체결한 것으로 볼 수도 있다. 이를 준소비대차로 볼 경우에는 종전채무인 구채무와 새로운 채무인 신채무 사이의 동일성이 유지되어 구채무에 붙어 있던 동시이행의 항변권이나 담보권 등이 소멸하지 않고 그대로 신채무로 옮겨온다. 반면에 경개로 보게 되면, 양 채무 사이에 동일성이 없어서 구채무에 붙어 있던 항변권이나 담보권은 소멸되고, 신채무로 옮겨 오지 않는다는 차이점이 있기에 그 해석은 매우 중요하다.

이처럼 종전채무를 소비대차 채무로 변경하는 경우에 당사자의 의사가 경개계약을 체결하려고 하였는지, 아니면 준소비대차계약을 체결하려고 한 것이었는지 불분명한 경우에 의사해석의 문제로 돌아가 이를 어느 하나로 확정하고, 그에 따라 담보권이나 항변권의 소멸과 존속 여부를 판단하게 되는 것

---

64) 곽윤직·김재형, 민법총칙, 제9판, 박영사, 2016, 295면.

이다.[65]

나) 법해석과의 차이점

그러나 의사해석이나 법률행위의 해석은 문언 등의 의미와 내용을 명확히 하여 그것을 확정한다는 점에서는 법해석과 유사하지만, 그 대상에 있어서 분명한 차이가 있다. 즉 법해석이 법조항의 문언의 의미와 내용을 확정하는 작업임에 비하여 법률행위의 해석이나 의사해석은 법조문이 아닌 당사자가 한 법률행위나 의사표시의 의미와 내용이 불분명한 경우에, 이를 명확히 하여 그 내용을 확정하는 작업이다.

판례[66]도 "법률행위의 해석은 당사자가 그 표시행위에 부여한 객관적인 의미를 명백하게 확정하는 것"이라고 하여, 법률행위의 해석의 의미와 필요성을 분명히 밝히고 있다.

다) 법률행위 해석방법론

법해석에도 여러 방법론이 있듯이 법률행위를 해석함에 있어서도 방법론이 있다. 일반적으로는 객관적 해석, 주관적 해석, 보충적 해석 등의 방법론이 사용되고 있다.

(1) 객관적 해석

의사표시가 내면의 의사와 이를 외부에 드러내는 표시로 이루어져 있지만, 기본적으로 의사표시는 당사자가 원래 의도하였던(원하였던) 바대로 법률효과를 부여하는 것이므로, 법률행위의 해석은 당사자의 의사를 밝히는 것이 가장 중요하다. 다만 여기서 말하는 당사자의 의사란 내면에 숨겨져 있는 진의(眞意)나 내심적 효과의사를 찾아서 밝히는 것이 아니라 표시행위가 갖는 의사, 즉 당사자 의사의 객관적, 외부적 표시행위가 갖는 의미를 밝히는 것을 뜻한다.[67] 그렇기 때문에 계약의 해석에 있어서 내심적 효과의사와 표시행위가 일치하지 않을 때에는 상대방의 시각에서 표시행위가 갖는 객관적 의미에 따라 해석하여야 한다.[68]

---

65) 자세한 것은 손종학, 강해 계약법 Ⅱ, 충남대학교출판문화원, 2018, 165면 이하 참조.
66) 대법원 2009. 5. 14. 선고 2008다90095, 90101 판결.
67) 곽윤직·김재형, 민법총칙, 제9판, 박영사, 2016, 295면.

이러한 법률행위의 객관적 해석방법에 대하여는 판례[69]도 "사용된 문언에만 구애받는 것은 아니지만, 어디까지나 당사자의 내심의 의사가 어떤지에 관계없이 그 문언의 내용에 의하여 당사자가 그 표시행위에 부여한 객관적 의미를 합리적으로 해석하여야 한다. 당사자가 표시한 문언에 의하여 그 객관적인 의미가 명확하게 드러나지 않는 경우에는 그 문언의 형식과 내용, 그 법률행위가 이루어진 동기 및 경위, 당사자가 그 법률행위에 의하여 달성하려는 목적과 진정한 의사, 거래의 관행 등을 종합적으로 고려하여, 사회정의와 형평의 이념에 맞도록 논리와 경험의 법칙, 그리고 사회일반의 상식과 거래의 통념에 따라 합리적으로 해석하여야 한다."라고 하고 있다.

(2) 주관적 해석

계약을 체결함에 있어 표의자가 자기의 의사에 부합되게 표시하지 못한 경우, 즉 잘못하여 표시를 한 경우에(일종의 착오에 빠져 표시를 함), 표의자의 잘못과 진의가 무엇인지를 상대방이 알고 있다면, 표시한 대로 해석하여 법률효과를 부여할 것이 아니라 표의자가 실제로 원했던 내용대로 법률효과를 부여하는 것으로 해석할 필요가 있는바, 이를 주관적 해석이라고 부른다.

판례[70]도 "부동산의 매매계약에 있어 쌍방당사자가 모두 특정의 갑 토지를 계약의 목적물로 삼았으나 그 목적물의 지번 등에 관하여 착오를 일으켜 계약을 체결함에 있어서는 계약서상 그 목적물을 갑 토지와는 별개인 토지로 표시하였다 하여도 갑 토지에 관하여 이를 매매의 목적물로 한다는 쌍방당사자의 의사합치가 있은 이상 위 매매계약은 갑 토지에 관하여 성립한 것으로 보아야 할 것이고 을 토지에 관하여 매매계약이 체결된 것으로 보아서는 안될 것이며, 만일 을 토지에 관하여 위 매매계약을 원인으로 하여 매수인 명의로 소유권이전등기가 경료되었다면 이는 원인이 없이 경료된 것으로서 무효이다."라고 하여, 일정한 경우 주관적 해석방법론을 취하고 있다.

(3) 보충적 해석

이는 체결된 계약에 흠결이나 공백이 있는 경우에, 당사자의 가정(假定)적

---

68) 곽윤직·김재형, 민법총칙, 제9판, 박영사, 2016, 295－296면.
69) 대법원 2009. 5. 14. 선고 2008다90095, 90101 판결.
70) 대법원 1993. 10. 26. 선고 93다2629, 2636(병합) 판결 [건물퇴거].

의사를 갖고서 공백이나 흠을 보완하는 해석방법론을 말한다. 가정적 의사란 당사자가 그 흠이나 공백을 알고 있었다면 보충하거나 채웠을 것으로 추단되는 의사를 말한다.[71)]

이러한 보충적 해석은 양 당사자의 실제 의사를 발견하여 확정하는 것이 아니라 여러 사정을 종합하여 당사자가 가졌을 것으로 인정되는 의사에 따른 내용으로 확정한다는 점에 특징이 있다.

보충적 해석방법론은 실제 재판에서 많이 활용되고 있다. 판례[72)]도 "계약 당사자 쌍방이 계약의 전제나 기초가 되는 사항에 관하여 같은 내용으로 착오가 있고 이로 인하여 그에 관한 구체적 약정을 하지 아니하였다면, 당사자가 그러한 착오가 없을 때에 약정하였을 것으로 보이는 내용으로 당사자의 의사를 보충하여 계약을 해석할 수 있는바, 여기서 보충되는 당사자의 의사는 당사자의 실제 의사 또는 주관적 의사가 아니라 계약의 목적, 거래관행, 적용법규, 신의칙 등에 비추어 객관적으로 추인되는 정당한 이익조정 의사를 말한다."라고 하여 보충적 해석방법론을 인정하고 있다.

라) 법률행위 해석례

법률행위 해석의 예로는 다음과 같은 예를 들 수 있다. 매매계약을 체결하고 계약금을 수수하면서, 당사자 사이에, 매수인 위약시에는 이를 무효로 하고, 매도인 위약시에는 그 배액을 상환한다는 약정을 하는 경우가 종종 있다. 이 경우 위 계약금은 민법 제398조 제1항 소정의 위약금으로서의 손해배상액의 예정을 한 것으로 볼 뿐만 아니라 그 약정 속에는 민법 제568조 소정의 해약금으로서의 성질도 함께 갖는 것으로 보는바,[73)] 이는 일종의 약정해석으로서 법률행위 해석의 결과라고 할 수 있다.

또 보증계약을 체결한 경우에, 실무상 그 보증이 단순보증인지 아니면 연대보증인지가 다투어지는 경우가 많이 있다. 이 경우 '연대'의 문구나 표시가 없다면, 특별한 사정이 없다면 보증인은 연대보증이 아닌 단순보증을 한 것으

71) 곽윤직·김재형, 민법총칙, 제9판, 박영사, 2016, 298면.
72) 대법원 2006. 11. 23. 선고 2005다13288 판결 [부당이득금].
73) 자세한 것은 손종학, 강해 계약법 Ⅱ, 충남대학교출판문화원, 2018, 67면 이하 참조.

로 의사해석을 한다.[74]

판례   [법률행위 및 의사표시의 해석례]

대법원 1989. 6. 27. 선고 89다카2957 판결 [대여금]
경개나 준소비대차는 모두 기존채무를 소멸케 하고 신채무를 성립시키는 계약인
점에 있어서는 동일하지만 경개에 있어서는 기존채무와 신채무와의 사이에 동일
성이 없는 반면, 준소비대차에 있어서는 원칙적으로 동일성이 인정된다는 점에
차이가 있는 바, 기존채권 채무의 당사자가 그 목적물을 소비대차의 목적으로 할
것을 약정한 경우 그 약정을 경개로 볼 것인가 또는 준소비대차로 볼 것인가는
일차적으로 당사자의 의사에 의하여 결정되고 만약 당사자의 의사가 명백하지
않을 때에는 의사해석의 문제이나 특별한 사정이 없는 한 동일성을 상실함으로
써 채권자가 담보를 잃고 채무자가 항변권을 잃게 되는 것과 같이 스스로 불이익
을 초래하는 의사를 표시하였다고는 볼 수 없으므로 일반적으로 준소비대차로
보아야 한다.

대법원 1989. 9. 12. 선고 88다카13806 판결 [대여금]
금전소비대차계약을 증명하는 서류상 단순보증인으로만 표시되어 있는데 그 문
서가 꾸며진지 만 5년이 가까운 시일이 지난 다음에 그 보증인이 그때 연대보증
인으로 서명날인했노라고 별도문서로 확인해준다는 것은 이례에 속하는 일이므
로 채무자가 단순보증임을 주장하면서 위 연대보증확인은 채권자가 당초의 증명
서류를 분실하여 주채무자에게만 청구하고 보증인에게는 청구하지 않겠노라고
하기에 그가 써온 문구를 깊이 살펴보지 않고 서명날인하였다고 다투고 있는 경
우에는 이와 같은 증거에 관한 보조사실 주장을 뒷받침하는 자료는 그것이 부당
함을 밝혀주는 합리적인 별도자료가 없는 한 가볍게 배척하지 않는 것이 논리칙
과 경험칙에 합당하다.

대법원 1992. 5. 12. 선고 91다2151 판결 [소유권이전등기]
매매당사자 사이에 수수된 계약금에 대하여 매수인이 위약하였을 때에는 이를
무효로 하고 매도인이 위약하였을 때에는 그 배액을 상환할 뜻의 약정이 있는 경
우에는 특별한 사정이 없는 한 그 계약금은 민법 제398조 제1항 소정의 손해배

---

74) 자세한 것은 손종학, 강해 계약법 Ⅰ, 충남대학교출판문화원, 2020, 275면 이하 참조.

상액의 예정의 성질을 가질 뿐 아니라 민법 제565조 소정의 해약금의 성질도 가진 것으로 볼 것이다.

대법원 2009. 5. 14. 선고 2008다90095, 90101 판결
토지 및 그 지상건물에 대한 임대차와 건물의 소유를 목적으로 하는 임대차는 그 임대차종료시에 있어서 임차인의 갱신청구권 또는 건물매수청구권이 인정되는지 여부 및 원상회복약정의 유효 여부 등 그 법률효과에 있어 현저한 차이가 있으므로 토지 및 지상건물에 대한 임대차가 건물의 소유를 목적으로 하는 임대차로 변경되었다고 인정함에는 신중을 기하여야 할 것이다.

그런데 원심이 인정한 사실과 기록에 의하면, 원고와 피고 사이에서 처음 체결된 2001. 11. 30.자 임대차계약서(을 제1호증)에는 "피고가 원고의 승인 하에 공장을 개축 또는 변경할 수 있으나 공장반환시 원상으로 복구하여 반환한다"는 내용의 원상회복문구가 들어 있었고, 이는 특별한 사정이 없는 한 유효하다고 할 것인데, 위 문구는 이 사건 건물이 신축된 이후인 2004. 8. 31. 원고와 피고 사이에서 체결된 임대차계약서(갑 제1호증)에도 그대로 들어 있었을 뿐 아니라, 원고가 이 사건 임대차계약의 갱신거절의사를 표시하자 이 사건 임대차계약의 기간 만료일인 2005. 8. 31. 피고를 대표한 소외인이 원고에게 건물의 증개축에 소요된 비용 및 소유권 등 일체의 권한을 행사하지 않을 것을 서약한다는 내용의 각서(갑 제3호증의 2)를 작성하여 교부하기까지 한 사실을 알 수 있는바, 위와 같은 임대차계약의 내용이나 임대차종료시점에서 작성된 각서의 내용은 건물의 소유를 목적으로 하는 임대차계약을 체결한 임차인이 통상적으로 할 수 있는 것으로는 보이지 아니한다.

다른 한편, 제1심에서의 감정결과에 의하면, 피고가 신축한 이 사건 건물 중 지상 1층은 ① 판넬조 · 철판지붕으로 된 세면실, 작업실, ② 판넬조 · 판넬지붕으로 된 도색실, 사무실, ③ 세멘벽돌조 · 철판지붕으로 된 창고, 화장실 및 작업실, ④ 경량철골조 · 철판지붕으로 된 작업실 등으로 구성되어 있고, 지상 2층은 ㉠ 판넬조·판넬지붕으로 된 휴게실, 사무실 및 도색실, ㉡ 판넬조 · 함석지붕으로 된 창고, ㉢ 쇠파이프조 · 판넬지붕으로 된 도색창고, ㉣ 쇠파이프조 · 천막 및 썬라이프지붕으로 된 작업실, ㉤ 컨테이너박스로 된 사무실, ㉥ 쇠파이프조 · 천막지붕으로 된 작업실, ㉦ 경량철골조 · 함석지붕으로 된 작업실, ㉧ 철판바닥으로 된 통로 등으로 구성되어 있음을 알 수 있는바, 이러한 이 사건 건물의 구조와 구성

등에 비추어 과연 이 사건 건물이 독립된 소유권의 객체가 되는 건물로서의 요건을 구비하였다고 쉽사리 단정하기도 어렵다고 할 것이다.

이러한 사정을 앞서 본 법리에 비추어 살펴보면, 피고가 이 사건 임대차계약에서 원상회복약정을 한 데에서 나아가 원고의 임대차갱신거절의사표시에 대하여 이 사건 건물에 대한 일체의 권한을 행사하지 않겠다는 내용의 각서를 작성하여 준 이유 등을 밝혀보지 아니한 채 단순히 원심이 들고 있는 사정들만으로는 이 사건 임대차계약이 건물의 소유를 목적으로 한 것이라거나 종전의 임대차계약이 건물의 소유를 목적으로 한 임대차계약으로 변경되었다고 단정할 수 없다고 할 것이다. 그럼에도 불구하고 이와 달리, 이 사건 임대차계약이 건물의 소유를 목적으로 하는 임대차로 변경되었음을 전제로 하여 피고의 건물매수청구권을 받아들이고 원고의 이 사건 건물의 철거와 대지인도 및 임료 상당 부당이득반환청구를 모두 배척하고 만 원심판결에는 법률행위 해석에 관한 법리를 오해하였거나 채증법칙에 위반하여 사실을 오인하였거나 필요한 심리를 다하지 아니하여 판결에 영향을 미친 위법이 있다고 할 것이다.

대법원 2010. 8. 19. 선고 2010다13701,13718 판결 [손해배상(기)등]
당사자 사이에 구두 약정의 해석을 둘러싸고 이견이 있어 그 의사 해석이 문제되는 경우에는 표현의 형식과 내용, 그와 같은 약정이 이루어진 동기와 경위, 당사자가 그 약정에 의하여 달성하려는 목적과 진정한 의사, 거래의 관행 등을 종합적으로 고려하여 사회정의와 형평의 이념에 맞도록 논리와 경험의 법칙, 그리고 사회일반의 상식과 거래의 통념에 따라 합리적으로 해석하여야 한다. 위 판례는 갑과 을 사이에 동업약정을 하면서, 갑은 을에게 굴비를 제공하고 을은 그 굴비를 판매하여 취득하는 대금 중 굴비 공급원가 상당액을 갑에게 우선하여 지급한다는 구두 약정을 한 경우, 갑과 을 사이에 동업관계가 종료되어 정산이 문제되는 경우에까지 을이 동업의 결과 수익을 올렸는지 손해만 남았는지를 따져보지 않은 상태에서 갑에게 굴비 공급원가 상당액을 지급할 의무를 부담하기로 한 것으로 보기 어렵다고 한 사건에 대한 판결이다.

다. 목적론적 해석

법문의 목적에 부합하도록 하는 해석방법론으로, 앞서 설명한 다양한 논리해석의 방법들은 바로 이 목적론적 해석을 위한 기술들이라고 할 수 있다.

즉 입법자의 의사가 지향하고자 하는 법의 정신이나 사회의 모습을 다시금 새로운 시대와 상황에 맞추어 해석하는 방법론이 바로 목적론적 해석이다.

특히 구체적 사건의 해결을 위하여 재판을 하는 법관은 단지 과거 입법자의 의사와 결정에 종속되는 것이 아니라 현재의 법상황에 따라 입법취지를 살려내는 목적론적 해석의 필요성이 있다고 볼 수 있다. 이를 통하여 사회 변화에 따라 사실상 죽어있는 법을 다시 살아있는 법으로 재탄생시킬 수 있기 때문이다.

대법원은 "형벌법규는 엄격하게 해석·적용해야 하고 피고인에게 불리한 방향으로 지나치게 확장해석이나 유추해석을 해서는 안 된다. 그러나 형벌법규의 해석은 그 규범적 의미를 명확히 하여 이를 구체적 사실에 적용할 수 있도록 하는 작업으로 다른 법률과 마찬가지로 다양한 해석방법이 필요하다.

우선 법률에서 사용하는 어구나 문장의 가능한 언어적 의미내용을 명확하게 하고(문리해석), 동시에 다른 법률과의 관련성 등을 고려하여 논리적 정합성을 갖도록 해석해야 한다(논리해석). 형벌법규의 문언이나 논리에 따르는 것만으로는 법규범으로서 의미를 충분히 파악할 수 없을 때에는 형벌법규의 통상적인 의미를 벗어나지 않는 한 법질서 전체의 이념, 형벌법규의 기능, 입법 연혁, 입법 취지와 목적, 형벌법규의 보호법익과 보호의 목적, 행위의 형태 등 여러 요소를 종합적으로 고려하여 그 의미를 구체화해야 한다(목적론적 해석). 이러한 해석방법은 대법원이 여러 차례에 걸쳐 확인해 온 확립된 것이다."라고 하여,[75] 형벌법규의 해석에 있어서도 문언해석에 한정하지 않고 필요할 경우 목적론적 해석의 필요성과 인정 가능성을 밝히고 있다.

판결

대법원 2004. 9. 16. 선고 2001도3206 전원합의체 판결 [사기]
[1] [다수의견] 상습성을 갖춘 자가 여러 개의 죄를 반복하여 저지른 경우에는 각 죄를 별죄로 보아 경합범으로 처단할 것이 아니라 그 모두를 포괄하여 상습범이라고 하는 하나의 죄로 처단하는 것이 상습범의 본질 또는 상습범 가중

---

75) 대법원 2020. 6. 18. 선고 2019도14340 전원합의체 판결.

처벌규정의 입법취지에 부합한다.

[별개의견] 원래 '상습성'이란 '행위자의 속성'이라는 점에는 학설·판례상 이론이 없고 다수의견도 이를 받아들이고 있는바, 이는 곧 단 한번 저질러진 범행이라도 그것이 상습성의 발현에 의한 것이라면 상습범이 된다는 것이어서 상습범이 성립하기 위하여는 반드시 수개의 범행이 반복될 것을 그 구성요건 요소로 하거나 예정하고 있는 것은 아니므로 상습성이 발현된 수개의 범행이 있는 경우에 각개의 범행 상호간에 보호법익이나 행위의 태양과 방법, 의사의 단일 또는 갱신 여부, 시간적·장소적 근접성 등 일반의 포괄일죄 인정의 기준이 되는 요소들을 전혀 고려함이 없이 오로지 '상습성'이라는 하나의 표지만으로 곧 모든 범행을 하나로 묶어 포괄하여 일죄라고 할 수는 없으므로 수개의 상습사기 범행은 원칙으로 수개의 죄로 보아야 한다.

라. 학리해석의 위험과 한계

학리해석은, 아니 그 모든 해석을 함에 있어서는 아무리 필요성과 목적성이 인정된다 할지라도 법규범의 문언의 의미를 쉽게 넘어서서는 아니 된다. 이는 잘못하면 해석에 의한 입법이 되는 것이어서 3권분립이라는 민주주의의 대원칙에 정면으로 위반되는 결과를 초래하기 때문이다. 뿐만 아니라 법의 해석을 통하여 법규범이 명확화, 구체화되는 것이기에 법규범과 마찬가지로 그 해석도 가능한 한 많은 사람들이 수긍할 수 있을 정도로 일반성과 일관성을 유지할 때 비로소 법적 안정성이 확보될 수 있으며, 그렇지 않을 경우 그 결론에 있어서도 보편성을 상실한 채 자의적 해석으로 귀결될 가능성이 높기 때문이다.

이러한 문제점 때문에 1942년의 '이탈리아민법전'은 '법률의 해석'이란 제목하에 "법률을 해석함에 있어서는 단어의 조합을 통해서 표현된 문언의 본래의미와 입법자의 의도를 제외한 다른 어떤 요소도 고려해서는 안 된다. 사건 해결을 위해 필요한 조항이 명확하게 규정되어 있지 않을 경우 그와 유사한 사실관계에 적용되는 조항을 유추 적용하고, 그런 방법도 불가능한 경우에는 법의 일반원칙에 따라 해결해야 한다."라고 밝히고 있다고 한다.[76]

---

76) 존 헨리 메리먼 외 1인 공저, 김희균 옮김, 대륙법 전통, 책과함께, 2020, 85면.

그러므로 법해석을 담당하는 자들은 항상 그 한계를 넘지 않기 위하여 논리적 해석이나 목적론적 해석을 함에 있어서는 신중을 기하여야 할 것이다.

판례[77]도 같은 입장에 있다. 즉 정당한 법해석과 관련하여 "법은 원칙적으로 불특정 다수인에 대하여 동일한 구속력을 갖는 사회의 보편타당한 규범이므로 법의 표준적 의미를 밝혀 객관적 타당성이 있도록 해석하여야 하고, 가급적 모든 사람이 수긍할 수 있는 일관성을 유지함으로써 법적 안정성이 손상되지 않도록 하여야 한다. 실정법은 보편적이고 전형적인 사안을 염두에 두고 규정되기 마련이므로 사회현실에서 일어나는 다양한 사안에서 구체적 사안에 맞는 가장 타당한 해결이 될 수 있도록 해석·적용할 것도 요구된다. 요컨대, 법해석의 목표는 어디까지나 법적 안정성을 저해하지 않는 범위 내에서 구체적 타당성을 찾는 데 두어야 한다. 나아가 그러기 위해서는 가능한 한 법률에 사용된 문언의 통상적인 의미에 충실하게 해석하는 것을 원칙으로 하면서, 법률의 입법 취지와 목적, 제·개정 연혁, 법질서 전체와의 조화, 다른 법령과의 관계 등을 고려하는 체계적·논리적 해석방법을 추가적으로 동원함으로써, 위와 같은 법해석의 요청에 부응하는 타당한 해석을 하여야 한다.

한편 법률의 문언 자체가 비교적 명확한 개념으로 구성되어 있다면 원칙적으로 더 이상 다른 해석방법은 활용할 필요가 없거나 제한될 수밖에 없고, 어떠한 법률의 규정에서 사용된 용어에 관하여 그 법률 및 규정의 입법 취지와 목적을 중시하여 문언의 통상적 의미와 다르게 해석하려 하더라도 당해 법률 내의 다른 규정들 및 다른 법률과의 체계적 관련성 내지 전체 법체계와의 조화를 무시할 수 없으므로, 거기에는 일정한 한계가 있을 수밖에 없다."라고 하여, 법해석에 있어서 문언해석을 뛰어넘는 논리해석의 필요성을 인정하면서도 그 한계도 있음을 명백히 하고 있다.

다음과 같이 동일한 취지의 입장을 밝힌 판례가 있다.

---

77) 대법원 2021. 3. 18. 선고 2018두47264 전원합의체 판결.

판례

대법원 2009. 4. 23. 선고 2006다81035 판결 [건물명도등]

[1] 법은 원칙적으로 불특정 다수인에 대하여 동일한 구속력을 갖는 사회의 보편 타당한 규범이므로 이를 해석함에 있어서는 법의 표준적 의미를 밝혀 객관적 타당성이 있도록 하여야 하고, 가급적 모든 사람이 수긍할 수 있는 일관성을 유지함으로써 법적 안정성이 손상되지 않도록 하여야 한다. 그리고 실정법이 란 보편적이고 전형적인 사안을 염두에 두고 규정되기 마련이므로 사회현실 에서 일어나는 다양한 사안에서 그 법을 적용함에 있어서는 구체적 사안에 맞는 가장 타당한 해결이 될 수 있도록, 즉 구체적 타당성을 가지도록 해석할 것도 요구된다. 요컨대, 법해석의 목표는 어디까지나 법적 안정성을 저해하지 않는 범위 내에서 구체적 타당성을 찾는 데 두어야 한다. 그리고 그 과정에서 가능한 한 법률에 사용된 문언의 통상적인 의미에 충실하게 해석하는 것을 원칙으로 하고, 나아가 법률의 입법 취지와 목적, 그 제·개정 연혁, 법질서 전체와의 조화, 다른 법령과의 관계 등을 고려하는 체계적·논리적 해석방법 을 추가적으로 동원함으로써, 앞서 본 법해석의 요청에 부응하는 타당한 해 석이 되도록 하여야 한다. 한편, 법률의 문언 자체가 비교적 명확한 개념으로 구성되어 있다면 원칙적으로 더 이상 다른 해석방법은 활용할 필요가 없거나 제한될 수밖에 없고, 어떠한 법률의 규정에서 사용된 용어에 관하여 그 법률 및 규정의 입법 취지와 목적을 중시하여 문언의 통상적 의미와 다르게 해석 하려 하더라도 당해 법률 내의 다른 규정들 및 다른 법률과의 체계적 관련성 내지 전체 법체계와의 조화를 무시할 수 없으므로, 거기에는 일정한 한계가 있을 수밖에 없다.

[2] 구 임대주택법(2005. 7. 13. 법률 제7598호로 개정되기 전의 것) 제15조 제1 항에서 규정하는 '임차인'이란 어디까지나 그 법률이 정한 요건과 절차에 따 라 임대주택에 관하여 임대사업자와 임대차계약을 체결한 당사자 본인으로서 의 임차인을 의미하고, 이와 달리 당사자 일방의 계약 목적, 경제적 부담이나 실제 거주 사실 등을 고려한 '실질적 의미의 임차인'까지 포함한다고 변경, 확장 해석하는 것은 법률 해석의 원칙과 기준에 어긋나는 것으로서 받아들일 수 없다.

6. 합헌적 법률해석

가. 헌법과 법률해석

1) 의의

국민 사이에 국가의 근본법으로서의 헌법에 대한 인식이 제고되고, 헌법 재판소의 기능과 역할이 활성화되면서 헌법의 중요성은 날로 증대되고 있다. 그에 따라 법률 등의 해석을 함에 있어서는 당해 법률 등이 헌법에 위배되는 지 여부를 먼저 살펴보아야 한다.

법률 등의 헌법에의 위배 여부를 해석함에 있어서의 주의할 점이나 특징 이라고 하면, 비록 위헌의 소지가 있는 법률이라 할지라도 합헌적 요소가 있 다면, 이를 위헌으로 보지 않고 가능한 한 합헌으로 판단하여야 한다는 법률 해석방법을 취할 필요가 있다는 점이다. 이러한 해석방법을 법률의 합헌적 해 석 혹은 합헌적 법률해석이라고 부른다. 합헌적 법률해석은 뒤에서 살펴볼 헌 법 그 자체의 해석인 헌법해석과는 명백히 구별되는 것으로, 주로 판례를 통 하여 확립된 제도이다.[78] 즉 합헌적 법률해석은 헌법해석이 아닌 민법이나 형 법과 같은 법률의 해석방법론이라고 할 수 있다.

그렇기 때문에 합헌적 법률해석은 헌법재판소뿐만 아니라 대법원에서 법 조문을 해석할 때에도 이를 활용하고 있다. 즉 대법원도 민법 등의 법조문을 해석함에 있어 합헌적 법률해석에 의하여 A라고 해석하는 것이 타당하다고 하거나, B처럼 해석할 경우 합헌적 법률해석의 원칙에 반한다는 등으로 해석 의 결론에 이른 근거를 합헌적 법률해석에서 찾고 있다.

헌법재판소도 합헌적 법률해석의 필요성과 당위성을 인정하고 있다.

판례

헌법재판소 1990. 4. 2. 선고 89헌가113 전원재판부
어떤 법률(法律)의 개념(槪念)이 다의적(多義的)이고 그 어의(語意)의 테두리 안

---

78) 허영, 한국헌법론, 박영사, 2016, 74면.

에서 여러 가지 해석(解釋)이 가능할 때, 헌법(憲法)을 최고법규(最高法規)로 하는 통일적(統一的)인 법질서(法秩序)의 형성(形成)을 위하여 헌법(憲法)에 합치(合致)되는 해석(解釋) 즉 합헌적(合憲的)인 해석(解釋)을 택하여야 하며, 이에 의하여 위헌적(違憲的)인 결과(結果)가 될 해석(解釋)은 배제하면서 합헌적(合憲的)이고 긍정적인 면은 살려야 한다는 것이 헌법(憲法)의 일반법리(一般法理)이다.

비록 '합헌적 법률해석'이라는 용어는 사용하지 않았지만, 되도록 합헌으로 결정하기 위한 노력이 얼마나 작동하는지를 보여주는 헌법재판소의 결정례가 있다. 헌법재판소는 2020. 12. 23. 선고된 2017헌바456 등 [전원재판부] 사건에서 "헌법재판소는 2013. 6. 27. 2012헌바37 결정에서 심판대상조항에 대해 합헌결정을 선고하였다. 헌법재판소는 이 결정에서, 모욕죄의 구성요건으로서 '모욕'이란 사실을 적시하지 아니하고 단순히 사람의 사회적 평가를 저하시킬 만한 추상적 판단이나 경멸적 감정을 표현하는 것으로서 명확성원칙에 위배되지 아니한다고 보았고, 사람의 인격을 공연히 경멸하는 표현을 금지할 필요가 있다는 점, 피해자의 고소가 있어야 형사처벌이 가능한 점, 그 법정형의 상한이 비교적 낮은 점 등을 고려할 때, 심판대상조항은 과잉금지원칙에 위배되어 표현의 자유를 침해하지 않는다고 판단하였다.

우리나라에는 혐오 표현에 대한 처벌조항이 따로 존재하지 않는바, 혐오 표현 중에는 모욕죄의 구성요건에 해당하는 것이 적지 않으므로 그러한 범위 내에서는 모욕죄가 혐오 표현에 대한 규제로 기능하고 있다는 측면을 고려해야 한다. 대법원은 무례하고 저속한 표현이더라도 객관적으로 피해자의 인격적 가치에 대한 사회적 평가를 저하시킬 만한 것이 아니라면 모욕죄의 구성요건에 해당하지 않는다고 판시하는 등, 표현의 자유가 지나치게 위축되지 않도록 심판대상조항을 해석·적용하고 있다. 이와 같은 점을 고려하여 보면, 이 사건에서 위 선례와 달리 판단할 만한 사정변경이 있다고 보기 어렵다."라고 판시하였다.

즉 헌법재판소는 비록 모욕죄에 관한 형법의 구성요건상 모욕의 범위가 넓어 과잉금지의 원칙에 위배될 소지가 있지만, 대법원에서 이의 제한 적용을 위하여 비록 무례하고 저속한 표현이더라도 객관적으로 피해자의 인격적 가치에 대한 사회적 평가를 저하시킬 만한 것이 아니라면 모욕죄의 구성요건에 해당하지 않는다고 판시하는 등, 표현의 자유가 지나치게 위축되지 않도록 심판대상조항을 해석·적용하고 있다는 점을 들어 형법상 모욕죄가 위헌이 아니라고 판시하고 있는 것이다.

2) 내용

합헌적 법률해석에는 먼저 소극적 의미로, 가능한 한 비록 당해 법률이 외형상 위헌적으로 보인다 할지라도 헌법정신이나 헌법의 전취지에 맞도록 해석될 여지가 조금이라도 있다면, 이를 쉽게 위헌이라고 할 것이 아니라 당해 법률 자체의 효력을 지속시켜야 한다는 소극적 의미의 헌법해석방법(해석지침)이 있다.

적극적 의미로는 헌법정신에 맞도록 당해 법률의 내용을 제한, 보충하거나 새로 형성하는 내용도 포함된다.

판례

대법원 2020. 11. 19. 선고 2019다232918 전원합의체 판결 [청구이의의소]
[다수의견] 미성년 상속인의 법정대리인이 인식한 바를 기준으로 '상속채무 초과 사실을 중대한 과실 없이 알지 못하였는지 여부'와 '이를 알게 된 날'을 정한 다음 이를 토대로 살폈을 때 특별한정승인 규정이 애당초 적용되지 않거나 특별한 정승인의 제척기간이 이미 지난 것으로 판명되면, 단순승인의 법률관계가 그대로 확정된다. 그러므로 이러한 효과가 발생한 이후 상속인이 성년에 이르더라도 상속개시 있음과 상속채무 초과사실에 관하여 상속인 본인 스스로의 인식을 기준으로 특별한정승인 규정이 적용되고 제척기간이 별도로 기산되어야 함을 내세워 새롭게 특별한정승인을 할 수는 없다고 보아야 한다.
[대법관 민유숙, 대법관 김선수, 대법관 노정희, 대법관 김상환의 반대의견] 상속인이 미성년인 동안 그의 법정대리인이 상속채무 초과사실을 알고도 3월 동안 상속인을 대리하여 특별한정승인을 하지 않은 경우 상속인이 성년에 이르러 상속채무 초과사실을 알게 된 날부터 3월 내에 스스로 특별한정승인을 할 수 있다고 보아야 한다.
이는 합헌적 법률해석의 원칙 및 특별한정승인 제도의 입법 경위, 미성년자 보호를 위한 법정대리인 제도, 상속인의 자기책임 원칙 등을 고려하여 법규정을 해석

한 결과로서 문언의 통상적인 의미에 충실하게 해석하여야 한다는 원칙에 부합할뿐더러, 상속채권자와의 이익 형량이나 법적 안정성 측면에서도 타당하다.

대법원 2006. 6. 22.자 2004스42 전원합의체 결정 [개명·호적정정]
[다수의견에 대한 대법관 김지형의 보충의견] 합헌적 법률해석이라는 법리에 비추어 볼 때 성전환자에게 출생 당시 확인되어 신고된 성이 출생 후 그 개인의 성적 귀속감의 발현에 따른 일련의 과정을 거쳐 최종적으로 사회통념상 확인된 성과 부합하지 않는다고 인정할 수 있다면 그와 같이 확인된 성에 맞추어 성별을 바꾸는 것은 호적법 제120조가 말하는 '정정'의 개념에 포함된다고 풀이하는 것이 옳다고 본다. 성전환자에 대하여 출생 당시에는 달리 정신적·사회적 성 결정요소를 확인할 수 없어 생물학적 요소 만에 의하여 출생시 신고된 성이 그의 성인 것으로 알고 있었으나, 성장한 후 일정 시점에서 사회통념상 인정되는 성은 출생시 신고된 성과 반대의 성인 것으로 사후에 비로소 확인될 수밖에 없다는 점에 성전환자에게 특유한 문제가 존재하고 이를 해결하기 위하여 호적정정의 필요성이 제기되는 것이다. 성전환자의 성별 정정에 관한 절차적 규정을 입법적으로 신설하는 것이 이상적이지만, 아직까지 어떠한 형태로든 그에 관한 가시적인 입법조치를 예상하기 힘든 현재의 시점에서는 입법 공백에 따른 위헌적인 상황이 계속되는 것보다는 법원이 구체적·개별적 사안의 심리를 거쳐 성전환자로 확인된 사람에 대해서는 호적법상 정정의 의미에 대한 헌법합치적 법률해석을 통하여 성별 정정을 허용하는 사법적 구제수단의 길을 터놓는 것이 미흡하나마 성전환자의 고통을 덜어 줄 수 있는 최선의 선택이다.

대법원 2007. 5. 17. 선고 2006다19054 전원합의체 판결 [이사회결의무효확인청구]
[다수의견] 학교법인의 기본권과 구 사립학교법(2005. 12. 29. 법률 제7802호로 개정되기 전의 것)의 입법목적, 그리고 같은 법 제25조가 민법 제63조에 대한 특칙으로서 임시이사의 선임사유, 임무, 재임기간 그리고 정식이사로의 선임제한 등에 관한 별도의 규정을 두고 있는 점 등에 비추어 보면, 구 사립학교법 제25조 제1항에 의하여 교육인적자원부장관이 선임한 임시이사는 이사의 결원으로 인하여 학교법인의 목적을 달성할 수 없거나 손해가 생길 염려가 있는 경우에 임시적으로 그 운영을 담당하는 위기관리자로서, 민법상의 임시이사와는 달리 일반적인 학교법인의 운영에 관한 행위에 한하여 정식이사와 동일한 권한을 가지는 것으

로 제한적으로 해석하여야 하고, 따라서 정식이사를 선임할 권한은 없다고 봄이 상당하다.

[대법관 김영란, 박시환, 김지형, 이홍훈, 전수안의 반대의견] 학교법인은 기본적으로 민법상 재단법인에 해당하는 것이고, 다만 그 조직·운영에 관하여 법적 규제와 행정감독을 강화함으로써 사학의 공공성을 높이기 위하여 사립학교법이라는 특별법에 의하여 설립·운영되는 특수법인으로 규정하고 있는 것으로 보아야 한다. 따라서 학교법인에 대하여는 사립학교법이 우선 적용되나 그 외 사립학교법에 규정되지 않은 사항에 관하여는 민법의 재단법인에 관한 규정이 적용되어야 한다. 그런데 민법 제63조에 의하여 법원이 선임한 임시이사는 일반 이사와 동일한 결의권이 있다는 것이므로, 비록 그 선임 주체가 다르다 하더라도 사립학교법 소정의 임시이사들 역시 정식이사와 동일한 권한이 있는 것으로 해석하여야 하고, 따라서 임시이사들로 구성된 이사회에서 정식이사를 선임한 이사회결의를 무효라고 볼 수 없다.

[다수의견에 대한 대법관 김황식, 박일환의 보충의견] 이사회의 권한에 관한 일반규정인 구 사립학교법 제16조 제1항 제4호는 이사회가 임원의 임면에 관한 사항을 심의·의결한다고 하여 후임이사의 선임권이 이사회에 있음을 규정하면서 위 이사회의 범위에 관하여 특별한 제한을 두고 있지는 아니한데, 만일 같은 호의 이사회에 임시이사만으로 구성된 이사회가 포함된다고 이해하고 이에 따라 이러한 이사회도 정식이사로 구성된 이사회와 마찬가지로 아무런 제한 없이 새로운 정식이사를 선임할 수 있다고 해석한다면, 이는 학교법인의 설립 및 운영의 자유를 위헌적으로 침해할 수 있는 방법을 허용하는 것으로서 합헌적 법률해석의 견지에서 허용될 수 없다.

3) 인정 근거

이처럼 가능한 한 헌법에 부합하는 쪽으로 해석할 필요성은 법적 안정성 확보와 국민의 대표인 국회의 입법권에 대한 존중에 있다. 즉 당해 법률이 헌법에 위배되어 무효로 판명될 경우 당해 법률을 믿고 법률행위를 하거나 활동을 한 사람 입장에서는 의도하지 않은 손해를 입을 수 있고, 그에 따라 법적 안정성이 깨질 수 있기에, 공동체의 질서유지와 법적 안정성을 확보하기 위해서는 쉽게 헌법에 위반된다고 판단하여서는 아니 된다.

또한 법률은 국민의 직접선거에 의하여 선출된 국민 대표자인 국회의원으로 구성된 기관인 국회에서 제정된 것이다. 그런데 국민의 대표기관이 제정한 법률을 국민에 의하여 선출되지 않은 권력기관인 헌법재판소에 의하여 쉽게 위헌으로 판정하는 것은 국민의 대표자인 국회의 입법권을 침해할 수도 있게 된다. 따라서 선출된 권력인 국회의 입법권을 존중하는 차원에서라도 함부로 헌법에 위배된다고 해석할 것은 아닌 것이다.

이와 같은 이유에서 헌법재판소가 법률의 위헌 여부를 심사함에 있어서, 재판관 3분의 2 이상의 찬성이 없으면 위헌이라고 결정할 수 없게 하고 있다. 즉 헌법 제113조 제1항에서는 "헌법재판소에서 법률의 위헌결정, 탄핵의 결정, 정당해산의 결정 또는 헌법소원에 관한 인용결정을 할 때에는 재판관 6인 이상의 찬성이 있어야 한다."라고 하여, 비록 재판관의 다수가 위헌이라고 판단하여도 재판관의 3분의 2가 되지 않으면 당해 법률은 위헌이 아닌 것으로 하고 있는바, 이는 바로 법적 안정성 유지와 국회의 입법권 보호 정신에서 나온 규정이라고 볼 수 있다.

이러한 정신을 토대로 헌법재판소에서 위헌 여부를 심사(해석)함에 있어서 합헌적 법률해석을 위한 다음과 같은 다양한 재판 유형을 취하고 있다.

4) 한계

그러나 합헌적 법률해석 중 적극적 의미의 헌법해석론, 즉 기존의 법률의 내용을 수정, 변경하는 해석론은 권력분립의 원칙에 입각한 국회의 입법권에 대한 침해나 제한이 될 수도 있다. 그러한 의미에서 적극적 헌법해석론은 무제한으로 허용될 수 없고, 일정한 한계를 지니고 있다고 볼 수 있다.[79]

합헌적 법률해석의 한계로는 법조문의 자구가 갖고 있는 의미를 벗어난 해석이 금지되는 문의적 한계(문자적 한계), 법률제정자가 당해 입법을 통하여 추구하고자 하는 입법목적을 헛되게 하는 것을 허용하지 않는 법목적적 한계, 비록 법률의 효력을 지속시키기 위하여 헌법 규범의 내용을 지나치게 확대해석하여서는 안 된다는 헌법수용적 한계 등이 거론된다.[80]

---

79) 허영, 한국헌법론, 제12판, 박영사, 2016, 75면.
80) 자세한 것은 허영, 한국헌법론, 제12판, 박영사, 2016, 78–79면 참조.

나. 합헌적 법률해석과 재판(결정) 유형

위와 같은 합헌적 법률해석을 위한 합헌적 법률해석의 기술적 방법론으로 헌법재판소에서 위헌 여부를 심사(해석)함에 있어서 다음과 같은 다양한 재판(결정) 유형을 취하고 있다.

헌법재판소는 합헌적 법률해석에 기초한 아래의 여러 해석방법론에 따른 이른바 변형결정을 헌법재판소법 제45조 본문의 "헌법재판소는 제청된 법률 또는 법률조항의 위헌여부만을 결정한다."라는 규정에 위배되는 것이 아니라고 해석하여 변형결정의 합헌성 및 합법성을 인정하고 있다.

판례

헌법재판소 1989. 9. 8. 선고 88헌가6 全員裁判部 [國會議員選擧法第33條, 第34條의違憲審判]

위헌심판 결정의 주문에 헌법에 합치하지 아니한다고 선고하면서 일정기한까지 그 법률의 효력을 지속시키는 법적 이유는 다음과 같다.

헌법재판소법 제45조 본문의 "헌법재판소는 제청된 법률 또는 법률조항의 위헌여부만을 결정한다"라는 뜻은 헌법재판소는 법률의 위헌여부만을 심사하는 것이지 결코 위헌제청된 전제 사건에 관하여 사실적, 법률적 판단을 내려 그 당부를 심판하는 것은 아니라는 것으로 해석하여야 한다. 전제 사건에 관한 재판은 법원의 고유권한에 속하기 때문이다.

그리고 현대의 복잡다양한 사회현상, 헌법상황에 비추어 볼 때 헌법재판은 심사대상 법률의 위헌 또는 합헌이라는 양자택일 판단만을 능사로 할 수 없다. 양자택일 판단만이 가능하다고 본다면 다양한 정치·경제·사회현상을 규율하는 법률에 대한 합헌성을 확보하기 위한 헌법재판소의 유연 신축성 있는 적절한 판단을 가로막아 오히려 법적 공백, 법적 혼란 등 법적안정성을 해치고, 입법자의 건전한 형성자유를 제약하는 등 하여, 나아가 국가사회의 질서와 국민의 기본권마저 침해할 사태를 초래할 수도 있다. 이리하여 헌법재판소가 행하는 위헌여부 판단이란 위헌 아니면 합헌이라는 양자택일에만 그치는 것이 아니라 그 성질상 사안에 따라 위 양자의 사이에 개재하는 중간영역으로서의 여러 가지 변형재판이 필수적으로 요청된다. 그 예로는 법률의 한정적 적용을 뜻하는 한정무효, 위헌법률의 효력을 당분간 지속시킬 수 있는 헌법불합치, 조건부 위헌, 위헌성의 소지 있는 법률에 대한 경고 혹은 개정촉구 등을 들 수 있고, 이러한 변형재판은 일찍이 헌법재판제도를 도입하여 정비한 서독 등 국가에서 헌법재판소가 그 지혜로운 운영에서 얻어 낸 판례의 축적에 의한 것이다. 헌법재판소법 제45조의 취지가 위와 같다면 동법 제47조 제2항 본문의 "위헌으로 결정된 법률 또는 법률의 조항은 그 결정이 있는 날로부터 효력을 상실한다"라는 규정취지도 이에 상응하여 변형해석하는 것이 논리의 필연귀결이다. 즉 제45조에 근거하여 한 변형재판에 대응하여 위헌법률의 실효 여부 또는 그 시기도 헌법재판소가 재량으로 정할 수 있는 것으로 보아야 하며 이렇게 함으로써 비로소 헌법재판의 본질에 적합한 통일적, 조화적인 해석을 얻을 수 있는 것이다.

단순위헌의 결정을 하여 그 결정이 있은 날로부터 법률의 효력을 즉시 상실하게 하는 하나의 극에서부터 단순합헌의 결정을 하여 법률의 효력을 그대로 유지시키는 또 하나의 극 사이에서, 문제된 법률의 효력 상실의 시기를 결정한 날로부터 곧바로가 아니라 새 법률이 개정될 때까지 일정기간 뒤로 미루는 방안을 택하는 형태의 결정주문을 우리는 "헌법에 합치되지 아니한다"로 표현하기로 한 것이다. 재판 주문을 어떻게 내느냐의 주문의 방식문제는 민사소송에서 그러하듯 헌법재판에 대하여서도 아무런 명문의 규정이 없으며, 따라서 재판의 본질상 주문을 어떻게 표시할 것인지는 재판관의 재량에 일임된 사항이라 할 것이다.

후술의 반대의견에 서독의 경우 연방헌법재판소법 제78조, 제31조 제2항이 있음으로써 앞서 말한 바와 같은 변형재판이 가능한 것같이 말하고 있는바, 서독 연방헌법재판소법 제31조, 제78조, 제79조 등은 1970년도의 수정을 거쳐 현재에 이르는 것으로서 현행법 자체의 해석이 객관적으로 명백하다 할 수 없을 뿐만 아니라 서독의 법률개정으로 인한 실정법에 근거하여 여러 가지 형태의 변형재판이 나온 것이 아니라 법개정 이전부터 서독 헌법재판소가 실정법에는 그 뚜렷한 문언을 찾을 수 없는 불합치주문 등 변형재판을 해왔기 때문에 입법자가 이에 뒤따라 판례에 어느 정도나마 부합키 위한 노력으로서 법률개정을 시도하여 왔던 것에 지나지 않는다.

주문 제1,2항의 변형재판은 헌법재판소법 제47조 제1항에 정한 위헌결정의 일종이며 타 국가기관에 대한 기속력이 있음은 당연한 것이다.

1) 한정합헌결정

한정합헌결정은 앞서 설명한 합헌적 법률해석의 가장 전형적인 모습이다. 즉 심판의 대상이 된 당해 법 조항을 헌법과 조화될 수 있는 방향으로 축소해석함으로써 당해 법 조항의 효력을 유지시키는 결정유형이다.

이는 위헌 여부가 문제된 법조항에 위헌성이 엿보이지만, "~으로 해석하는 한 헌법에 위반되지 아니한다."라는 형식으로 이루어진다.

판례

헌법재판소 1990. 4. 2. 선고 89헌가113 전원재판부〔합헌〕 [국가보안법제7조에대한위헌심판]
국가보안법(國家保安法) 제7조 제1항 및 제5항의 규정(規定)은 각 그 소정(所定)의 행위(行爲)가 국가(國家)의 존립(存立)·안전(安全)을 위태롭게 하거나 자유민주적(自由民主的) 기본질서(基本秩序)에 위해(危害)를 줄 명백한 위험이 있을 경우에만 축소적용(縮小適用)되는 것으로 해석(解釋)한다면 헌법(憲法)에 위반(違反)되지 아니한다.

헌법재판소 1989. 7. 21. 선고 89헌마38 전원재판부 [상속세법제32조의2의위헌여부에관한헌법소원]
상속세법(相續稅法) 제32조의 2 제1항은 형식상(形式上)으로나 실질적(實質的)으로 조세법률주의(租稅法律主義)에 위배(違背)되지 아니하고, 위 규정(規定)이 실질과세(實質課稅)의 원칙(原則)에 대한 예외(例外) 내지는 특례(特例)를 둔 것만으로 조세평등주의(租稅平等主義)에 위배(違背)되지도 않는다. 다만 위 법률조항(法律條項)에는 무차별(無差別)한 증여의제(贈與擬制)로 인한 위헌(違憲)의 소지(素地)가 있으므로 예외적으로 조세회피(租稅回避)의 목적(目的)이 없음이 명백한 경우에는 이를 증여(贈與)로 보지 않는다고 해석하여야 하고, 위와 같이 해석하는 한, 헌법(憲法) 제38조, 제59조의 조세법률주의(租稅法律主義) 및 헌법(憲法) 제11조의 조세평등주의(租稅平等主義)에 위배(違背)되지 않는다.
재판관 조규광의 보충의견(補充意見)
주문(主文) "……로 해석(解釋)하는 한, 헌법(憲法)에 위반(違反)되지 아니한다."라는 문구의 취지는 상속세법(相續稅法) 제32조의 2 제1항에 관한 다의적(多意

的)인 해석가능성(解釋可能性) 중(中) 한정축소해석(限定縮小解釋)을 통하여 얻어진 일정한 합헌적(合憲的) 의미(意味)를 천명(闡明)한 것이며 그 의미(意味)를 넘어선 확대해석(擴大解釋)은 바로 헌법(憲法)에 합치(合致)하지 아니한다는 뜻이다.

재판관 변정수, 김진우의 반대의견(反對意見)

상속세법(相續稅法) 제32조의2 제1항의 규정(規定)은 실질적 조세법률주의(租稅法律主義)를 규정(規定)한 헌법(憲法) 제38조, 제59조에 위반(違反)되는 규정(規定)이며 법률문언(法律文言)이 한 가지 뜻으로 밖에 해석(解釋)할 여지가 없어 달리 헌법합치적(憲法合致的) 해석(解釋)을 할 수 없는 위헌법률(違憲法律)이다.

2) 한정위헌결정

한정위헌결정은 당해 법 조항을 축소해석한다는 점에서는 한정합헌결정과 유사하지만, 당해 법조문 중 특히 헌법과 조화될 수 없는 부분을 한정하여 밝혀줌으로써 그러한 법해석에 의한 적용을 배제하고자 하는 결정유형이다.

당해 법률이 일응 합헌이지만, 이를 모두 단순합헌으로 선언할 경우 당해 법률을 위헌적으로 해석하거나 적용할 우려가 있는 때에는 이를 단순합헌으로 하지 아니하고, 일정한 범위나 상황 하에서만 합헌이거나 일정한 범위를 벗어나 해석, 적용할 때에는 위헌이라는 형식으로 판단하는 해석론을 말한다.

그러나 이러한 해석론은 구체적인 법조문의 해석에 있어서까지 헌법재판소가 관여하게 되어 법률의 해석권한을 갖고 있는 법원의 심판권과 충돌할 우려가 있게 된다.

판례

헌법재판소 1991. 4. 1. 선고 89헌마160 全員裁判部 [民法第764條의違憲與否에관한憲法訴願]

1. 민법(民法) 제764조가 사죄광고(謝罪廣告)를 포함하는 취지라면 그에 의한 기본권제한(基本權制限)에 있어서 그 선택(選擇)된 수단(手段)이 목적(目的)에 적합(適合)하지 않을 뿐만 아니라 그 정도(程度) 또한 과잉(過剰)하여 비

례(比例)의 원칙(原則)이 정한 한계(限界)를 벗어난 것으로 헌법(憲法) 제37
조 제2항에 의하여 정당화(正當化)될 수 없는 것으로서 헌법(憲法) 제19조에
위반(違反)되는 동시에 헌법상(憲法上) 보장(保障)되는 인격권(人格權)의 침
해(侵害)에 이르게 된다.

2. 민법(民法) 제764조 "명예회복(名譽回復)에 적당(適當)한 처분(處分)"에 사죄
광고(謝罪廣告)를 포함시키는 것이 헌법(憲法)에 위반(違反)된다는 것의 의미
(意味)는, 동조(同條) 소정의 처분(處分)에 사죄광고(謝罪廣告)가 포함되지 않
는다고 하여야 헌법(憲法)에 위반(違反)되지 아니한다는 것으로서, 이는 동조
(同條)와 같이 불확정개념(不確定槪念)으로 되어 있거나 다의적(多義的)인 해
석가능성(解釋可能性)이 있는 조문에 대하여 한정축소해석(限定縮小解釋)을
통하여 얻어진 일정한 합의적(合意的) 의미(意味)를 천명한 것이며, 그 의미
(意味)를 넘어선 확대(擴大)는 바로 헌법(憲法)에 위반(違反)되어 채택할 수
없다는 뜻이다.

3) 헌법불합치결정

이는 입법자의 입법형성권 존중 또는 법적 공백으로 인한 혼란 방지를 위
한 것으로서, 당해 법률이 실질적으로는 헌법에 위반된다고 판단하면서도, 특
별한 사정이 있는 경우에 이를 바로 위헌으로 선언하지 아니하고, 단순히 위
헌성만을 선언하면서 헌법에 불합치하다는 점만 밝히는 해석방법론이다. 그러
나 일응 위헌임을 선언한다는 점에서는 합헌적 법률해석과는 구별된다고 할
수 있다.

헌법불합치결정을 할 경우에는 당해 법률의 헌법불합치를 밝히면서도 바
로 위헌임을 선언하지 않고, 당해 법조문의 효력 시한을 정해서 당해 법률의
위헌 판단으로 인하여 발생할 수 있는 법적 공백을 메울 수 있다는 장점이 있
다. 이러한 헌법불합치결정은 넓은 의미에서는 다음의 입법촉구결정에 해당한
다고 볼 수 있다.

판례

헌법재판소 2002. 5. 30. 선고 2000헌마81 전원재판부 [지적법 제28조 제2항 위헌확인]

헌법불합치결정은 헌법재판소법 제47조 제1항에 정한 위헌결정의 일종으로서(헌재 1989. 9. 8. 88헌가6, 판례집 1, 199, 261), 심판대상이 된 법률조항이 실질적으로는 위헌이라 할지라도 그 법률조항에 대하여 단순위헌결정을 선고하지 아니하고 헌법에 합치하지 아니한다는 선언에 그침으로써 헌법재판소법 제47조 제2항 본문의 효력상실을 제한적으로 적용하는 변형위헌결정의 주문형식이다. 법률이 평등원칙에 위반된 경우가 헌법재판소의 불합치결정을 정당화하는 대표적인 사유라고 할 수 있다. 반면에, 자유권을 침해하는 법률이 위헌이라고 생각되면 무효선언을 통하여 자유권에 대한 침해를 제거함으로써 합헌성이 회복될 수 있고, 이 경우에는 평등원칙 위반의 경우와는 달리 헌법재판소가 결정을 내리는 과정에서 고려해야 할 입법자의 형성권은 존재하지 않음이 원칙이다. 그러나 그 경우에도 법률의 합헌부분과 위헌부분의 경계가 불분명하여 헌법재판소의 단순위헌결정으로는 적절하게 구분하여 대처하기가 어렵고, 다른 한편으로는 권력분립의 원칙과 민주주의원칙의 관점에서 입법자에게 위헌적인 상태를 제거할 수 있는 여러 가지의 가능성을 인정할 수 있는 경우에는, 자유권의 침해에도 불구하고 예외적으로 입법자의 형성권이 헌법불합치결정을 정당화하는 근거가 될 수 있다.

헌법재판소 1991. 3. 11. 선고 91헌마21 전원재판부 [헌법불합치]

주문(主文)에 헌법(憲法)에 합치(合致)하지 아니한다고 선고(宣告)하면서 일정(一定) 기간(其間)까지 그 법률(法律)의 효력(效力)을 지키도록 하는 이유는 기탁금제도(寄託金制度) 자체(自體)는 헌법상(憲法上) 일응 합헌(合憲)이어서 기탁금액(寄託金額) 전부(全部)에 대하여 위헌무효(違憲無效)를 선고(宣告)하기가 어렵고 그 구체적(具體的)인 한도액(限度額)은 국회(國會)가 정(定)하는 것이 바람직한 반면 헌법불합치상태(憲法不合致狀態)는 지방의회의원선거법(地方議會議員選擧法) 시행후(施行後) 최초로 실시되는 시(市)·도의회의원선거(道議會議員選擧) 공고일(公告日)까지는 개정(改正)되어야 하기 때문이다.

헌법재판소 1991. 3. 11. 선고 91헌마21 [헌법불합치]

헌법불합치선언은 이 사건의 경우에 있어서는 당해 법률규정이 전체적으로는 헌법규정에 저촉되지만 부분적으로는 합헌적인 부분도 혼재하고 있기 때문에 그

효력을 일응 존속시키면서 헌법합치적인 상태로 개정할 것을 촉구하는 변형결정
의 일종으로서 전부부정(위헌)결정권은 일부부정(헌법불합치)결정권을 포함한다
는 논리에 터잡은 것이다. 위헌이냐 합헌이냐의 결정 외에 한정합헌 또는 헌법불
합치 등 중간영역의 주문(主文)형식은 헌법은 최고법규로 하는 통일적인 법질서
의 형성을 위하여서 필요할 뿐 아니라 입법부가 제정한 법률을 위헌이라고 하여
전면폐기하기 보다는 그 효력을 가급적 유지하는 것이 권력분립의 정신에 합치
하고 민주주의적 입법기능을 최대한 존중하는 것이라 할 것이며(헌법재판소
1990.6.25. 선고, 90헌가11 결정 참조), 그것은 국민의 대표기관으로서 입법형성권
을 가지는 국회의 정직성 · 성실성 · 전문성에 대한 예우이고 배려라고 할 것이다.

4) 입법촉구결정

이는 당해 법률조항이 위헌이라고 볼 수는 없지만 헌법적 차원에서 바람
직하지 않은 경우에, 또는 머지않은 장래에 위헌으로 판단될 가능성이 높은
때에 채택되는 결정 유형이다. 이는 당해 법조문을 보다 더 합헌상태로 만들
도록 일정 기간 동안 유예하여 두는 것을 말한다. 앞의 헌법불합치결정이 일
응(지금도) 위헌임을 인정하는 것임에 비하여 입법촉구결정은 아직은 위헌은
아니라는 전제에서 이루어진다는 점에서 양자의 차이가 있다.

판례

**헌법재판소 1991. 5. 13. 선고 89헌가97 全員裁判部 [國有財産法第5條第2項
의違憲審判]**
국유잡종재산(國有雜種財産)은 사경제적(私經濟的) 거래(去來)의 대상(對象)으
로서 사적(私的) 자치(自治)의 원칙(原則)이 지배되고 있으므로 시효제도(時效制
度)의 적용(適用)에 있어서도 동일하게 보아야 하고, 국유잡종재산(國有雜種財
産)에 대한 시효취득(時效取得)을 부인하는 동규정(同規定)은 합리적(合理的) 근
거(根據)없이 국가(國家)만을 우대하는 불평등(不平等)한 규정(規定)으로서 헌법
상(憲法上)의 평등(平等)의 원칙(原則)과 사유재산권(私有財産權) 보장(保障)의
이념(理念) 및 과잉금지(過剩禁止)의 원칙(原則)에 반한다.

헌법재판소 1989. 9. 8. 선고 88헌가6 全員裁判部 [國會議員選擧法第33條,第
34條의違憲審判]
위헌심판 결정의 주문에 헌법에 합치하지 아니한다고 선고하면서 일정기한까지
그 법률의 효력을 지속시키는 법적이유는 다음과 같다.
헌법재판소법 제45조 본문의 "헌법재판소는 제청된 법률 또는 법률조항의 위헌
여부만을 결정한다"라는 뜻은 헌법재판소는 법률의 위헌여부만을 심사하는 것이
지 결코 위헌제청된 전제사건에 관하여 사실적, 법률적 판단을 내려 그 당부를
심판하는 것은 아니라는 것으로· 해석하여야 한다. 전제사건에 관한 재판은 법원
의 고유권한에 속하기 때문이다.
그리고 현대의 복잡다양한 사회현상, 헌법상황에 비추어 볼 때 헌법재판은 심사
대상 법률의 위헌 또는 합헌이라는 양자택일 판단만을 능사로 할 수 없다. 양자
택일 판단만이 가능하다고 본다면 다양한 정치·경제·사회현상을 규율하는 법
률에 대한 합헌성을 확보하기 위한 헌법재판소의 유연 신축성있는 적절한 판단
을 가로막아 오히려 법적공백, 법적혼란 등 법적안정성을 해치고, 입법자의 건전
한 형성자유를 제약하는 등 하여, 나아가 국가사회의 질서와 국민의 기본권마저
침해할 사태를 초래할 수도 있다. 이리하여 헌법재판소가 행하는 위헌여부 판단
이란 위헌 아니면 합헌이라는 양자택일에만 그치는 것이 아니라 그 성질상 사안
에 따라 위 양자의 사이에 개재하는 중간영역으로서의 여러 가지 변형재판이 필
수적으로 요청된다. 그 예로는 법률의 한정적 적용을 뜻하는 한정무효, 위헌법률
의 효력을 당분간 지속시킬 수 있는 헌법불합치, 조건부 위헌, 위헌성의 소지있
는 법률에 대한 경고 혹은 개정촉구 등을 들 수 있고, 이러한 변형재판은 일찍이
헌법재판제도를 도입하여 정비한 서독 등 국가에서 헌법재판소가 그 지혜로운
운영에서 얻어 낸 판례의 축적에 의한 것이다. 헌법재판소법 제45조의 취지가
위와 같다면 동법 제47조 제2항 본문의 "위헌으로 결정된 법률 또는 법률의 조
항은 그 결정이 있는 날로부터 효력을 상실한다"라는 규정취지도 이에 상응하여
변형해석하는 것이 논리의 필연귀결이다. 즉 제45조에 근거하여 한 변형재판에
대응하여 위헌법률의 실효여부 또는 그 시기도 헌법재판소가 재량으로 정할 수
있는 것으로 보아야 하며 이렇게 함으로써 비로소 헌법재판의 본질에 적합한 통
일적, 조화적인 해석을 얻을 수 있는 것이다.
단순위헌의 결정을 하여 그 결정이 있은 날로부터 법률의 효력을 즉시 상실하게
하는 하나의 극에서부터 단순합헌의 결정을 하여 법률의 효력을 그대로 유지시

키는 또 하나의 극 사이에서, 문제된 법률의 효력 상실의 시기를 결정한 날로부터 곧바로가 아니라 새 법률이 개정될 때까지 일정기간 뒤로 미루는 방안을 택하는 형태의 결정주문을 우리는 "헌법에 합치되지 아니한다"로 표현하기로 한 것이다. 재판 주문을 어떻게 내느냐의 주문의 방식문제는 민사소송에서 그러하듯 헌법재판에 대하여서도 아무런 명문의 규정이 없으며, 따라서 재판의 본질상 주문을 어떻게 표시할 것인지는 재판관의 재량에 일임된 사항이라 할 것이다.

후술의 반대의견에 서독의 경우 연방헌법재판소법 제78조, 제31조 제2항이 있음으로써 앞서 말한 바와 같은 변형재판이 가능한 것같이 말하고 있는 바, 서독 연방헌법재판소법 제31조, 제78조 제79조 등은 1970년도의 수정을 거쳐 현재에 이르는 것으로서 현행법 자체의 해석이 객관적으로 명백하다 할 수 없을 뿐만 아니라 서독의 법률개정으로 인한 실정법에 근거하여 여러 가지 형태의 변형재판이 나온 것이 아니라 법개정 이전부터 서독 헌법재판소가 실정법에는 그 뚜렷한 문언을 찾을 수 없는 불합치주문 등 변형재판을 해왔기 때문에 입법자가 이에 뒤따라 판례에 어느 정도나마 부합키 위한 노력으로서 법률개정을 시도하여 왔던 것에 지나지 않는다.

주문 제1,2항의 변형재판은 헌법재판소법 제47조 제1항에 정한 위헌결정의 일종이며 타 국가기관에 대한 기속력이 있음은 당연한 것이다.

결론

이상과 같은 제 이유로 이 사건 심판청구 대상인 국선법 제33조의 고액 기탁금 제도와 국선법 제34조의 높은 득표율을 요건으로 기탁금을 국고에 귀속시키는 제도는 재력의 유무에 의하여 참정권이 좌우되고, 유능하고 필요한 인물이 의회에 진출하는 길을 막는 것이 되므로 모든 선거참가인에게 보장되는 선거의 자유 및 보통선거 제도의 기본 원칙에 위반된다.

우리 헌법이 명시한 국민주권주의와 민주주의 기본원리는 국민각자가 주권을 실질적으로 행사할 수 있도록 보장하는 것이므로, 국회의원선거법은 국민의 주권행사를 합리적으로 보장하는 법이어야 한다. 그렇지 않고 국민의 주권행사를 제한하거나 규제하는 법으로 제정되는 것은 우리 헌법의 기본원리에 반한다. 차기 총선거부터는 이와 같이 불합리하게 국민의 참정권을 제한하여 국민주권을 형식화시키는 불평등하고 전근대적인 선거제도는 마땅히 현실에 맞게 합헌적인 선거법으로 개정하여야 한다.

(중략)

그래서 위 국회의원선거법 제33조의 기탁금과 제34조의 기탁금 국고귀속에 관한 규정은 헌법의 기본이념인 국민주권주의와 자유민주주의 기본원칙과 관련하여 헌법 제24조의 참정권, 동 제25조의 공무담임권, 동 제41조의 보통, 평등, 직접, 비밀선거의 원칙 및 동 제11조의 평등보호 규정에 반하고 헌법 제116조, 동 제37조에도 위반되므로 헌법에 합치되지 아니한다.

그러나 국회가 위 법률조항을 늦어도 1991년 5월말을 시한으로 이를 개정할 때까지 재선거나 보궐선거가 실시될 때에는 계속 그 효력은 지속한다고 판단하는 것이 합당하다고 하여 재판관 변정수의 주문 1에 대한 보충의견과 주문 2에 대한 반대의견, 재판관 김진우의 주문 2에 대한 반대의견이 있는 외에는 관여재판관의 일치된 의견으로 주문과 같이 결정한다.

헌법재판소 2002. 11. 28. 선고 2001헌가28 전원재판부 [국가정보원직원법제17조제2항위헌제청]

1. 이 사건 법률조항에서 국가정보원장이 그 직원 등의 소송상 진술의 허가여부를 결정함에 있어서 공익상 필요성 여부 등에 관한 아무런 제한요건을 정하고 있지 아니함으로 인하여 국가정보원장의 재량으로 동 허가여부에 대한 판단을 할 수 있도록 한 것은 국가비밀 보호라는 공익유지에 편중하여 동 허가의 대상자인 위 직원 등의 재판청구권을 지나치게 광범위하게 제한하는 것이다. 소송당사자의 진술에 대한 국가정보원장의 허가에 대하여는 국가이익에 대한 중요도와 비공개의 불가피성 여부를 기준으로 한 엄격한 요건이 설정되어야 하며, 이 요건을 준수하였는지 여부에 대한 사법적 통제가 이루어질 수 있도록 하여야 한다. 국가이익에 대한 중요도와 비공개의 불가피성 여부를 기준으로 한 엄격한 비교형량의 판단을 도외시한 채 정보가치가 희박한 보안사항까지 국가정보원장의 판단에 의하여 소송당사자의 사익의 가치와 중요도에 관계없이 동 사익에 우선할 수 있도록 허용하는 것은 공익과 사익간에 합리적인 비례관계를 형성하지 못하고 있다. 따라서 이 사건 법률조항은 과잉금지의 원칙에 위배하여 소송당사자의 재판청구권을 침해하고 있다.

2. 위헌적인 규정을 합헌적으로 조정하는 임무는 원칙적으로 입법자의 형성재량에 속하는 사항이라고 할 것인데, 이 사건 법률조항의 위헌성을 어떤 방법으로 제거하여 새로운 입법을 할 것인가에 관하여는 여러 가지 방안이 있을 수 있고, 그중에서 어떤 방안을 채택할 것인가는 입법자가 우리의 국가비밀보호제도, 정보기관인 국가정보원 및 나아가 보다 일반적으로 공무원이 소송당사

자로서 국가기밀을 진술하여야 할 경우 이들 이해관계인들의 이익, 법적 안정성 등 여러 가지 사정을 고려하여 입법정책적으로 결정할 사항이므로, 위 법률조항 부분에 대하여 헌법불합치 결정을 선고한다.

다. 합헌적 법률해석의 한계

그러나 합헌적 법률해석에 기한 헌법불합치결정과 같은 변형결정은 "독일에서 생성·발전된 제도로서, 독일연방헌법재판소의 지위와 권능은 우리 헌법재판소의 그것과는 크게 달라서 연방헌법재판소가 변형결정을 할 수 있는 법제도적 뒷받침이 마련되어 있을 뿐더러 연방헌법재판소도 변형결정을 하지 않으면 아니 될 공익상의 부득이한 필요성이 있는 경우에 한하여 변형결정을 함으로써 그 운용의 묘를 기하고 있는 점 등에서 우리 헌법재판소가 변형결정을 활용하고 있는 현실과는 그 궤를 달리하고 있다."[81]라고 하면서, 우리 헌법재판소는 단순히 합헌이냐, 위헌이냐만을 판단할 수 있다고 보는 견해도 있다.

앞서 언급한 바와 같이, 합헌적 법률해석은 그 타당성과 필요성을 인정할 수 있고, 그에 따라 일정 부분 변형결정의 합법성을 인정할 수 있지만, 이러한 해석과 결정은 근본적으로 법원의 재판권과 충돌할 우려가 있다는 점에서 헌법재판소가 합헌적 법률해석을 통한 변형결정을 함에는 극히 신중할 필요가 있다고 할 것이다. 그런 점에서 현재와 같이 헌법재판소에 의하여 빈번히 이루어지고 있는 변형결정은 남발된다고 볼 여지도 있는 관계로 좀 더 자제되어야 한다고 본다.

7. 학설의 구분

가. 통설

이는 세상에 널리 알려지거나 일반적으로 옳은 해석으로 인정되고 있는

---

81) 헌법재판소 1991. 3. 11. 선고 91헌마21 전원재판부 헌법불합치 결정 중 헌법재판관 변정수의 반대의견 부분.

학설을 의미한다. 즉 이미 법학계에서 일반적으로 인정하고 있는 견해로서 그 누구도 이의를 제기하거나 반대의견을 개진할 수 없을 정도로 널리 받아들이는 학설을 말한다. 그 결과 통설적 위치에 있는 학설은 적어도 법학계 내에서는 진리로 받아들인다고 하여도 과언이 아니다.

나. 다수설과 소수설

학설이 여러 갈래로 갈리는 경우에, 좀 더 많은 다수의 학자가 취하고 있는 견해를 다수설이라고 하고, 그 반대를 소수설이라고 부른다. 그러나 이러한 분류는 사실상 정확한 조사를 통하여 얻어진 결론이 아닐 수 있기에 부정확할 수 있다는 위험도 존재한다.

이는 다수설과 소수설의 구분이 치열한 상호 논증을 통한 결론에 이르러 그 결론(법해석 결과물)이 옳은 것인지, 아닌지에 따른 구분이 아니라 어찌 보면, 단순히 어떤 해석 결론을 따르는 학자의 숫자, 그것도 철저하게 조사한 학자 숫자가 아닌 어림잡은 숫자로 나누는 결과이기에 다수설이라고 하여 맹종하여서는 안 된다.

이 점과 관련하여 "법학, 특히 헌법학에는 논쟁이 없다. 마치 '각자의 생각대로 살자'는 것이 방침인 것 같다. 무언가 치열히 다투고 논쟁하여 무엇이 옳은가를 따져 결론을 도출하는 경우는 적은 것 같고, 어떤 '意見'에 동조하는 사람이 많은가에 따라 다수설이나 통설이 정해지며 그것이 학계에서나 실무계에서 '옳은 것'을 거의 대체하는 것 같다. 게다가 일단 다수설, 통설이 되고 나면 그 지위가 바뀌는 것 같지도 않다. 누가 어떤 방법으로 학자들의 수를 세었는지 모르지만 말이다."라는 지적[82]은 법해석가가 깊이 숙고할 대목이다. 특히 실무 법조인들은 단순히 다수설, 소수설을 갖고 학설의 우열을 가려서는 안 되고, 다수설의 결론과 그 결론에 이르게 된 법적 논증과정을 철저히 이해한 상태에서 그럼에도 불구하고 다수설과 달리 새롭게 해석할 여지가 있다는 비판적 접근을 하는 자세를 가질 필요가 있다.

---

82) 정주백, 평등정명론, 충남대학교출판문화원, 2019, 14-15면.

다. 유력설

유력설은 아직은 통설이나 다수설의 지위를 얻지는 못해 소수설의 처지이지만, 뚜렷한 근거나 필요성이 있어 조만간 다수설의 지위를 차지할 정도로 지속적으로 찬성하는 학자들이 많아지고 있는 학설을 말한다.

쉬어 가는 코너	사법 신뢰, 어떻게 회복할 것인가?[83]

사법부가 사법행정권의 남용 여부로 분쟁의 소용돌이에 빠져 있다. 사회적 분쟁을 법적으로 해결하는 기관에서 분쟁이 발생하고, 더하여 우리 시민들이 이말 저말로, 이 생각, 저 생각으로 사법부를 판단 아니 심판하게 되었으니, 모순도 이런 형용 모순이 없을 것이고, 비극도 그런 참 비극이 없을 것이다.

주지하다시피 대한민국은 민주주의 국가이고, 민주주의는 법치주의를 요체로 한다. 그에 따라 최고법인 헌법에서는 국가의 권력을 크게 3분하여, 집행권은 대통령을 정점으로 한 행정부에, 입법권은 국회에, 사법권은 법원과 헌법재판소에 주고는 위 3부로 하여금 상호 견제와 균형을 통하여 권력의 남용을 방지하고 시민의 자유와 재산을 지키게 하고 있다. 그러나 사법부가 대통령이나 국회와 근본적으로 다른 점은 소위 선출된 권력이 아닌 임명된 권력으로 민주적 정당성이 부족하다는 점이다. 시민이 선출한 권력기관이 아님에도 사법부의 재판에 승복하여야 하는 모순점을 안고 있다는 말이다.

이처럼 민주적 정당성이 취약한 사법부임에도 우리로 하여금 법원의 판단결과에 따르도록 하는 권위와 근거는 어디에서 오는 것일까? 법적으로야 당연히 헌법을 위시한 제반 법령에서 재판의 정당성의 권위와 승복의 근거를 찾을 수 있지만, 그 뒤에 존재하는 진정한 권위는 어디에서 오는 것일까? 그것은 다름 아닌 법원은, 재판부만큼은 공정하게 재판할 것이라는 시민 모두의 신뢰일 것이다. 이 신뢰를 잃으면, 더 이상 재판의 권위와 승복의 정신은 발붙일 데가 없어지게 된다.

이 사회적 신뢰가 지금 대한민국의 사법 영역에서 바람 앞의 촛불처럼 흔들리고 있다. 위기다. 아니, 정말 위기다. 피선출권력인 대통령이나 국회의원에 대한 신뢰 상실로 인한 위기와는 비교도 될 수 없을 정도로 우리 사회를

---

83) 이 글은 필자 손종학 교수가 2018. 6. 20.자 중도일보에 게재한 칼럼을 수정한 것이다.

뿌리째 흔들 수 있기에 그렇다. 왜? 옳고 그름의 판단기관이기에, 선출된 권력이 아니기에 그렇고, 그래도 법원이야말로 정의 수호와 시민의 기본권 보장을 위한 최후의 보루라고 시민들이 굳게 믿었기 때문일 것이다.

어떻게 하여야 할 것인가? 의견이 백가쟁명이다. 소장 판사와 고위 법관의 의견이 다르고, 법원 담장 안쪽 의견과 담장 너머 바깥 의견이 다르며, 진보와 보수의 그것도 다르다. 치유의 방법도 각양각색이다. "내부에서 해결하자." "아니다. 외부에 맡기자." "수사에 맡기자." "아니다. 징계로 처리하자." "국회의 국정조사나 특검에 맡기자." "제도적 해결책을 모색하자." 등등. 그만큼 어려운 문제라는 방증일 것이다. 다 좋다. 이러한 절차 등이 필요하다면, 그리고 사회적 의견이 모아지기라도 한다면 그렇게 하여야 할 것이다. 그러나 불행히도 어느 것 하나 속 시원한 해결책 같아 보이지는 않는다. 위와 같은 절차를 통과한다고 하여 지금 땅 밑으로 내려온 시민의 사법 신뢰를 회복할 수 있을 것 같지는 않다는 말이다.

위기 해결은 기본에서 출발해야 하지 않을까? 재판은 법이라는 대전제에, 확정된 사실인 소전제를 대입하여 결론을 내는 구조이다. 대전제에서는 법의 올바른 해석과 적용의 어려움이, 소전제에서는 실체적 진실 발견의 어려움이 따른다. 그렇기 때문에 진실을 찾는 사실확정과 확정된 사실에 법을 올바르게 적용하는 것이야말로 재판의 양대 축이라고 할 수 있다. 법원이 할 일도, 법관이 할 일도 여기에 있다. 그렇기에 사법 신뢰의 회복도 여기서부터 시작하여야 하지 않을까? 법원은 사실확정의 정확성을 위하여 온 힘을 다하고, 법령의 정확하고도 타당한 적용을 위하여 치열하게 고민하여야 한다. 재판절차 곳곳에, 판결서의 한 획 한 획에 녹아 있는 판사의 고뇌와 연민의 깊이를, 비록 그것이 보이지 않아도 재판 당사자는 안다. 그리고 이 재판이 살아있는 재판인지, 아닌지를 시민은 느낄 수 있다. 살아 숨 쉬는 재판으로부터 신뢰가 싹튼다.

혹시 오늘의 사법부 위기를 선배 법조인들도 예상하고 있었을까? 우리가 취할 위기의 해결책을 미리 말해 놓았다. 초대 대법원장 가인 김병로는 취임 인사에서 사법에 몸을 두는 사람은 자기 몸을 갖는 데 있어서 어떠한 사람도 의심하지 않는 확신을 가져야 한다고 하면서 자기 수양을 강조하는 한편, "온 국민으로 하여금 부족한 감을 주지 않도록 반드시 거기서 심심한 연구와 단련이 있지 않으면 안 될 것입니다."라고 하여, 법을 올바르게 해석함으로써 국민

의 신뢰감을 잃지 않으려면 법에 대한 깊은 연구와 단련을 게을리하여서는 안
된다고 역설하였다. 어디 그뿐이랴. 우리 지역인 대전고등법원에서 재직 중 불
의의 사고로 너무도 일찍이 세상을 달리한 한기택 판사는 "내가 뭐가 되겠다
는 생각을 버리는 순간 남들이 나를 죽었다고 보건 말건, 진정한 판사로서의
나의 삶이 시작될 것으로 믿습니다. 내가 목숨 걸고 악착같이 붙들어야 할 것
은 '그 무엇'이 아니라, 법정에 있고, 기록에 있는 다른 그 무엇이라 생각합니
다."라고 고백하였다.

결국 늦더라도 사법부의 신뢰회복은 재판의 기본으로 돌아가는 데서부터
시작하여야 한다. 끊임없는 연구와 치열한 심리만이, 진실을 찾기 위하여 목숨
까지 거는 마음가짐으로 하는 재판만이 이 위기를 해결할 구원자이다. 법복을
처음 입던 그 날의 그 마음이 한없이 소중한 때이다.

제3장
입법과 입법학

1. 입법과 입법학

가. 입법의 개념

입법의 의미를 형식적인 의미와 실질적인 의미로 구분할 수 있다. 형식적인 의미는 의회가 입법절차에 따라 법률의 형식으로 발하는 지시, 다시 말해 국회가 입법절차에 따라 법률의 형식을 갖춘 법을 제정하는 것(형식적 의미에서의 법률이 의회에서 제정한 법형식이기 때문이다)을 뜻하고, 실질적 의미로는 국가기관에 의한 일반적·추상적인 성문의 법규범 정립을 뜻한다(실질적 의미의 법률은 제정주체를 막론하고 일정한 내용을 가진 법규범을 의미하기 때문이다).[1] 이러한 구분은 '입법'의 개념과 국회가 갖는 '입법권'을 동일시하여 형식적 의미와 실질적 의미로 구분된다는 것인데, 입법의 개념 자체를 '법규범의 정립작용'이라 할 때, 이러한 구분은 무의미하다고 볼 수 있다.[2]

나. 입법의 기능

19세기 시민적 법치국가에서 법률은 국가로부터 사회의 방어라는 시민방어적·민주주의적 개념으로서의 성격을 가지면서 자유주의적 정치원리와 자유주의적 시민법질서를 지탱하는 기본적 기능을 수행하였다.[3] 현대적인 사회적 법치국가에서는 국가의 기능이 적극적인 정책실현으로 변모하면서 입법(사회국가적 법률)은 이제 사회의 능동적·목적의식적·정의지향적 관리도구로서 기능하고 사회발전적인 도구로서 변모하면서 합리적 정책의 도구로서 기능하고 있다.[4]

다. 학문으로서의 입법, 입법학

입법에 대한 학문을 입법학이라고 한다. 입법학에는 여러 연구영역이 있는데, 자세한 내용은 다음과 같다.

---

1) 박영도, 입법학입문, 한국법제연구원, 2008, 57면.
2) 허영, 한국헌법론, 전정 12판, 박영사, 2016, 944면.
3) 박영도, 입법학 입문, 한국법제연구원, 2008, 60면.
4) 박영도, 입법학 입문, 한국법제연구원, 2008, 59－67면.

연구분야	연구내용
입법이론	– 입법학의 학문적 성격과 의의, 연구 방법론 또는 방향성 성찰 – 기존 해석법학(특히 헌법학) 및 여타의 사회과학이 입법학과 가지는 차별성 부각
입법정책결정론	– 입법(정책)적 목적 및 그에 따른 입법추진의 방향 및 수단(대안)의 결정방식 연구 – 일반적 정책결정론과는 '실정화 작업'을 전제로 한다는 점에서 고유성을 가짐
입법과정론	– 법령을 제·개정할 때 거치게 되는 절차를 세분화시켜 분석 및 연구함 – 단순히 절차규정 위반여부 등만이 아니라, 민주적 의사결정의 동태적 특성을 연구함
입법기술론	– 법문작성 등을 위해 요구되는 특수한 기술에 대해 연구함 – 입법자와 수범자 간의 규범내용의 통지 및 소통을 위한 실무적 특성을 가짐
입법평가론	– 입법의 효과(목적 달성 여부)에 대해 방법론적으로 분석함 – 입법평가는 규범학적인 요소가 필수적으로 내포되어 있다는 점에서 고유성을 가짐
입법논증론	– 특정의 입법내용의 타당성을 설득하는 논거와 그 활용에 대해 연구함 – 다른 입법학 세부 연구영역들의 방향설정을 위한 입법이론으로서도 기능함

자료: 경인교육대학교 입법학센터 홈페이지, https://www.legislation21.org/legislature

2. 입법정책결정

입법정책결정[5]은 입법자가 입법대안을 형성해가는 내적 과정으로 관련된 사회적 현상 및 사실을 확인하고 이에 대응하기 위한 대안을 모색하는 작업을 의미하는데, 헌법재판소의 결정에서 그 내용을 예시로 살펴볼 수 있다.[6]

---

5) 다수 국내 입법학자들이 '입법방법론'으로 표현하였지만, 이러한 표현은 독일 입법학계의 논의를 차용해 온 것으로 보이고, 입법방법론이라고 표현할 경우 입법학 연구방법론과 다소 혼용될 수 있는 측면이 있으며 결정이론적 측면이 부각되지 않는다고 판단될 수 있어 입법정책결정론이라고 하는 견해(심우민, 입법학의 기본관점, 서강대학교 출판부, 2014, 276면)가 있는데 여기에서는 이 견해에 따르기로 한다.

6) 심우민, 입법학의 기본관점, 서강대학교 출판부, 2014, 276 – 281면 참조.

판례

헌법재판소 1995. 4. 20. 선고 91헌바11 전원재판부 [특정범죄가중처벌등에관한법률제11조및마약법제60조에대한헌법소원]
어떤 행위를 범죄로 규정하고, 이에 대하여 어떠한 형벌을 과할 것인가 하는 문제는 원칙적으로 입법자가 우리의 역사와 문화, 입법당시의 시대적 상황과 국민 일반의 가치관 내지 법감정, 범죄의 실태와 죄질 및 보호법익 그리고 범죄예방효과 등을 종합적으로 고려하여 결정하여야 할 국가의 입법정책에 관한 사항으로서 광범위한 입법재량 내지 형성의 자유가 인정되어야 할 분야이다. 따라서 어느 범죄에 대한 법정형이 그 죄질의 경중과 이에 대한 행위자의 책임에 비하여 지나치게 가혹한 것이어서 전체 형벌체계상 현저히 균형을 잃게 되고 이로 인하여 다른 범죄자와의 관계에 있어서 헌법상 평등의 원리에 반하게 된다거나, 그러한 유형의 범죄에 대한 형벌 본래의 기능과 목적을 달성함에 있어 필요한 정도를 일탈함으로써 헌법 제37조 제2항으로부터 파생되는 비례의 원칙 혹은 과잉금지의 원칙에 반하는 것으로 평가되는 등 입법재량권이 헌법규정이나 헌법상의 제원리에 반하여 자의적으로 행사된 경우가 아닌 한, 법정형의 높고 낮음은 단순한 입법정책 당부의 문제에 불과하고 헌법위반의 문제는 아니라 할 것이다.

위 헌법재판소 결정은 범죄와 형벌의 입법결정을 어떻게 하여야 하는지 보여주고 있다. 다시 말해 입법자가 어떤 행위를 범죄로 규정하고, 또 이 범죄에 대하여 어떠한 형벌을 과할 것인가에 대한 결정은 다음 사항을 고려하여야 한다고 하고, 그 고려사항으로 우리의 역사와 문화, 입법 당시의 시대적 상황과 국민일반의 가치관 내지 법감정, 범죄의 실태와 죄질 및 보호법익 그리고 범죄예방효과 등을 들고 있다.

3. 입법과정

가. 입법과정의 개념

입법과정의 관념을 포괄적으로 파악하면 "법률을 제정하고 행정부를 감독하며 국민을 대표하는 입법부의 모든 기능과 활동뿐 아니라, 입법활동에 참여하는 한에 있어서 입법부 이외의 정치적 행위자들이 ─ 선거구민, 압력단체,

로비스트, 집행부, 행정관료, 정당 등 — 의회의 장을 중심으로 입법을 둘러싼 운동이나 작용을 영위하는 총과정"으로 파악할 수 있다. 반면에 "어떻게 법률이 생겨나고 최종적으로 어떻게 법률로서 성립되어 가는지를 탐구하는 입법의 절차적 과정"으로도 파악할 수 있다.[7] 여기에서는 간단하게 입법과정의 기능 등을 살펴보고 구체적인 입법과정은 뒤에서 별도로 장을 나누어 설명한다.

나. 입법과정의 기능

입법과정은 민주성과 합리성을 동시에 고려하여야 한다. 입법과정을 좁은 의미로 보면 법률을 기준으로 법률안이 국회에 제출되고 심사·의결된 후 정부에 이송되어 공포되는 과정만을 의미한다고 볼 수 있지만, 입법과정은 넓은 의미에서 입법에 대한 국민의 의견형성부터 국회의 최종 의사결정까지 일련의 과정이라 볼 수 있으므로 이러한 과정이 실체 및 절차 면에서 모두 민주적으로 운영되어야 함과 동시에 입법과정에서 지나친 시간과 비용이 소요되지 않도록 합리적 운영도 고려할 필요가 있다.[8]

입법과정은 법률을 만든다는 입법 그 자체의 기능을 가지고 있지만, 사회갈등관리와 사회통합화의 기능도 있다. 즉, 다원화·다양화된 의견을 조정하고 관리하여 그것을 입법에 반영시킴으로써 갈등의 처리와 정치사회의 통합화를 이루는 데 기여할 수 있는 기능을 수행하는 것이다. 또한 입법과정은 참여기능도 가지고 있는데, 입법과정에 국민이 참여함으로써 입법의 내용과 절차에 대한 정당성 획득과 그 법령의 실효성 확보에 기여할 수 있고, 더 나아가 국민의 정치참여의 기회를 보장하는 기능까지 수행할 수 있다.[9]

다. 입법과정과 법해석의 관계

입법과정에서 중점적으로 거론된 내용이 그대로 입법되지 아니하였을 때, 법률조항을 어떻게 해석할 것인지 문제될 수 있다. 그런데 이러한 경우에도 명시적인 법률조항의 해석에 입법과정이 영향을 미칠 수 없다고 헌법재판소는 보고 있다.

---

7) 박영도, 입법학 입문, 한국법제연구원, 2008, 247면.
8) 이양성 등, 법제이론과 실제, 2019 전면개정판, 국회 법제실, 2019, 26면.
9) 박수철, 입법총론, 도서출판 한울, 2011, 55면 이하 참조.

판례

헌법재판소 2006. 8. 31. 선고 2004헌라2 전원재판부 [강서구와 진해시 간의 권한쟁의]

당정협의내용, 추진지침, 의견서, 지방의회의 의결 등 법률조항 입법경위를 살펴볼 때 중점적으로 거론된 내용이 그대로 입법되지 아니하였다 하더라도 그러한 사정이 취지가 분명하고 명시적인 법률조항의 해석에 영향을 미칠 수 없다. 당시의 제반 사정을 고려하여 어떠한 법률을 제정할 것인가 하는 것은 입법자의 광범위한 형성의 자유에 속하는 것이기 때문이다.

4. 입법기술

가. 입법기술의 개념

입법기술은 "입법자가 원하는 의도(정치적 의사를 법적 인식과 법적 안정성의 요구에 가능한 한 부합되는 법률적 형식으로 변형하는 것)를 합목적적인 형태로 구현할 수 있게 하는 법기술"을 의미한다.[10]

입법기술에 대하여 법령의 체계·형식·자구 등의 입법형식면에서의 체계성, 명확성 등으로만 파악하여 좁은 의미로 보는 입장도 있고, 입법의 내용적 측면에서 정당성이나 실효성 등도 고려하는 견해도 있다.[11] 여기에서는 형식적인 측면과 내용적인 측면 모두를 살펴보는데, 먼저 입법기술의 적용원리에 대하여 살펴보고, 이어서 입법기술의 적용지침을 알아본다.

나. 입법기술의 적용원리

1) 형식적 적용원리

형식적 적용원리에는 체계성의 원리, 후법우선의 원리, 특별법우선의 원리, 명확성의 원리, 이해가능성의 원리가 있다.

---

10) 박영도, 입법학 입문, 한국법제연구원, 2008, 432면.
11) 박영도, 입법학 입문, 한국법제연구원, 2008, 432면.

체계성의 원리란 체계정당성의 원리(Systemgerechtigkeit)라고도 하는데, "동일 규범 내에서 또는 상이한 규범 간에 그 규범의 구조나 내용 또는 규범의 근거가 되는 원칙면에서 상호 배치되거나 모순되어서는 안 된다는 하나의 헌법적 요청이며, 국가공권력에 대한 통제와 이를 통한 국민의 자유와 권리의 보장을 이념으로 하는 법치주의원리로부터 도출되는데, 이러한 체계정당성 위반은 비례의 원칙이나 평등의 원칙 등 일정한 헌법의 규정이나 원칙을 위반하여야만 비로소 위헌이 되며, 체계정당성의 위반을 정당화할 합리적인 사유의 존재에 대하여는 입법 재량이 인정된다."라고 설명할 수 있다.[12] 체계정당성의 원리에 위배되지 않도록 입법자는 새롭게 법을 만들 때, 기존 법제도와 체계성을 유지하고, 조화되도록 고려하여야 한다.

후법우선의 원리(lex posterior derogat priori)란 신법우선의 원칙이라고도 하는데, 형식적 효력을 같이 하는 두 개 이상의 법령 내용이 상호 모순, 저촉하는 경우 후에 제정된 법령이 전에 제정된 법령에 우선하는 원리를 의미한다.[13]

특별법우선의 원리(lex specialis derogat generali)란 널리 일반적으로 규정하는 일반법보다 특정의 사람, 지역, 기간 등을 한정하여 적용되는 내용을 규정하는 특별법이 더 우선된다는 것이다.[14]

형식적 효력이 동일한 법령 상호 간의 해석에 있어 후법우선의 원리와 특별법우선의 원리 중 어느 것을 적용할지 문제되는 경우가 있을 수 있는데, 특별법우선의 원리가 우선 적용될 것이나 경우(어느 것이 특별법인지 등)에 따라 판단을 내리기 어려운 때도 있다.

판례

대법원 2012. 5. 24. 선고 2010두16714 판결 [농지보전부담금부과처분취소]
법률이 상호 모순, 저촉되는 경우에는 신법이 구법에, 그리고 특별법이 일반법에 우선하나, 법률이 상호 모순되는지는 각 법률의 입법 목적, 규정 사항 및 적용범

---

12) 헌법재판소 2004. 11. 25. 선고 2002헌바66 전원재판부.
13) 박영도, 입법학 입문, 한국법제연구원, 2008, 458면.
14) 박영도, 입법학 입문, 한국법제연구원, 2008, 469면.

위 등을 종합적으로 검토하여 판단해야 한다. 구 농업협동조합법(2009. 6. 9. 법률 제9761호로 개정되기 전의 것, 이하 '농협법'이라 한다)의 입법 취지, 농협법 제8조의 규정 내용, 구 농지법 시행령(2009. 6. 26. 대통령령 제21565호로 개정되기 전의 것) 제52조 [별표 2] 각호에서 농지보전부담금의 감면대상으로 규정한 시설물의 내용 및 규정 형식, 그리고 구 농지법(2009. 6. 9. 법률 제9758호로 개정되기 전의 것) 및 그 시행령에서 조합이나 중앙회의 업무 및 재산과 관련하여 농지보전부담금을 부과하거나 범위를 제한하는 등의 특별한 규정을 두거나 농협법 제8조의 적용을 배제하는 규정을 두고 있지 아니하여 농협법 제8조와 농지법 및 그 시행령 규정이 문언상 서로 충돌되지 않는 사정 등을 앞서 본 법리에 비추어 살펴보면, 농업협동조합이나 농업협동조합중앙회 소유의 시설물이 구 농지법 시행령 제52조 [별표 2] 각호에서 정한 감면대상 시설물로 열거되어 있지 않다는 이유만으로 당연히 농지보전부담금의 부과대상에 포함된다고 해석해서는 안 되고, 부과금 면제에 관한 특별법인 농협법 제8조는 농지법령에 대한 관계에서도 특별법으로 보아 농업협동조합이나 농업협동조합중앙회의 업무 및 재산에 대하여는 부과금의 일종인 농지보전부담금을 부과할 수 없다고 해석해야 한다.

2) 내용적 적용원리

내용적 측면에서 합헌성의 원리와 소관사항의 원리, 실효성의 원리가 있다. 먼저 합헌성의 원리는 일반적이고 추상적인 법규범을 정립하는 국가작용인 입법작용에 대하여 입법자에게 폭넓은 입법형성의 자유(Gesetzgeberisches Ermessen)가 인정되어 스스로의 판단에 입각하여 법률을 형성하여 일단 그 법률이 제정되면 이에 대하여 합헌성의 추정(favor legis)을 받는데, 입법형성에 있어 헌법의 범주 내에서 그 자유가 부여되어 있으므로 입법권의 한계를 설정하는 제한규범이 헌법에 위배되는 입법을 하는 경우에 법률의 합헌성 원리에 의거하여 그 입법은 위헌 무효가 된다.[15] 이것이 바로 앞서 설명한 합헌적 법률해석의 원리이다.

다음으로 소관사항의 원리는 법령의 소관사항을 정하는 것으로 법령의 제정에 있어서 정하여진 각 법령의 소관사항을 명확하게 함으로써 법령 간의

---

15) 박영도, 입법학 입문, 한국법제연구원, 2008, 433-434면.

모순이나 저촉이 발생하는 것을 방지하려는 것이다.[16] 법률, 대통령령, 총리령과 부령의 소관 사항 예시는 다음과 같다.

법률의 소관 사항 예시	- 헌법에서 법률로 정하도록 한 사항 - 국민의 권리·의무에 관한 사항
대통령령의 소관 사항 예시	- 법률에서 위임한 사항 - 법률을 집행하는 데에 필요한 사항 - 국정의 통일적 추진·집행을 위한 기본 방침에 관한 사항 - 여러 부처에 공통되는 사항이거나 그 밖에 국무회의에서 논의를 거쳐 결정할 필요가 있다고 판단되는 사항 - 행정기관의 조직에 관한 사항 - 권한의 위임·위탁에 관한 사항
총리령·부령의 소관 사항 예시	- 법률·대통령령에서 위임한 사항 - 법률·대통령령을 집행하는 데에 필요한 사항 - 각 부처가 단독으로 업무를 수행할 수 있는 사항 - 복제·서식 등에 관한 사항 - 절차적·기술적 사항

자료: 법제처, 법령 입안·심사 기준, 16면.

마지막으로 실효성(實效性)의 원리는 법령을 입안함에 있어서 입법의 결과가 사회 일반인의 지지를 받을 수 있는가에 대한 충분한 배려와 검토가 필요한 것과 법령정보에 대한 충분한 전달에 대하여 고려하여야 한다는 것을 그 내용으로 한다.[17]

다. 입법기술의 적용지침

입법기술의 적용지침에 대한 주요한 자료로 법제처의 「법령 입안·심사 기준」을 들 수 있다. 여기에서는 법령 입안·심사 기준에서 몇 가지 내용을 간추려 소개한다.

1) 법령의 제명

법령의 제명은 쉽게 말해 법의 이름, 제목을 말한다. 법령의 제명은 간결

---

16) 박영도, 입법학 입문, 한국법제연구원, 2008, 437면.
17) 박영도, 입법학 입문, 한국법제연구원, 2008, 447-450면.

하고 함축적으로, 그리고 대표성을 가지고 혼동 없이 바로 그 법령의 내용을
알아 볼 수 있도록 쉽게 지어야 한다.[18]

　일반적으로 법률의 제명은 「○○법」 또는 「○○에 관한 법률」로 정하는
데, 양자를 구별하는 기준이 있는 것은 아니고 통상적으로 비교적 내용이 간단
하여 간결하게 표현해도 쉽게 법령을 이해할 수 있을 때에는 「○○법」으로 하
고, 법령의 내용이 복잡하여 풀어서 표현할 때에는 「○○에 관한 법률」로 쓴
다. 대통령령의 제명은 일반적으로 「○○법(법률) 시행령」, 「○○규정」, 「○○
령」, 「○○직제」 등으로 하고, 총리령·부령의 제명은 일반적으로 「○○법(법
률) 시행규칙」 또는 「○○규칙」으로 한다.

법률	「○○법」: 비교적 내용이 간단하여 간결하게 표현해도 쉽게 법령을 이해할 수 있을 때
	「○○에 관한 법률」: 법령의 내용이 복잡하여 풀어서 표현할 때
대통령령	「○○법(법률) 시행령」, 「○○규정」, 「○○령」, 「○○직제」 등
총리령·부령	「○○법(법률) 시행규칙」 또는 「○○규칙」

자료: 법제처, 법령 입안·심사 기준을 참조하여 재구성

2) 총칙 중에서 정의 규정

　정의 규정은 "그 법령에서 쓰고 있는 중요한 용어 등에 대해 법령 자체에
서 그 의미를 명확하게 함으로써 법령의 해석과 적용상 의문점을 없애기 위해
두는 것"을 말한다.[19] 이는 바로 앞서 설명한 유권해석 중 입법부에 의한 해석
인 입법해석이다. 정의 규정과 혼동하기 쉬운 것으로서 약칭(略稱)이 있는데,
약칭은 그 법령에서 반복하여 사용되는 일정한 긴 표현을 간결하게 표현함으
로써 법령 조문의 간소화라는 입법경제적 목적을 위해 사용하는 입법기술적
표현 방법이다.

3) 법령의 개정·폐지의 방식에 관한 사항

　법령을 개정할 때, 우리나라의 경우 흡수개정 방식을 취하고 있는데, 흡

---

18) 이하 법제처, 법령 입안·심사 기준, 2020, 661면.
19) 이하 법제처, 법령 입안·심사 기준, 2020, 60면.

수개정 방식은 기존 법령의 일부를 추가·수정·삭제하는 개정 법령이 성립·시행되자마자 그 개정 내용이 기존 법령의 내용에 흡수되는 방식이다.[20)]

법령의 개정·폐지 방식은 일부개정, 전부개정, 폐지·제정 방식이 있다. 일부개정과 전부개정을 선택할 때에는 개정하는 부분의 분량, 중요도, 정비의 필요성 등에 따라 결정된다. 다음과 같은 사정이 있을 경우에는 전부개정 방식을 취한다.

---

1) 기존 조문의 3분의 2 이상을 개정하는 경우. 다만, 용어나 표현을 바꾸기 위해 정리차원에서 개정해야 할 사항이 많아진 경우에는 일부개정 방식으로 할 수 있다.
2) 법령의 핵심적 부분을 근본적으로 개정함과 아울러 상당한 부분에 걸쳐 이와 관련된 사항을 정비할 필요가 있는 경우
3) 제정된 후 장기간이 지나 법문에 나타난 용어와 규제의 태도가 전체적으로 보아 현실과 맞지 않고, 여러 차례 개정을 거듭한 결과 삭제된 조항과 가지번호가 붙은 장·절·조·호가 많아 새로운 체제로 정비할 필요가 있는 경우

자료: 법제처, 법령 입안·심사 기준, 2020, 673면.

법령을 전면적으로 개편할 때 전부개정의 방식과 폐지·제정 방식이 있는데, 기존 법령과 신 법령 간의 제도상 동질성을 강조할 필요가 있을 때에는 전부개정 방식을 선택하고, 제도 그 자체가 신구 양 법령 간에 전면적으로나 본질적으로 변경될 때에는 폐지·제정 방식을 택한다.

전부개정의 방식과 폐지·제정 방식 모두 특별한 규정이 없으면 원칙적으로 종전의 부칙 규정은 모두 실효되는 것으로 본다.

5. 입법평가 / 입법영향분석

입법평가(Evaluation of Legislation, Gesetzesevaluation)는 "일반적으로 입법적 성격을 지닌 국가적 조치에 대한 평가, 즉 실질적 의미에서의 법률에 대한 평가"를 말한다.[21)] 시기에 따라 법이 만들어지기 전에 하는 사전입법평가와 법

---

20) 이하 법제처, 법령 입안·심사 기준, 2020, 672－673면. 다른 나라에서는 기존 법령의 일부를 추가·수정·삭제하는 개정 법령이 성립·시행된 후에도 기존 법령 중에 흡수되지 않고 형식상 독립적으로 존재하며 기존 법령을 내용적으로 수정하는 방식인 증보 방식도 사용되고 있다.

이 만들어진 이후에 실시하는 사후입법평가로 구분할 수 있다.

현재 우리나라 법제도상 인정되는 입법평가제도는 '입법영향분석'과 '조례입법평가'제도가 있다.

2021. 9. 24. 제정된 「행정기본법 시행령」에서는 입법영향분석을 규정하고 있는데, 이에 따르면 법제처장이 행정 분야 법제도 개선을 위해 필요한 경우 현행 법령을 대상으로 입법의 효과성, 입법이 미치는 각종 영향 등에 관한 체계적인 분석을 실시할 수 있도록 하고 있다(제17조).

조례입법평가제도는 지방자치단체의 규범이 조례에 대한 실효성 평가 등을 위하여 강원도, 광주광역시, 대전광역시, 부산광역시, 울산광역시 등의 광역지방자치단체와 대전광역시 대덕구 등과 같은 기초지방자치단체에서 관련 조례를 제정하여 운영하고 있다.

6. 입법논증

입법논증은 "입법자가 특정의 입법내용을 주장할 때 그것이 타당한 것임을 설득하는 논거와 그 활용"을 의미한다.[22] 입법논증은 입법자에게 부과되는 의무의 성격도 갖고 있기에 이를 입법논증의무라고 부를 수 있다. 이는 바로 앞에서 살펴본 바와 같이 사법해석에 있어서 법원이 왜 그런 해석을 하였는지를 논증할 의무가 있는 법관의 논증의무에 상응하는 의무라고 할 수 있다.

입법논증을 연구하는 분야가 입법논증론이라고 하는데, 입법논증론은 "의회 또는 입법적 논의의 장에서 발생한 논증을 분석하고 이를 평가하는 데, 활용"한다.[23] 여기에서 입법논증의 사례분석를 간단히 소개한다.[24]

흉악한 아동성범죄가 급증하는데, 범행의 잔혹성에 비해 형량이 가볍다는 비판이론이 일자, 국회에서 유기징역의 상한 형을 현행 15년 이하에서 30년 이하로, 형의 가중을 현행 25년에서 50년까지로 각각 조정하는 등의 형법 개

---

21) 심우민, 입법학 연구와 입법평가 – 법학과 사회과학 접목의 한계지점 –, 법학연구 제22권 제2호, 연세대학교 법학연구원, 2012, 226면.

22) 심우민, 입법학의 기본관점, 서강대학교 출판부, 2014, 166면.

23) 심우민, 입법학의 기본관점, 서강대학교 출판부, 2014, 254면.

24) 사례는 심우민, 입법학의 기본관점, 서강대학교 출판부, 2014, 254–262면을 요약하였다.

정을 추진한다고 하자.[25]

기본적인 근거와 주장, 보증은 다음과 같다.

근거	성폭력 범죄의 억제, 잠재적 피해자의 보호
주장	유기징역의 상한을 조정
보증	유기징역 상한을 15년으로 제한하고 있어 무기징역과 지나치게 차이가 발생
	성폭력 범죄를 범하는 경향이 있는 자는 다시 성폭력 범죄 가능

그런데 다음과 같은 반론을 일부 의원이 제기한다.

개정안은 아동성범죄에 국한하지 않고 모든 범죄에 대한 상한을 높이고 있어 문제가 있다.
개정안은 현행보다 25년이나 유기징역의 상한을 높이게 되는데, 과도하다.
일반예방효과를 달성할 수 있을지 의문이다.

여기에 다음과 같은 재반론이 있다.

아동 성폭력에 대해 너무 관행에 따르는 (관대한) 법집행과 법적용이 문제라는 사회적 지적이 있다.
현행 법정형으로는 국민의 법감정에 맞는 양형을 할 수 없다.
법을 이렇게 정해 놓는다고 하여 실제 모든 형량이 높아지는 것은 아니다.
자유형의 경우 판사의 재량권을 넓혀주고 그 범위에서 구체적 정의를 실현할 수 있게 해주어야 한다.

이 사례에서 기본 주장과 근거, 그에 대한 반박과 재반론에서 각각의 주장과 그 이유, 그 주장의 설득력을 확인하는 것이 입법논증의 분석과정이다. 입법논증의 분석과정을 통하여 논쟁에 있어 각각의 입법적 주장의 설득력을 평가해 볼 수 있다.

---

25) 이하 내용은 과거 실제 입법과정에서 논의된 내용이다. 현재 유기징역의 상한은 30년, 가중한 때에는 50년으로 이미 개정되었다.
형법 제42조(징역 또는 금고의 기간) 징역 또는 금고는 무기 또는 유기로 하고 유기는 1개월 이상 30년 이하로 한다. 단, 유기징역 또는 유기금고에 대하여 형을 가중하는 때에는 50년까지로 한다. <개정 2010. 4. 15.>

7. 입법과 법해석의 관계

법학에서 기본적으로 법해석학이 주류임은 부인할 수 없다. 그리고 법해석학도 단순히 법의 해석내용을 발견하려는 것을 넘어 법적 이론구성을 구사하여 평가와 가치판단을 내린다는 점에서 실천적으로 법을 창조하는, 다시 말해 입법 기능도 담당하기 때문에 중요하다고 할 수 있다. 그러나 법해석학은 법률제정 이후의 문제인 법률의 적용의 문제에 국한하여 연구를 진행하고 있는 범위의 제한성이 있고, 그 법이 어떻게 만들어지는지에 대하여 논의하고 있지 아니하여, 법학 자체가 입법자의 무지나 자의로부터 발생하는 법의 결함과 모순을 지적하지 못하는 공허한 것이 되어 버릴 위험성이 있다.[26]

따라서 입법과 법해석 양자는 상호 유기적인 연관성을 가져야 한다. 특히, 입법학의 영역에서 필수적으로 다루어야 할 입법의 지도원리 또는 법적 원칙의 파악에 있어서 법해석학의 연구방법론과 성과는 대단히 유용한 기준을 제시한다는 점에서 상호간의 연관성도 깊다고 할 수 있다.[27]

---

26) 박영도, 입법학 입문, 한국법제연구원, 2008, 23면.
27) 박영도, 입법학 입문, 한국법제연구원, 2008, 23면.

제4장
입법과정

1. 정부 입법과정 개관

대통령제 국가인 미국의 경우 정부의 법률안 제출권이 없지만, 우리 헌법에 따르면 국회의원과 정부는 법률안을 제출할 수 있다고 규정하여 정부도 법률안을 제출[1]할 수 있다(제52조).

기본적으로 정부의 입법과정은 다음 그림의 절차에 따른다.

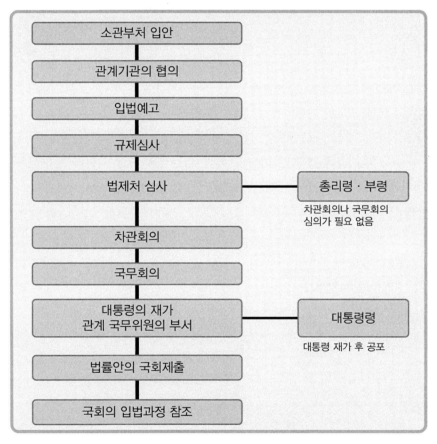

자료: 2020년도 법제업무편람, 법제처 법제정책총괄과, 2019, 3면.

그런데 대통령령의 경우에는 국회의 심의가 필요하지 아니하므로 법률의

---

1) 헌법에서는 법률안의 '제출'로 표현하고 있지만, 「국회법」에서는 법률안을 발안하는 자가 의원인 경우에는 '발의', 정부인 경우에는 '제출', 위원회인 경우에는 '제안'으로 하여 그 용어를 다르게 표현하고 있다(박수철, 입법총론, 도서출판 한울, 2011, 449면).

입법절차에 있는 국회에 제출하거나 심의하는 절차 없이 국무회의 심의·의결을 거쳐 대통령의 재가 후 공포하게 된다.

총리령과 부령의 경우에는 대통령령의 입법절차와 비교하였을 때, 차관회의나 국무회의 심의가 필요하지 아니하여 법제처의 심사가 끝나면 일정한 절차를 거쳐 공포하게 된다.

여기에서는 법률안의 입법절차를 기준으로 그 내용을 살펴보고자 한다.

2. 소관부처 입안

정부입법은 입법을 추진하려는 중앙행정기관에서 해당 소관사항에 대한 법률안 등 법령안을 마련하는 것으로 시작한다.

여기에서 말하는 중앙행정기관에는 「정부조직법」에 설치근거를 두고 있는 부(部)·처(處)·청(廳)뿐만 아니라 헌법이나 개별 법률에 따라 설치된 중앙행정기관(감사원, 공정거래위원회, 방송통신위원회, 국가인권위원회, 국민권익위원회, 금융위원회, 원자력안전위원회 등)이 포함된다.[2] 그러나 인사혁신처·법제처·국가보훈처·식품의약품안전처와 같이 국무위원이 아닌 처나 청, 위원회 등인 경우에는 국무총리 또는 국무위원인 장관을 제안관서로 하여 국무회의에 법령안을 제출하여야 한다.[3]

법률안이나 법령의 내용이 2개 이상의 부처 소관 사무에 해당하는 때에는 공동으로 입안한다. 이때, 법률안과 대통령령안의 경우에는 국무회의에 공

---

2) 이양성 등, 법제이론과 실제, 2019 전면개정판, 국회 법제실, 2019, 8면.

3) 국가보훈처·인사혁신처·법제처·식품의약품안전처와 공정거래위원회·금융위원회·국민권익위원회·개인정보보호위원회·원자력안전위원회는 국무총리 소속기관이므로 국무총리가 의안의 제출자가 되고, 청은 부(部)의 소속기관이므로 국무위원인 부(部)의 장관이 제출자가 되며, 감사원 등 대통령 소속기관은 국무회의의 서무 역할을 수행하는 행정안전부장관(「정부조직법」 제34조제1항)이 제출자가 된다. 또한, 개별법에서 제출자를 정하고 있는 경우도 있는데, 대통령 소속기관인 방송통신위원회와 고도의 독립성을 보장하기 위하여 행정부와는 사실상 독립된 기관으로 운영되고 있는 국가인권위원회는 각각 「방송통신위원회의 설치 및 운영에 관한 법률」 제6조제2항과 「국가인권위원회법」 제6조제4항에 따라 국무총리가 제출자가 되고, 고위공직자범죄수사처는 「고위공직자범죄수사처 설치 및 운영에 관한 법률」 제17조제3항에 따라 법무부장관이 제출자가 된다(2022년도 법제업무편람, 법제처 법제정책총괄과, 2022, 9면 각주2).

동으로 제안하고, 부령의 경우에는 공동부령으로 발령한다.

3. 관계기관의 협의

정부입법과정에서 기관[4] 간의 협조는 필수적이다. 소관부처안이 확정되면 그 내용과 관련이 있는 다른 부처와 협의하고 필요한 경우에는 그 내용을 조정하여야 한다. 법령에 따라 협의가 필수적인 경우도 있다. 이때, 의견회신 기간은 10일 이상으로 충분히 부여해야 한다.[5]

아울러 부패영향평가, 통계기반정책평가, 개인정보 침해요인 평가, 자치분권 사전협의 등도 소관부처에서 요청해야 한다.[6]

필요적 부처협의 사항	관계 부처
회계·감사 관련 사항	감사원
예산, 기금 등 예산수반 관련 사항, 공공기관에 대한 정부의 출자, 출연, 투자 등에 관한 사항, 공공기관의 조직과 운영, 인사관리에 관한 사항, 국유재산 특례 등	기획재정부
벌칙, 질서위반행위별	법무부
행정조직, 지방자치, 공유재산 특례, 위원회, 서식 등	행정안전부
경쟁제한사항	공정거래위원회
공무원의 인사	인사혁신처
사회보장제도 신설·변경 등에 관한 사항(사업대상, 선정기준, 지급액 등 구체적인 사업내용이 명시된 법령안만 해당)	보건복지부
인권의 보호와 향상에 영향을 미치는 내용	국가인권위원회
정부업무평가의 별도 실시에 관한 사항	정부업무평가위원회
선거(위탁선거 포함)·국민투표·정당 관련 사항	중앙선거관리위원회

---

4) 관계부처 예시
   1. 조세 및 예산지출에 관한 사항: 기획재정부
   2. 조직에 관한 사항: 행정안전부
   3. 인력에 관한 사항: 인사혁신처
   4. 규제 관련 사항: 국무조정실
   5. 다수 부처 관련 사항: 해당 법률안에 포함된 정책과 관련되는 부처
   자료: 2020년도 법제업무편람, 법제처 법제정책총괄과, 2019, 131면.
5) 「법제업무 운영규정」 제11조 제4항.
6) 「법제업무 운영규정」 제11조 제6항.

| 법령상 다른 부처의 업무와 관련된 사항 | 해당 부처 |

자료: 2022년도 법제업무편람, 법제처 법제정책총괄과, 2022, 15면.

4. 사전영향평가

　　사전영향평가는 법령을 제정하거나 개정하려는 때, 법령에 포함되는 부패유발요인, 성평등이나 지역인재 고용에 미치는 영향, 개인정보 침해요인, 정책과 제도의 집행 및 평가에 적합한 통계의 구비 여부, 자치분권 원칙에 대한 적합성 등을 체계적으로 분석·평가하여 그에 대한 사전정비 및 종합적인 개선대책을 마련하는 과정으로 부패영향평가, 통계기반정책평가, 개인정보 침해요인 평가, 자치분권 사전협의 등에 대하여 소관부처에 요청해야 한다.[7]

사전영향평가	담당부서
부패영향평가	국민권익위원회 부패영향분석과
통계기반정책평가	통계청 사회통계심사조정과
성별영향평가	여성가족부 성별영향평가과
개인정보 침해요인 평가	개인정보보호위원회 침해평가과
자치분권 사전협의	행정안전부 자치분권지원과

자료: 2022년도 법제업무편람, 법제처 법제정책총괄과, 2022, 19면.

5. 입법예고(행정절차법 등)

　　입법예고제도는 법령안의 내용을 국민에게 미리 예고하여 국민의 다양한 의견을 수렴, 입법에 반영함으로써 입법과정에 대한 국민의 참여기회를 확대하고 입법내용의 민주화를 도모하며 법령의 실효성을 높여 국가정책을 효율적으로 수행하기 위한 제도이다.[8]

---

7) 「법제업무 운영규정」 제11조 제6항;   2022년도 법제업무편람, 법제처 법제정책총괄과, 2022, 19면.

8) 입법예고 제도는 1983년 「법령안 입법예고에 관한 규정」(대통령령)부터 실시되어 왔고,

입법예고기간은 40일 이상으로 하되, 법령안을 긴급하게 추진하여야 할 사유가 발생하는 등 특별한 사정으로 인하여 40일 미만으로 단축하고자 하는 때에는 법제처장과 협의하여야 한다(행정절차법 제43조 및 법제업무 운영규정 제14조 제2항).

입법안의 취지, 주요 내용 또는 전문(全文)이 포함된 법령의 입법안을 입법예고하는 경우에는 관보 및 법제처장이 구축·제공하는 정보시스템(통합입법예고센터)을 통한 공고의 방법으로 하고, 자치법규의 입법안을 입법예고하는 경우에는 공보를 통한 공고의 방법으로 공고하여야 하며, 추가로 인터넷, 신문 또는 방송 등을 통하여 공고할 수 있다(행정절차법 제48조).

입법예고 후, 예고 내용에 국민의 권리·의무 또는 국민생활과 직접 관련되는 내용이 추가되거나 해당 법령안의 취지 또는 주요 내용 등이 변경되어 다시 의견을 수렴할 필요가 있는 경우에는 해당 부분에 대한 입법예고를 다시 실시하여야 한다(법제업무 운영규정 제14조 제3항).[9]

6. 규제심사(행정규제기본법)[10]

법령안의 소관부처 장은 규제를 신설 또는 강화하는 내용의 법령을 제정하거나 개정하려는 경우에는 법제처에 법령안 심사를 요청하기 전에 규제영향분석서, 자체심사 의견, 행정기관·이해관계인 등의 제출의견 요지를 첨부하여 규제개혁위원회에 규제심사를 요청하여야 한다(행정규제기본법 제10조).

규제개혁위원회는 법령안에 대한 규제심사를 요청받은 경우에는 해당 법령안의 내용이 국민의 일상생활 및 사회·경제활동에 미치는 파급효과를 고려하여 중요규제에 해당하는지를 판단(예비심사)하고, 중요규제에 해당하지 아니한다고 결정한 경우에는 규제 심사를 받은 것으로 간주(행정규제기본법 제11조)

1995년 「법제업무운영규정」이 제정되면서 여기에 흡수되어 반영되었다가 1998년부터 시행된 「행정절차법」에 의하여 법률에 규정되었다.

9) 재입법예고를 하지 않은 경우 해당 규정은 행정절차법 위반으로 무효이고, 무효인 법령에 근거한 처분은 위법하다고 판시(서울고등법원 2019.5.10. 2018누71813)한 바 있다(2022년도 법제업무편람, 법제처 법제정책총괄과, 2022, 22면).

10) 2022년도 법제업무편람, 법제처 법제정책총괄과, 2022, 26면.

하여 종결처리하며, 중요규제에 해당한다고 결정한 경우에는 본 심사를 진행한다(행정규제기본법 제12조).

7. 법제처 심사

법령안의 입안, 관계 기관과의 협의, 입법예고, 규제심사 등을 거친 후 법제처에 심사를 의뢰하게 된다. 따라서 법령안이 심사의뢰 되었으나 관계 기관과의 협의, 입법예고 또는 규제심사 등을 거치지 아니하였거나 진행 중인 경우 등에는 해당 법령안을 반려하게 되는데, 법률의 시행일에 맞추어 마련되어야 하는 하위법령이나 국가 중요정책의 적기시행을 위하여 입법을 긴급히 추진하여야 할 사유가 있는 경우에는 정식으로 접수하기 전에 사전 심사를 요청할 수 있다(법제업무 운영규정 제21조 제6항).

법제처 심사는 합의심사제로 운영되는데 이를 위해 합동심사회와 법제합의부로 구분하여 심사한다.

합동심사회에서는 모든 법률안을 기본적으로 심사하고, 하위법령안은 각 법제국별 법제합의부에서 합의되지 않은 쟁점이 있는 경우, 법리적 측면에서 관계 부처 간 이견이 있어 주심 법제관이 합동심사회에 상정하기로 한 경우 등에도 상정할 수 있도록 하고 있다. 또한 가급적 입법예고 중인 안건을 상정하여 폭넓은 토론이 가능하도록 한다.[11]

법제합의부에서는 합동심사회에 상정되지 않은 법률안과 주요 쟁점사항이 있다고 주심법제관이 판단한 하위법령안을 심사한다.[12]

8. 차관회의 및 국무회의 심의

법률안과 대통령령안에 대한 법제처의 심사가 완료되면 그 법령안은 차관회의를 거쳐 국무회의에 부의(附議)하게 된다.

차관회의는 국무회의에 상정될 의안의 중요사항을 사전 심의하는 기능을

---

11) 2022년도 법제업무편람, 법제처 법제정책총괄과, 2022, 41면.
12) 2022년도 법제업무편람, 법제처 법제정책총괄과, 2022, 43면.

수행하고 있는데, 긴급한 경우에는 차관회의를 생략하고 바로 국무회의에 상정하여 심의할 수 있다. 차관회의는 국무회의에 상정되는 안건을 심의하기 위하여 국무회의에 앞서 매주 목요일 오전 10시 또는 10시 30분에 정례회의가 열리며, 필요한 경우 임시회의가 개최된다. 차관회의는 국무조정실장이 의장이 되고, 각 부·처의 차관이 구성원이 된다.[13]

국무회의는 정부의 권한에 속하는 중요한 정책을 심의하는 최고정책심의기관으로서 국무회의가 비록 의결기관이 아닌 심의기관이라 하더라도 그 운용상으로는 행정부의 최고정책결정기관으로서의 중요성을 가지고 있는 것으로 보고 있다. 국무회의는 원칙적으로 매주 화요일 오전 10시에 정례회의가 열리며, 필요한 경우 임시회의가 개최된다.

국무회의는 대통령이 의장이 되고, 국무총리가 부의장이 되며, 각 국무위원(각 부·처 장관)이 구성원이 된다.[14]

상정되는 안건은 국민의 권익 등과 직접 관련되는 주요 정책안으로 대부분 여러 부처와 관련이 있기 때문에 국무회의라는 합의제기관에서 토의되고 조정·의결됨으로써 그 집행의 실효성과 현실성이 담보된다.

9. 대통령의 재가, 국무총리 관계 국무위원의 부서

헌법 제82조에서 대통령의 국법상 행위는 문서로써 하며, 이 문서에는 국무총리와 관계 국무위원이 부서(副署)[15]하도록 되어 있으므로, 국무회의에서

---

13) 먼저 차관급 배석자(8명)에는 방송통신위원회 상임위원, 국무조정실 국무1차장, 공정거래위원회 부위원장, 금융위원회 부위원장, 국민권익위원회 부위원장, 국가보훈처 차장, 행정안전부 재난안전관리본부장, 서울특별시 행정제1부시장이 있고, 고위공무원 배석자(4명)는 감사원 제1사무차장, 인사혁신처 차장, 법제처 차장, 식품의약품안전처 차장이 있다(2022년도 법제업무편람, 법제처 법제정책총괄과, 2022, 68면).

14) 정부조직법과 국무회의 규정에 따라 대통령비서실장, 국가안보실장, 대통령비서실 정책실장, 국무조정실장, 국가보훈처장, 인사혁신처장, 법제처장, 식품의약품안전처장, 공정거래위원회 위원장, 금융위원회위원장, 과학기술혁신본부장, 통상교섭본부장 및 서울특별시장이 참석하고(정부조직법 제13조 제1항, 국무회의 규정 제8조 제1항), 방송통신위원회 위원장, 국민권익위원회 위원장, 개인정보보호위원회 위원장, 문화체육관광부 제2차관, 감사원 사무총장, 국무조정실 국무1차장 및 국무총리비서실장도 배석한다(2022년도 법제업무편람, 법제처 법제정책총괄과, 2022, 68면).

15) 부서란 법령이나 대통령의 국무에 관한 문서에 대통령이 먼저 서명한 다음, 국무총리와

의결된 법률안을 대통령의 재가(裁可)[16]를 받아 국회에 제출(혹은 법률안을 대통령의 재가를 받아 국회에 제출)하여야 한다.

법률안이 국무회의에서 의결되고 필요한 부서를 받고 나면 법제처에서 국무총리실을 거쳐 당해 법률안을 대통령실에 이송하여 대통령의 재가를 받게 된다.

10. 국회제출

대통령의 재가를 받은 법률안은 법제처에서 지체 없이 대통령 명의로 국회에 제출하게 된다. 이렇게 제출된 법률안은 국회 입법 과정을 거치게 된다.

관계 국무위원이 따라 서명한다는 의미이다.

16) 재가란 결재하여 허가한다는 의미이다.

그림 4-1 | 국회 입법과정 절차 개관

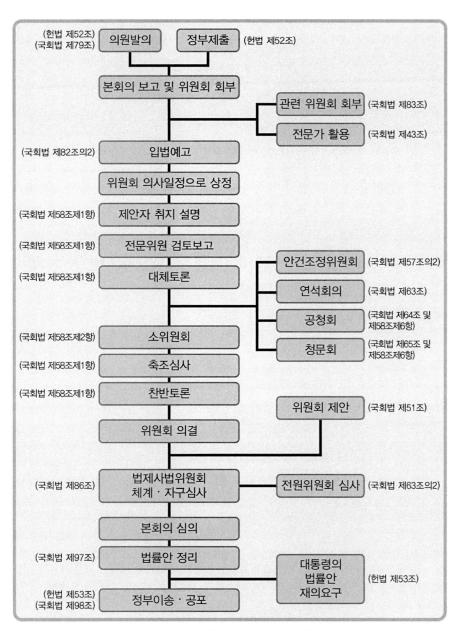

자료: 이양성 등, 법제이론과 실제, 2019 전면개정판, 국회 법제실, 2019, 28면.

11. 법률안의 입안 및 제출

우리 헌법에 따르면, 국회의원과 정부는 법률안을 제출할 수 있는데(제52조), 「국회법」에서는 "위원회는 그 소관에 속하는 사항에 관하여 법률안과 그 밖의 의안을 제출할 수 있다."라고 하여 위원회도 법률안을 제출할 수 있도록 하고 있다(제51조 제1항). 정부안의 제출은 앞서 자세히 살펴보았고, 여기에서는 국회의원과 위원회 법률안의 입안을 시작으로, 국회의 입법과정에 대해 살펴본다.[17]

가. 의원 발의 법률안(국회법 제79조)

국회의원의 법률안 발의에는 국회의원 10인 이상[18]의 찬성이 필요하다. 의안을 발의하는 국회의원은 그 안을 갖추고 이유를 붙여 찬성자와 연서하여 이를 의장에게 제출하여야 하고, 국회의원이 법률안을 발의할 때에는 발의의원과 찬성의원을 구분하되, 법률안 제명의 부제(副題)로 발의의원의 성명을 기재한다.[19] 다만, 발의의원이 2명 이상인 경우에는 대표발의의원 1명을 명시(明示)하여야 한다.

의원실에서 직접 법률안을 만드는 경우도 있지만 국회 법제실에 법률안의 기초 및 성안 등을 의뢰하는 경우도 있다.

어떠한 법률이 시행될 때, 예산이 필요한 경우가 있다. 법률의 시행으로 인하여 필요한 예산을 미리 파악하지 못할 경우, 법률이 통과되었을 때 여러 가지 문제가 발생할 수 있기 때문에 입법과정에서 미리 예산이 얼마나 필요한지 파악하는 과정이 필요하다. 이를 비용추계[20]라고 한다.

법률안이 예산상 또는 기금상의 조치를 수반하는 경우, 그 법률안의 시행에 수반될 것으로 예상되는 비용에 관한 국회예산정책처의 추계서 또는 국회

---

17) 다시 언급하면, 헌법에서는 법률안의 '제출'로 표현하고 있지만, 「국회법」에서는 법률안을 발안하는 자가 의원인 경우에는 '발의', 정부인 경우에는 '제출', 위원회인 경우에는 '제안'으로 하여 그 용어를 다르게 표현하고 있다(박수철, 입법총론, 도서출판 한울, 2011, 449면).

18) 2003년 2월 「국회법」의 개정 전까지 20인 이상의 찬성이 필요하였으나, 의원발의 입법의 활성화를 기하기 위하여 요건을 완화한 것이다.

19) 2000년 2월 「국회법」 개정으로 법안실명제가 도입된 것이다.

20) 의·제안 또는 제출되는 의안이 시행될 경우 소요될 것으로 예상되는 재정지출의 순증가액 또는 재정수입의 순감소액에 관하여 추정하여 계산하는 것을 말한다.

예산정책처에 대한 추계요구서를 함께 제출하여야 한다(국회법 제79조의2).

나. 위원회 제안 법률안(국회법 제88조)

우리 헌법에서는 정부와 의원만이 법률안을 제출하도록 하고 있으나 앞서 살펴본 바와 같이 「국회법」에서는 위원회도 법률안을 제안할 수 있도록 규정하고 있다.

위원회는 그 소관에 속하는 사항에 관하여 법률안과 그 밖의 의안을 제출할 수 있는데, 위원회에서 제안하는 의안은 입법실무상 '위원회안'과 '위원회 제출대안'으로 구분하고 있다. '위원회안'은 위원회가 그 소관에 속하는 사항에 관하여 독자적으로 의안을 입안하여 제출하는 것이며, '위원회 제출대안'은 원안의 취지를 변경하지 아니하는 범위 안에서 그 내용의 대폭적인 수정이나 체계를 다르게 하여 원안을 대신할 만한 안으로 제출하는 것이다.

위원회에서 법률안을 제안하고자 하는 때에는 이를 입안하기 위한 소위원회를 구성하고, 소위원회에서 마련한 내용을 위원회에서 질의·토론·축조심사를 거쳐 위원회안으로 채택(의결)하거나 위원의 동의(動議)[21]로 제안된 내용을 위원회에서 직접 심사·의결 또는 소위원회로 하여금 심사·보고하게 한 다음 의결함으로써 위원회안을 마련하게 된다. 위원회에서 제출한 의안은 이미 그 위원회에서 충분한 심사를 거쳐 제출된 것이므로 그 위원회에 회부하지 아니한다(국회법 제88조). 그러나 그 의안의 내용이 불충분하다는 등의 이유로 다시 심사할 필요가 있다고 인정하는 경우 의장은 국회운영위원회의 의결에 따라 다른 위원회에 회부할 수 있다.

위원회 제안 법률안의 경우에는 위원장이 제출자가 된다(국회법 제51조). 상임위원회는 안건이 회부됨으로써 심사권이 부여되는 것이 아니라 소관사항에 대하여 자주적인 심사권을 가지고 있으므로 그 소관에 관하여 의안을 스스로 입안하여 제출할 수 있다(국회법 제36조 및 제37조). 그리고 특정 사항에 대한 법률안의 입안·심사를 위하여 본회의 의결로 특별위원회를 구성한 경우에

---

21) 의원의 동의(動議; motion)라고 함은 회의체의 구성원이 회의체에 일정한 조치를 취하도록 공식적으로 제안하는 것을 의미한다. 국회법에는 동의자 1인과 찬성자 1인으로 의제가 될 수 있는 일반동의(국회법 제89조)와 일정 수 이상의 찬성자를 요구하는 특별동의가 있다(임종훈·이정은, 한국입법과정론, 전면개정판, 박영사, 2021, 186면).

는 그 범위 안에서 특별위원회도 법률안을 입안하여 제출할 수 있다.

12. 법률안 심의

가. 본회의 보고 및 위원회 회부(국회법 제81조)

의장은 의안이 발의되거나 제출되었을 때에는 이를 인쇄하거나 전산망에 입력하는 방법으로 의원에게 배부하고 본회의에 보고하며, 소관 상임위원회에 회부하여 그 심사가 끝난 후 본회의에 부의한다. 다만, 폐회 또는 휴회 등으로 본회의에 보고할 수 없을 때에는 보고를 생략하고 회부할 수 있다. 국회 상임위원회의 종류와 소관 사항은 다음과 같다(국회법 제37조 제1항).

1. 국회운영위원회	가. 국회 운영에 관한 사항 나. 「국회법」과 국회규칙에 관한 사항 다. 국회사무처 소관에 속하는 사항 라. 국회도서관 소관에 속하는 사항 마. 국회예산정책처 소관에 속하는 사항 바. 국회입법조사처 소관에 속하는 사항 사. 대통령비서실, 국가안보실, 대통령경호처 소관에 속하는 사항 아. 국가인권위원회 소관에 속하는 사항
2. 법제사법위원회	가. 법무부 소관에 속하는 사항 나. 법제처 소관에 속하는 사항 다. 감사원 소관에 속하는 사항 라. 고위공직자범죄수사처 소관에 속하는 사항 마. 헌법재판소 사무에 관한 사항 바. 법원·군사법원의 사법행정에 관한 사항 사. 탄핵소추에 관한 사항 아. 법률안·국회규칙안의 체계·형식과 자구의 심사에 관한 사항
3. 정무위원회	가. 국무조정실, 국무총리비서실 소관에 속하는 사항 나. 국가보훈처 소관에 속하는 사항 다. 공정거래위원회 소관에 속하는 사항 라. 금융위원회 소관에 속하는 사항 마. 국민권익위원회 소관에 속하는 사항
4. 기획재정위원회	가. 기획재정부 소관에 속하는 사항 나. 한국은행 소관에 속하는 사항

5. 교육위원회	교육부 소관에 속하는 사항
6. 과학기술정보 방송통신위원회	가. 과학기술정보통신부 소관에 속하는 사항 나. 방송통신위원회 소관에 속하는 사항 다. 원자력안전위원회 소관에 속하는 사항
7. 외교통일위원회	가. 외교부 소관에 속하는 사항 나. 통일부 소관에 속하는 사항 다. 민주평화통일자문회의 사무에 관한 사항
8. 국방위원회	국방부 소관에 속하는 사항
9. 행정안전위원회	가. 행정안전부 소관에 속하는 사항 나. 인사혁신처 소관에 속하는 사항 다. 중앙선거관리위원회 사무에 관한 사항 라. 지방자치단체에 관한 사항
10. 문화체육관광위원회	문화체육관광부 소관에 속하는 사항
11. 농림축산식품 해양수산위원회	가. 농림축산식품부 소관에 속하는 사항 나. 해양수산부 소관에 속하는 사항
12. 산업통상자원 중소벤처기업위원회	가. 산업통상자원부 소관에 속하는 사항 나. 중소벤처기업부 소관에 속하는 사항
13. 보건복지위원회	가. 보건복지부 소관에 속하는 사항 나. 식품의약품안전처 소관에 속하는 사항
14. 환경노동위원회	가. 환경부 소관에 속하는 사항 나. 고용노동부 소관에 속하는 사항
15. 국토교통위원회	국토교통부 소관에 속하는 사항
16. 정보위원회	가. 국가정보원 소관에 속하는 사항 나. 「국가정보원법」 제4조제1항제5호에 따른 정보 및 보안 　　업무의 기획·조정 대상 부처 소관의 정보 예산안과 　　결산 심사에 관한 사항
17. 여성가족위원회	여성가족부 소관에 속하는 사항

　　의장은 안건이 어느 상임위원회의 소관에 속하는지 분명하지 아니할 때에는 국회운영위원회와 협의하여 상임위원회에 회부하되, 협의가 이루어지지 아니할 때에는 의장이 소관 상임위원회를 결정한다. 법률안이 복잡한 경우 소관 위원회를 정하는 것이 쉽지 아니한 경우도 있다.[22]

---

22) 「중앙행정권한 및 사무 등의 지방 일괄 이양을 위한 물가안정에 관한 법률 등 46개 법률 일부개정을 위한 법률」의 경우 그 소관 상임위원회를 누구로 할 것인지 논란이 되었으나, 의장은 운영위원회에 회부하면서 12개 상임위원회를 관련 위원회로 지정하였다. 2018년 "5월 18일 각 교섭단체 원내대표는 중앙행정권한의 지방 이양 일괄법안을 국회

나. 입법예고(제82조의2)

위원장은 간사와 협의하여 회부된 법률안(체계·자구 심사를 위하여 법제사법위원회에 회부된 법률안은 제외한다)의 입법 취지와 주요 내용 등을 국회공보 또는 국회 인터넷 홈페이지 등에 게재하는 방법 등으로 10일 이상의 기간을 두어 입법예고하여야 한다.

다만 긴급히 입법을 하여야 하는 경우, 입법 내용의 성질 또는 그 밖의 사유로 입법예고가 필요 없거나 곤란하다고 판단되는 경우에는 위원장이 간사와 협의하여 입법예고를 하지 아니할 수 있다.

다. 소관 (상임)위원회의 심사(국회법 제58조)

법률안이 위원회에 회부되면 ① 위원회 상정, ② 제안자 취지설명, ③ 전문위원 검토보고, ④ 대체토론, ⑤ 공청회·청문회 개최, ⑥ 소위원회 심사, ⑦ 축조심사, ⑧ 찬반토론, ⑨ 표결 순으로 진행된다.

1) 위원회 상정

위원회에 법률안이 회부되면 위원장은 간사와 협의하여 의사일정을 정한다(국회법 제49조 제2항). 특별한 사유로 위원회의 의결이 있는 경우를 제외하고는 법률안이 위원회에 회부된 후 제정법률안, 전부개정법률안 및 폐지법률안은 20일, 일부개정 법률안의 경우에는 15일(법제사법위원회의 경우에는 5일)이 경과되지 아니하면 의사일정으로 상정할 수 없다(국회법 제59조).

2) 제안자의 취지 설명(국회법 제58조 제1항)

법률안이 위원회의 의사일정에 상정되면 제안자는 위원회에 출석하여 법률안의 제안이유와 주요내용 및 제안취지를 설명한다. 의원발의 법률안은 발

운영위원회에 회부하기로 합의하였고, 정부는 19개 부처소관 66개 법률, 571개 사무를 대상으로 하는 지방 이양 일괄법안을 마련하여 10월 26일 국회에 제출하였습니다. 국회의장께서는 여야 합의사항을 존중하여 지방 이양 일괄법안을 운영위원회에 회부하면서 12개 상임위원회를 관련 위원회로 지정하였습니다." 제364회 국회(정기회) 국회운영위원회회의록 제5호, 2018. 11. 29, 13면.

의의원이, 다수가 발의한 법률안인 경우 대표발의자가 설명하고, 정부제출 법률안인 경우에는 국무위원 또는 정부위원이 설명한다.

3) 전문위원의 검토 보고

전문위원은 위원회에서 위원장과 위원의 입법 활동 등을 지원하기 위하여 의원이 아닌 전문지식을 가진 위원으로 수석전문위원은 별정직, 수석전문위원 외의 전문위원은 2급인 일반직국가공무원으로 하고 있다(국회법 제42조 제1항 및 국회사무처법 제8조). 전문위원의 검토보고는 위원회의 심사대상이 되는 안건에 대하여 전문적이고 객관적인 입장에서 내용의 타당성과 문제점 및 개선방안, 기타 필요한 사항을 조사·연구·검토하여 위원회 소속위원에게 배부하고 회의장에서 보고하는 것인데, 전문위원의 검토보고서 작성은 안건에 대한 심사방향을 제시하고 관련된 정보를 제공하여 보다 전문적이고 능률적으로 안건을 심사하게 하는 데 그 목적이 있다고 할 수 있다.[23]

4) 대체토론(국회법 제58조)

대체토론(大體討論)은 법률안 등 안건 전체에 대하여 문제점과 당부에 관한 일반적인 토론(제안자와의 질의·답변을 포함한다)을 하는 것으로, 안건에 대해 찬성이나 반대의견을 개진하려는 찬반토론과는 구별된다고 할 수 있다.[24]

위원회가 안건을 소위원회에 회부하고자 하는 때에는 반드시 대체토론이 끝난 후에 하도록 하고 있다.

5) 공청회·청문회(제58조 제6항)

위원회는 법률안을 심사함에 있어서 제정법률안이나 전부개정법률안에 대하여는 공청회 또는 청문회를 개최하여야 하나, 위원회 의결로 이를 생략할 수 있다.

---

23) 이양성 등, 법제이론과 실제, 2019 전면개정판, 국회 법제실, 2019, 33면.
24) 박수철, 입법총론, 도서출판 한울, 2011, 188면.

6) 소위원회의 심사 및 보고(제57조)

위원회는 대체토론이 끝나면 안건을 반드시 소위원회에 회부하여 심사·보고하게 하여야 하며, 소위원장은 그 심사경과와 결과를 위원회에 보고한다.

소위원회는 폐회 중에도 언제든지 회의를 소집하여 회부된 법률안 등 의안을 심사할 수 있고, 그 의결로 의안의 심사와 직접 관련된 보고 또는 서류의 제출을 정부·행정기관 등에 대하여 요구할 수 있고, 증인·감정인·참고인의 출석도 요구할 수 있다.

7) 축조심사(제58조 제5항)

소위원회의 위원장이 위원회에 심사한 결과를 보고하면 위원회에서 축조심사를 하게 된다.[25]

축조심사(逐條審查)는 의안을 한 조항씩 순서대로 좇아 낭독하면서 심사해 나가는 것을 의미하는데, 안건의 내용과 심사의 정도에 따라 필요할 경우 위원회의 의결로 이를 생략할 수 있다. 다만, 제정법률안 및 전부개정법률안은 축조심사를 생략할 수 없다.

8) 찬반토론

축조심사를 마치면 위원회 위원들이 의제가 된 법률안에 대해 찬성이나 반대의견을 표명하는 절차인 찬반 토론에 들어간다. 여기에서 토론은 소견을 개진하는데 그치지 않고 찬성 또는 반대의 이유와 수정의견을 제시하는 것도 가능하다.

9) 표결

표결(表決)은 위원장의 요구에 의하여 위원이 의제에 대하여 찬성 또는 반대의 의사를 표명하고 그 수를 집계하는 것으로, 위원회에서의 표결은 재적위원 과반수의 출석과 출석위원 과반수의 찬성으로 의결한다(국회법 제54조).

---

25) 박수철, 입법총론, 도서출판 한울, 2011, 498면.

13. 법제사법위원회의 체계 자구 심사(국회법 제86조)

소관 위원회에서 법률안의 심사를 마친 때에는 법제사법위원회에 회부하여 체계와 자구에 대한 심사를 거치도록 하고 있다.

여기서 '체계의 심사'란 법률안 내용의 위헌여부, 다른 법률과의 저촉 여부, 현행 법체계와의 정합성 등을 심사하면서 법률의 형식을 정비하는 것이고, '자구의 심사'란 법문 표현의 정확성, 통일성, 일관성 등을 심사하는 것을 의미한다.[26]

과거 법제사법위원회가 체계와 자구에 대한 심사 범위를 넘어서는 경우가 있었는데, 2021년 국회법 개정으로 법제사법위원회는 "회부된 법률안에 대하여 체계와 자구의 심사 범위를 벗어나 심사하여서는 아니 된다"고 명시적으로 규정하고 있다(제86조 제5항).

14. 위원회의 심사보고서 제출(국회법 제66조)

위원회[27]는 안건 심사를 마쳤을 때에는 심사 경과 및 결과, 그 밖에 필요한 사항을 서면(심사보고서)으로 의장에게 보고하여야 한다. 여기에서 법률안을 가결했을 때는 물론 부결한 경우에도 반드시 의장에게 심사보고서를 작성하여 제출하여야 한다.[28]

15. 전원위원회 심사(국회법 제63조의2)

위원회의 심사를 거치거나 위원회가 제안한 의안 중 정부조직에 관한 법률안, 조세 또는 국민에게 부담을 주는 법률안 등에 관하여 재적의원 4분의 1 이상의 요구가 있는 경우에는 의원 전원으로 구성되는 전원위원회를 개회하여 심사할 수 있다. 다만, 의장은 주요 법안의 심의 등 필요하다고 인정하는 경우

---

26) 이양성 등, 법제이론과 실제, 2019 전면개정판, 국회 법제실, 2019, 34면.
27) 여기의 '위원회'는 소관위원회를 의미한다. 심사보고서 안에 법제사법위원회의 체계·자구 심사 내용이 포함된다.
28) 박수철, 입법총론, 도서출판 한울, 2011, 518면.

각 교섭단체 대표의원의 동의를 받아 전원위원회를 개회하지 아니할 수 있다.

전원위원회는 상임위원회와 같이 상시적으로 활동하는 위원회가 아니고 임시적으로 구성되어 일정한 안건을 심사하는 기간 동안만 존속하게 되는데, 2000년 2월 개정 「국회법」에서 도입된 이후, 단 두 차례만 개회되었을 뿐이어서 실제 활용도는 미흡하다고 할 수 있다.[29]

16. 본회의 심의 및 의결(국회법 제93조)

위원회의 법률안 심사 후에 법률안을 본회의에 올려 그 내용을 심의하는데, 여기에서 '심의'라 함은 의회에서 당해 안건에 대하여 회의형식에 따라 그 내용을 심사하고 논의함을 의미한다.

현행 국회법에서는 본회의의 심사·논의를 '심의'라 하고(국회법 제93조) 위원회의 안건에 대한 검토·논의는 '심사'라는 용어로 구별하여 사용하고 있다(국회법 제36조 등).

본회의에 있어서의 심의절차는 위원회의 심사를 거친 안건과 그렇지 아니한 안건이 다르다. 위원회의 심사를 거친 법률안은 위원장의 심사보고를 거쳐, 질의(생략 가능), 토론(생략 가능), 표결 순으로 진행되고, 위원회의 심사를 거치지 아니한 안건은 제안자의 취지 설명, 질의, 토론, 표결 순으로 진행된다.

표결은 일반의결정족수에 따라 재적의원 과반수의 출석과 출석의원 과반수의 찬성으로 의결한다(국회법 제109조). 다만, 재의요구된 법률안의 경우에는 재적의원 과반수의 출석과 출석의원 2/3 이상의 찬성으로 의결한다(헌법 제53조 제4항).

그리고 전원위원회의 심사를 거쳐 수정안을 제출한 의안의 경우에는 소관 위원장의 심사보고 후 전원위원장의 심사보고 및 수정안 제안 설명을 차례로 듣고 다음 절차를 진행한다.

---

29) 박수철, 입법총론, 도서출판 한울, 2011, 520-523면.

17. 법률안 정리 및 정부이송(국회법 제97조 및 제98조)

의안의 정리는 본회의에서 의결한 법률안 등의 의안에 대하여 서로 저촉되는 조항(條項)·자구(字句)·숫자(數字) 등을 바로 잡는 것을 말한다. 단순한 오·탈자 등의 경미한 사항을 바로잡기 위하여 다시 본회의를 연다면 비효율적이기 때문에 이러한 의안정리 제도를 두고 있다.

의안정리가 끝나면 의안을 정부에 이송하는데 이때 의장의 결재를 받아 이송한다.

18. 공포(헌법, 국회법, 법령 등 공포에 관한 법률 등)

법률안의 공포란 국회의 의결을 거쳐 확정된 법률안을 국민에게 널리 알리는 공법상의 행위를 말한다.

헌법의 규정에 따라 법률안이 정부에 이송되면 정부는 15일 이내에 이를 공포하여야 한다(헌법 제53조 제1항). 만약 이의가 있을 경우 대통령은 15일 이내 이의서를 붙여 국회에 환부하고, 재의를 요구할 수 있다(헌법 제53조 제2항). 만약 15일 이내에 아무런 조치를 취하지 아니하면 해당 법률안은 그대로 법률로 확정되며, 그로부터 5일 이내에 정부가 이를 공포하지 아니하면 국회의장이 공포하게 된다(헌법 제53조 제6항).

법률안이 정부로 이송되면 법제처가 이를 접수하여 국무회의에 바로 부의하게 되는데, 법률의 공포나 재의요구를 위한 경우에는 법률안을 제출하는 경우와는 달리 차관회의를 거치지 아니한다. 이는 15일 이내에 공포하거나 아니면 재의를 위하여 환부하여야 한다는 헌법상의 기간제한을 어기지 않기 위하여 절차를 간소화한 것이다.

법률안에 대하여 이의가 있어 국회에 재의를 요구할 필요가 있는 경우에는 법제처에서 관계부처와 협의하여 재의요구안을 작성, 국무회의에 상정한다(법제업무 운영규정 제13조).

국회에서 이송된 법률안을 그 내용대로 공포하기로 의결한 경우에는 법률안에 대하여 국무총리 및 관계 국무위원의 부서를 받은 후 대통령의 재가를 받아 공포한다.

법률안이 국회에서 정부로 이송되어 국무회의의 심의를 거쳐 대통령의 재가를 받거나, 대통령령안이 국무회의의 심의를 거쳐 대통령의 재가를 받은 경우에는 그 법률안 및 대통령령안은 법제처에서 공포번호를 부여한 후 행정 안전부에 공포를 위한 관보 게재의뢰를 하여 공포하게 된다. 즉 관보에 게재 되어 공포됨으로써 법률안 및 대통령령안은 각각 법률 및 대통령령으로서 성 립하게 된다.

부령 및 총리령은 법제처 심사가 완료된 후 소관부처에서 해당 부령의 공 포번호를 부여하고 행정안전부에 공포를 위한 관보 게재 의뢰를 하여 공포하 게 된다.

그런데 공포한 날이라 함은 '해당 법령 등을 게재한 관보 또는 신문이 발 행된 날'로 규정하고 있는데(법령 등 공포에 관한 법률 제13조), '발행된 날'에 대 하여 ① 관보일영(0)시기준설, ② 인쇄완료시설, ③ 발송절차완료시설, ④ 최 초구독가능시설, ⑤ 최초지방반포시설, ⑥ 최종지방반포시설로 여러 학설이 있다.[30] 종래 정부는 관례적으로 관보일영(0)시기준설을 취하였으나, 법령의 내용을 일반에게 주지시키고 준비하도록 하기 위한 공포제도의 목적에 어긋나 므로 최초구독가능시설이 타당하다고 할 수 있고, 이것이 우리나라의 통설· 판례가 취하는 견해이다.[31]

법령의 시행일에 있어서 종래 많은 법률 등에서 시급하다는 이유로 공포 일로부터 시행하도록 명문규정을 둔 예가 적지 않았다.[32] 그러나 일반이 법령 의 내용을 알 수 있도록 충분한 기간을 주는 것이 바람직하여 공포일로부터 적절한 기간을 두고 시행하는 것이 타당하다.

기본적으로 법령은 특별한 규정이 없는 한 공포한 날로부터 20일을 경과 함으로써 효력을 발생한다(헌법 제53조 제7항, 법령 등 공포에 관한 법률 제13조).

19. 법률안의 재의요구

법률안의 재의요구란 국회가 의결하여 정부에 이송한 법률안에 대하여

---

30) 김남진·김연태, 행정법 Ⅰ, 제22판, 법문사, 2018, 72면.
31) 김남진·김연태, 행정법 Ⅰ, 제22판, 법문사, 2018, 72면.
32) 김동희, 행정법 Ⅰ, 제24판, 박영사, 2018, 67면.

대통령이 공포를 하지 아니하고 국회에서 다시 의결에 부칠 것을 요구하는 행위를 말한다(헌법 제53조 제2항). 법률안 거부권이라고도 한다. 재의요구안이 국회에 제출되면 국회의장은 지체 없이 소관 위원회 및 교섭단체 등에 알리며, 위원회에 회부하지 아니하고 의사일정을 정한 다음 본회의에 상정하여 처리하게 된다.

국회 본회의에서 재의요구된 법률안에 대하여 재적의원 과반수의 출석과 출석의원 2/3 이상의 찬성으로 의결하면 그 법률안은 법률로 확정되고 재의요구안은 부결된다(헌법 제53조 제4항). 만약 의결정족수를 채우지 못하였을 경우에는 법률안은 부결되고, 재의요구안은 폐기된다.[33]

본회의에서 재의요구된 법률안이 의결되어 확정되면 국회의장은 이를 정부에 이송하고 이송된 후 5일 이내 대통령은 이를 공포하여야 한다. 만약 대통령이 공포하지 아니하면 국회의장이 이를 공포한다(헌법 제53조 제6항). 부결되었을 경우 그 사실을 정부에 통지한다.

---

33) 본회의에 재의가 요구된 법률안을 상정하는 경우 소관 위원회에서 입안한 위원회 제안 법률안을 다음 순위의 심의안건으로 의사일정에 넣어 심의하기도 하는데, 이러한 경우 여야 간의 의사일정 협의과정에서 재의가 요구된 법률안을 부결하기로 하는 대신 위원회 제안 법률안을 채택하기로 사전 합의하는 경우도 있다(박수철, 입법총론, 도서출판 한울, 2011, 549면).

제5장
헌법과 주요
법률의 해석원리

1. 헌법의 해석원리와 특징

가. 의의

헌법해석은 앞서 설명한 합헌적 법률해석과 구별된다. 즉 헌법해석이 헌법이라는 국가의 최고법 자체에 대한 해석이라면, 합헌적 법률해석은 민법 등과 같은 각종 법률을 해석함에 있어서 가능한 한 헌법에 부합하는 쪽으로 해석하여야 한다는 점에서 양자는 구별된다.

나. 헌법 고유의 해석방법

기본적으로 법조문의 문언해석을 바탕으로 하여, 여기에 논리적, 목적론적, 역사적, 비교법적 해석방법론을 사용하는 일반 해석방법론과는 달리 비록 헌법도 법률과 같은 하나의 법규범이지만, 국가의 최고법이자 근본법이라는 점에서 그 해석방법도 일반 법률의 그것과는 차이가 있다고 할 수 있다. 즉 헌법과 일반 법률이 구조적으로 동일하다는 전제 하에서 헌법을 해석하는 고전적 해석론과는 달리 헌법이 갖는 규범구조적, 기능적 특질을 충분히 고려하여 헌법 고유의 해석방법론을 찾을 필요가 있다.

이러한 헌법 고유의 해석방법론으로는 헌법 조문의 문구나 개념에 매몰되어서는 아니 되고 헌법의 목적이나 헌법 현실이 해석의 토대가 되어야 한다는 현실 기준적 해석방법론, 구체적인 사안을 관찰의 출발점으로 해서 당해 사안을 해결함에 있어 여러 관점을 중심으로 귀납적으로 설득력 있는 논증을 찾아내려는 법학적 관점론 등이 있다.[1] 헌법을 해석함에 있어서는 먼저 헌법의 핵심요소가 무엇인지를 정확히 파악하여 이를 해석에 적용할 필요가 있다. 헌법의 핵심 요소는 다수자로부터 소수자와 개인을 보호하는 것이다.[2] 즉 헌법의 존재가치는 민주주의 원리인 다수결원칙의 일방적 적용에서 오는 소수자나 반대자의 보호 흠결이라는 문제점을 보완하는 데에 있기에, 이를 염두에 두고 헌법 조문을 해석할 필요가 있는 것이다.

---

1) 자세한 내용은 허영, 한국헌법론, 박영사, 2016, 67-69면 참조.
2) Jay M. Feinman 저, 김영준 역, 미국법에 대하여 알아야 할 모든 것, 박영사, 2021, 26면.

또한 헌법해석을 둘러싼 주요 쟁점 중의 하나는 헌법 조문을 해석함에 있어서 헌법제정자들의 의사나 의도를 어떻게 반영할 것인지 또는 기속되는지라는 점이다. 즉 헌법을 제정함에 있어서 어떤 의도를 가지고 당해 조문을 기초했는지, 또는 당시 그 조문을 어떻게 이해하고 있었는지에 따라 좁게 해석하여야 한다는 입장과 제정자들의 의도나 해석에 구애받을 필요가 없다는 입장이 그것이다. 이는 앞서 설명한 법해석에 있어서의 입법자의 의사에의 기속 여부와 같은 선상에 있는 논쟁이라고 할 수 있다. 헌법 제정자의 의사에 따라 해석을 하여야 한다는 견해를 근원주의라 부르고, 그 반대 입장을 비근원주의라고 부른다.[3]

다. 헌법해석 지침[4]

헌법 자체를 해석함에 있어서 항상 염두에 두어야 할 일반지침으로는 여타 법률의 해석에 있어서도 마찬가지이지만, 먼저 헌법의 통일성에 따라 문제가 된 어느 한 조문만을 갖고 해석할 것이 아니라 헌법 전체를 통일적, 유기적으로 접근하여야 한다는 점, 사회공동체를 정치적 일원체로 조직하기 위한 조직규범이자 국가권력을 제한하고 합리화시킴으로써 공존의 정치적 생활질서를 보장하는 권력제한적 기능이라는 헌법의 양대 기능적 과제를 제도 자체의 구조적인 면보다 더 중요시하여야 하고, 헌법 자체의 틈을 메우는 해석을 하여야 한다는 점 등을 들 수 있다.

헌법 해석에 있어서의 전체적, 통일적 해석의 필요성을 강조한 결정례로는 다음 결정을 들 수 있다.

---

3) 이에 관한 자세한내용은 Jay M. Feinman 저, 김영준 역, 미국법에 대하여 알아야 할 모든 것, 박영사, 2021, 32면 이하 참조.
4) 자세한 내용은 허영, 한국헌법론, 박영사, 2016, 71-74면 참조.

판례

헌법재판소 1996. 6. 13. 선고 94헌마118,95헌바39(병합) 전원재판부 [각하 · 합헌 · 기각] [헌법제29조제2항등위헌확인, 헌법제29조제2항등위헌소원]
헌법은 전문과 각 개별조항이 서로 밀접한 관련을 맺으면서 하나의 통일된 가치체계를 이루고 있는 것으로서, 헌법의 제규정 가운데는 헌법의 근본가치를 보다 추상적으로 선언한 것도 있으므로 이념적 · 논리적으로는 헌법규범상호간의 우열을 인정할 수 있는 것이 사실이다. 그러나 이때 인정되는 헌법규범상호간의 우열은 추상적 가치규범의 구체화에 따른 것으로서 헌법의 통일적 해석에 있어서는 유용할 것이지만, 그것이 헌법의 어느 특정규정이 다른 규정의 효력을 전면적으로 부인할 수 있을 정도의 개별적 헌법규정 상호간에 효력상의 차등을 의미하는 것이라고는 볼 수 없다.

헌법재판소 2013. 3. 21. 선고 2010헌바70,132,170(병합) 전원재판부 [구헌법제53조등위헌소원]
헌법 제107조 제1항, 제2항은 법원의 재판에 적용되는 규범의 위헌 여부를 심사할 때, '법률'의 위헌 여부는 헌법재판소가, 법률의 하위 규범인 '명령 · 규칙 또는 처분' 등의 위헌 또는 위법 여부는 대법원이 그 심사권한을 갖는 것으로 권한을 분배하고 있다. 이 조항에 규정된 '법률'인지 여부는 그 제정 형식이나 명칭이 아니라 규범의 효력을 기준으로 판단하여야 하고, '법률'에는 국회의 의결을 거친 이른바 형식적 의미의 법률은 물론이고 그 밖에 조약 등 '형식적 의미의 법률과 동일한 효력'을 갖는 규범들도 모두 포함된다. 따라서 최소한 법률과 동일한 효력을 가지는 이 사건 긴급조치들의 위헌 여부 심사권한도 헌법재판소에 전속한다.

헌법 제111조에서는 법률의 위헌 여부에 관한 심사를 헌법재판소가 하도록 규정하고 있다. 즉 법률의 위헌심사권은 대법원을 필두로 하는 법원이 아니라 헌법재판소가 갖고 있다고 헌법은 천명하고 있다. 그런데 여기서 해석의 다툼이 있을 수 있다. 헌법 제111조에서 말하는 위헌법률심사에 있어서의 '법률'이 무엇을 의미하는지에 관한 다툼이 바로 그것이다.

'법률'을 국회가 제정한 소위 '형식적 의미의 법률'만을 말하는 것인지, 아니면, 비록 형식적 의미의 법률은 아니지만 이와 동일한 효력을 갖는 법규범

도 여기서 말하는 '법률'로, 즉 실질적 의미의 법률로 보아 헌법재판소에 의한
위헌법률심사의 대상으로 볼 것인지가 문제된다.

　　만일 형식적 의미의 법률로 본다면, 관습법은 비록 법률과 같은 효력5)을
갖지만 민법 제1조의 '관습법'의 위헌 여부에 대한 심사는 헌법재판소가 아닌
대법원을 위시한 일반법원에 심판권이 있게 된다. 반면에 이를 실질적 의미의
법률을 의미하는 것으로 해석한다면, 관습법도 여기서 말하는 '법률'에 해당한
다고 보아 헌법재판소의 전속관할이라고 보게 되는 것이다.

　　이 점과 관련하여 헌법재판소의 다수의견6)은 "헌법 제111조 제1항 제1
호, 제5호 및 헌법재판소법 제41조 제1항, 제68조 제2항은 위헌심판의 대상을
'법률'이라고 규정하고 있는데, 여기서 '법률'이라고 함은 국회의 의결을 거친
형식적 의미의 법률뿐만 아니라 법률과 같은 효력을 갖는 조약 등도 포함되므
로, 법률과 같은 효력을 가지는 이 사건 관습법도 헌법소원심판의 대상이 되
고, 단지 형식적 의미의 법률이 아니라는 이유로 그 예외가 될 수는 없다."라
고 하여, 관습법도 법률로 보아 그 위헌심사권은 헌법재판소의 전속관할에 있
다고 보았다.

　　그러나 이러한 다수의견과 달리 2인의 헌법재판관은 위 사건의 반대의견
에서 "관습법의 성립에는 국회의 관여가 전혀 없을 뿐만 아니라 관습법은 헌
법의 규정에 의하여 국회가 제정한 법률과 동일한 효력을 부여받은 규범이라
고 볼 수 없고, 관습법에 형식적 의미의 법률과 동일한 효력이 인정된다고 보
기도 어렵다. 통상의 경우, 법원이 관습법을 발견하고 법적 규범으로 승인되었
는지 여부를 결정할 뿐 아니라 관습법이 헌법을 최상위 규범으로 하는 전체
법질서에 반하지 아니하는지에 대하여도 판단하므로, 관습법이 이후 사회의
변화나 전체 법질서의 변화로 위헌적인 것으로 변한 경우 법원이 그 효력 상
실을 확인할 권한이 있다고 보는 것이 자연스러우며, 이 사건 관습법이 오늘
날에도 유지되고 있는 점은 대법원에 의하여 인정되어 현행 헌법에 따라 별도
의 위헌심사가 필요한 경우로 보기 어렵다. 따라서 이 사건 관습법은 헌법재

5) 통설은 관습법의 기존 성문법에 대한 개폐나 변경 효력을 인정하는 대등적 효력설이 아
　니라 법률이 없을 때 비로소 적용되는 보충적 효력만을 갖는 보충적 효력설로 이해한다
　(자세한 것은 손종학, 강해 민법총칙, 충남대학교출판부, 2010, 35면 이하 참조).
6) 헌법재판소 2020. 10. 29. 선고 2017헌바208 결정 [전원재판부].

판소법 제68조 제2항에 의한 헌법소원심판의 대상이 되지 않으므로 이 사건 심판청구는 각하하여야 한다."라고 하여 관습법에 대한 헌법재판소의 위헌심사권을 부정하였다.

또한 대법원도 "헌법 제111조 제1항 제1호 및 헌법재판소법 제41조 제1항에서 규정하는 위헌심사의 대상이 되는 법률은 국회의 의결을 거친 이른바 형식적 의미의 법률을 의미하고(헌법재판소 1995. 12. 28. 선고 95헌바3 결정 등 참조), 또한 민사에 관한 관습법은 법원에 의하여 발견되고 성문의 법률에 반하지 아니하는 경우에 한하여 보충적인 법원(法源)이 되는 것에 불과하여(민법 제1조) 관습법이 헌법에 위반되는 경우 법원이 그 관습법의 효력을 부인할 수 있으므로(대법원 2003. 7. 24. 선고 2001다48781 전원합의체 판결 등 참조), 결국 관습법은 헌법재판소의 위헌법률심판의 대상이 아니라 할 것이다. 따라서 민법 시행 이전의 상속에 관한 구 관습법 중 '호주가 사망한 경우 여자에게는 상속권 및 분재청구권이 없다'는 부분에 대한 위헌법률심판의 제청을 구하는 신청인의 이 사건 신청은 부적법하다."라고 판시[7]하였다. 즉 대법원은 헌법재판소의 반대의견과 같이 관습법에 대한 위헌심사권은 헌법재판소가 아닌 대법원과 각급법원에 있음을 명확히 한 것이다.

이는 헌법해석을 포함한 법해석이 얼마나 어렵고도 중요한 것인지를 잘 보여주는 실례라고 할 것이다.

2. 민법의 해석원리와 특징

가. 의의

민법해석은 주로 성문법전으로 존재하는 성문법규로서의 민법전의 해석을 의미한다. 물론 민사분쟁에 관하여 적용할 법원(法源)으로 민법은 제2조에서 "민사에 관하여 법률에 규정이 없으면 관습법에 의하고 관습법이 없으면 조리에 의한다."라고 하여, 민법의 해석에 있어서는 관습법이나 조리에 대한 해석도 포함되지만 대부분은 성문 민법전에 대한 해석이기에 민법해석은 민법

---

7) 대법원 2009. 5. 28. 자 2007카기134 결정 [위헌법률심판제청].

전에 대한 해석이라고 하여도 과언은 아니다.

나. 민법해석의 원리

민법해석도 일반의 해석과 같이 앞서 살펴본 문리적 해석에 논리적, 목적론적 해석방법론을 사용한다. 그러나 민법이라는 법률이 가지는 특성으로 인하여 다른 법과는 구별되는 민법전만의 해석원리가 존재하게 된다. 즉 민법을 올바르게 해석하기 위하여는 민법의 기본원리를 정확히 이해할 것이 선결과제인바, 그 기본원리에 따른 해석의 특징이 있는 것이다. 민법해석과 관련된 기본원리와 특징은 다음과 같다.

1) 근대 민법의 기본원리와 3대 원칙

근대 민법의 기본원리는 개인을 봉건적 구속에서 해방시켜서 신분에 관계없이 모든 사람을 평등하게 대하며, 개인의 자유를 존중하는 개인주의적 법원리라고 할 수 있다.[8] 그리고 이러한 기본원리 하에 각 개인이 갖는 사유재산, 그중에서도 소유권의 절대적 보호를 강조하는 '소유권절대의 원칙(사유재산권 존중의 원칙)', 개인이 자유로운 의사에 기하여 법률관계를 형성할 수 있는 것을 인정하고 국가의 간섭을 최대한 자제하는 '사적자치의 원칙(사적자치는 주로 법률행위를 통하여 이루어지므로 법률행위 자유의 원칙이라고 하거나, 법률행위의 주된 것은 결국 계약이기에 계약자유의 원칙이라고도 부른다)', 그리고 자유로운 경제활동을 보장하기 위하여 비록 타인에게 손해를 입혔다 할지라도 그것이 고의나 과실에 기한 것이 아니면 책임을 지지 않는다는 '과실책임의 원칙'이라는 민법의 3대 원칙이 도출된다.

2) 근대 민법의 기본원리의 수정과 한국 민법의 기본원리

위와 같이 개인주의적 세계관에 입각한 근대 민법의 3대 원칙은 자본주의 고도화에 따른 많은 부작용을 초래하였다. 즉 개인의 자유를 강조한 나머지 강자와 약자, 가진 자와 그렇지 못한 자 사이의 간극이 커지고, 그에 따른 사회적 갈등이 증폭되어, 사회적, 경제적 약자를 보호하고, 사회 전체의 공동

---

8) 곽윤직·김재형, 민법총칙, 제9판, 박영사, 2016, 37면.

체적 질서를 유지하여 다 같이 더불어 살아가는 사회를 조성할 필요성이 대두하게 되었다.

그에 따라 현대에 들어서는 공공복리를 강조하는 한편 이의 실현을 위하여 개인의 자유를 제한하거나 국가의 간섭을 허용하게 되었고, 그 결과 민법의 기본원리에도 영향을 주게 되었다.

우리 헌법도 제37조 제1항에서 "국민의 자유와 권리는 헌법에 열거되지 아니한 이유로 경시되지 아니한다."라고 하여 개인의 자유를 최대한 보장하면서도 같은 조 제2항에서는 "국민의 모든 자유와 권리는 국가안전보장ㆍ질서유지 또는 공공복리를 위하여 필요한 경우에 한하여 법률로써 제한할 수 있으며, 제한하는 경우에도 자유와 권리의 본질적인 내용을 침해할 수 없다."라고 하여 공공복리 등 필요한 경우 개인의 자유를 제한할 수 있는 헌법적 근거를 마련하고 있다.

그리고 헌법 제119조 제1항에서는 "대한민국의 경제질서는 개인과 기업의 경제상의 자유와 창의를 존중함을 기본으로 한다."라고 하여 자유경제를 주창하면서도 제2항에서는 "국가는 균형있는 국민경제의 성장 및 안정과 적정한 소득의 분배를 유지하고, 시장의 지배와 경제력의 남용을 방지하며, 경제주체간의 조화를 통한 경제의 민주화를 위하여 경제에 관한 규제와 조정을 할 수 있다."라고 하여 일정 부분 자유에 기초한 사적자치원칙이 제한될 수 있음을 밝히고 있다.

또한 민법도 제2조 제1항에서 "권리의 행사와 의무의 이행은 신의에 좇아 성실히 하여야 한다."라고 하고, 이어서 제2항에서는 "권리는 남용하지 못한다."라고 하여 신의성실의 원칙과 권리남용금지의 원칙을 명문화하고 있다.

이러한 점에 기초하여 과연 민법의 현대적 원리가 무엇인지에 관하여 다툼이 있다. 헌법상의 공공복리 등에 의한 자유의 제한 등의 규정과 민법상의 신의성실의 원칙 등을 근거로 우리 민법의 기본원리는 자유인격의 원칙과 공공복리원칙을 최고의 원리로 하여 공공복리라는 최고의 존재원리의 실천원리로서 신의성실의 원칙, 사회질서와 거래의 안전 등의 여러 기본원칙이 있고, 다시 그 아래에 이른바 근대 민법의 3대 원칙이 기능하는 구조라고 보는 견해[9]도 있다. 그러나 우리 민법의 기본원리는 여전히 개인의 자유를 존중하는 사적자치이고 다만 공공복리 등에 의하여 사적자치가 제한될 수 있는 구조로서, 결국 근대 민법의 3대 원칙이 우리 민법의 3대 원칙이기는 하지만, 그것은 절대적인 것이 아니라 수정되고 달라진 3대 원칙이라고 보아야 할 것이다.[10]

판례

대법원 2013. 5. 16. 선고 2012다202819 전원합의체 판결 [손해배상(기)]

[2] 소멸시효를 이유로 한 항변권의 행사도 민법의 대원칙인 신의성실의 원칙과 권리남용금지의 원칙의 지배를 받는 것이어서 채무자가 소멸시효 완성 후 시효를 원용하지 아니할 것 같은 태도를 보여 권리자로 하여금 이를 신뢰하게 하였고, 채무자가 그로부터 권리행사를 기대할 수 있는 상당한 기간 내에 자신의 권리를 행사하였다면, 채무자가 소멸시효 완성을 주장하는 것은 신의성실 원칙에 반하는 권리남용으로 허용될 수 없다.

[3] 채무자가 소멸시효의 이익을 원용하지 않을 것 같은 신뢰를 부여한 경우에도 채권자는 그러한 사정이 있는 때로부터 상당한 기간 내에 권리를 행사하여야만 채무자의 소멸시효의 항변을 저지할 수 있는데, 여기에서 '상당한 기간' 내에 권리행사가 있었는지는 채권자와 채무자 사이의 관계, 신뢰를 부여하게 된 채무자의 행위 등의 내용과 동기 및 경위, 채무자가 그 행위 등에 의하여 달성하려고 한 목적과 진정한 의도, 채권자의 권리행사가 지연될 수밖에 없었던 특별한 사정이 있었는지 여부 등을 종합적으로 고려하여 판단할 것이다. 다만 신의성실의 원칙을 들어 시효 완성의 효력을 부정하는 것은 법적 안정성의 달성, 입증곤란의 구제, 권리행사의 태만에 대한 제재를 이념으로 삼고 있는 소멸시효 제도에 대한 대단히 예외적인 제한에 그쳐야 할 것이므로, 위 권리행사의 '상당한 기간'은 특별한 사정이 없는 한 민법상 시효정지의 경우에 준하여 단기간으로 제한되어야 한다. 그러므로 개별 사건에서 매우 특수한 사정이 있어 그 기간을 연장하여 인정하는 것이 부득이한 경우에도 불법행위로 인한 손해배상청구의 경우 그 기간은 아무리 길어도 민법 제766조 제1항이 규정한 단기소멸시효기간인 3년을 넘을 수는 없다고 보아야 한다.

---

9) 곽윤직, 민법총칙, 전정증보판, 박영사, 1980, 70-71면.
10) 자세한 것은 곽윤직·김재형, 민법총칙, 제9판, 박영사, 2016, 44-46면.

3) 민법의 해석원리

그러므로 민법해석에 있어서는 위와 같은 민법의 기본원리를 존중하고 그 뜻이 훼손되지 않는 선에서 이루어질 필요가 있다. 즉 개인의 소유권을 비롯한 사적 재산의 보호와 법률행위 자유의 원칙과 과실책임의 원칙에 기초한 해석이 이루어져야 할 것이고, 공공복리 등에 의한 제한이나 신의성실의 원칙 등에 의한 제한에 있어서도 예외적으로, 그것도 위의 3대 원칙의 근본정신을 훼손하지 않는 범위 내에서 극히 제한적으로 이루어져야 할 것이다.

특히 신의성실의 원칙이 우리 민법의 대원칙이기는 하지만 신의성실의 원칙이나 권리남용금지의 원칙에 따라 당사자 간의 법률행위 내용에 변경이나 제한을 가하거나 권리의 행사를 제한하는 해석을 함에 있어서는 신중을 기할 필요가 있다.

판례

대법원 2019. 7. 4. 선고 2014다41681 판결 [임금]
신의성실의 원칙(이하 '신의칙'이라고 한다)은, 법률관계의 당사자는 상대방의 이익을 배려하여 형평에 어긋나거나 신뢰를 저버리는 내용 또는 방법으로 권리를 행사하거나 의무를 이행하여서는 아니 된다는 추상적 규범을 말한다. 여기서 신의칙에 위배된다는 이유로 그 권리행사를 부정하기 위해서는 상대방에게 신의를 공여하였거나 객관적으로 보아 상대방이 신의를 가지는 것이 정당한 상태에 이르러야 하고, 이와 같은 상대방의 신의에 반하여 권리를 행사하는 것이 정의관념에 비추어 용인될 수 없는 정도의 상태에 이르러야 한다.
단체협약 등 노사합의의 내용이 근로기준법의 강행규정을 위반하여 무효인 경우에, 그 무효를 주장하는 것이 신의칙에 위배되는 권리의 행사라는 이유로 이를 배척한다면, 강행규정으로 정한 입법 취지를 몰각시키는 결과가 될 것이므로, 그러한 주장은 신의칙에 위배된다고 볼 수 없음이 원칙이다. 그러나 노사합의의 내용이 근로기준법의 강행규정을 위반한다고 하여 그 노사합의의 무효 주장에 대하여 예외 없이 신의칙의 적용이 배제되는 것은 아니다. 위에서 본 신의칙을 적용하기 위한 일반적인 요건을 갖춤은 물론, 근로기준법의 강행규정성에도 불구하고 신의칙을 우선하여 적용하는 것을 수긍할 만한 특별한 사정이 있는 예외적인 경우에 한하여, 그 노사합의의 무효를 주장하는 것은 신의칙에 위배되어 허용될 수 없다.

그리고 법적 안정성을 위하여 신의성실의 원칙을 적용하여 법규정의 내용을 부인하는 것으로 해석하는 것은 극히 제한될 필요가 있다.

판례

대법원 2008. 5. 29. 선고 2004다33469 판결 [손해배상(기)]
채무자의 소멸시효에 기한 항변권의 행사도 우리 민법의 대원칙인 신의성실의 원칙과 권리남용금지의 원칙의 지배를 받는 것이어서, 채무자가 시효완성 전에 채권자의 권리행사나 시효중단을 불가능 또는 현저히 곤란하게 하였거나, 그러한 조치가 불필요하다고 믿게 하는 행동을 하였거나, 객관적으로 채권자가 권리를 행사할 수 없는 장애사유가 있었거나, 또는 일단 시효완성 후에 채무자가 시효를 원용하지 아니할 것 같은 태도를 보여 권리자로 하여금 그와 같이 신뢰하게 하였거나, 채권자보호의 필요성이 크고, 같은 조건의 다른 채권자가 채무의 변제를 수령하는 등의 사정이 있어 채무이행의 거절을 인정함이 현저히 부당하거나 불공평하게 되는 등의 특별한 사정이 있는 경우에는 채무자가 소멸시효의 완성을 주장하는 것이 신의성실의 원칙에 반하여 권리남용으로서 허용될 수 없다. 그러나 국가에게 국민을 보호할 의무가 있다는 사유만으로 국가가 소멸시효의 완성을 주장하는 것 자체가 신의성실의 원칙에 반하여 권리남용에 해당한다고 할 수는 없으므로, 국가의 소멸시효 완성 주장이 신의칙에 반하고 권리남용에 해당한다고 하려면 앞서 본 바와 같은 특별한 사정이 인정되어야 하고, 또한 위와 같은 일반적 원칙을 적용하여 법이 두고 있는 구체적인 제도의 운용을 배제하는 것은 법해석에 있어 또 하나의 대원칙인 법적 안정성을 해할 위험이 있으므로 그 적용에는 신중을 기하여야 한다.

4) 민법해석과 관습법

민법해석의 대상은 성문법으로서의 민법(민법전)에 그치지 않고 역시 법원(法源)으로 인정되는 관습법도 법해석의 대상이 되는지가 문제된다. 이와 관련하여 직접적으로 밝히지는 않았지만 논의의 단초를 제공한 대법원 판결이 있다.

즉 판례에 의하여 관습법상의 물권으로 인정되어 온 분묘기지권(비록 타인의 동의 없이 타인 소유의 토지에 분묘를 설치하였다 할지라도 20년간 평온, 공연하게 분묘 기지를 점유하면 계속 당해 분묘 기지를 사용·수익할 수 있어 분묘를 이장하거나 철거하지 않아도 된다는 권리)의 경우에도 일반의 법정지상권과 같이 토지 소유자에게 자료를 지급할 의무가 있는지에 대하여 다수의견은 소유자의 지료청구가 있을 경우 그때부터는 자료를 지급할 의무가 있다고 판시한 반면에 반대의견은 이는 관습법의 존재와 내용에 관한 것이어서 해석의 대상이 아니고 조사와 확인의 대상이라는 점을 강조하여 자료 지급 의무가 없다고 판시하였다.

즉 분묘기지권은 관습법상 물권이므로, 관습에 대한 조사나 확인을 통하여 관습법의 내용을 선언하여야 하고 법원이 해석을 통해 그 내용을 정하는 것은 타당하지 않다고 하면서 지금까지 분묘기지권에 관하여 유상성을 내용으로 하는 관습이 확인된 적이 없었다는 사실은 분묘기지권이 관습상 무상이었음을 반증한다고 하였다.

판례

대법원 2021. 4. 29. 선고 2017다228007 전원합의체 판결 [지료청구]
[다수의견] 2000. 1. 12. 법률 제6158호로 전부 개정된 구 장사 등에 관한 법률(이하 '장사법'이라 한다)의 시행일인 2001. 1. 13. 이전에 타인의 토지에 분묘를 설치한 다음 20년간 평온·공연하게 분묘의 기지(기지)를 점유함으로써 분묘기지권을 시효로 취득하였더라도, 분묘기지권자는 토지소유자가 분묘기지에 관한 지료를 청구하면 그 청구한 날부터의 지료를 지급할 의무가 있다고 보아야 한다. 관습법으로 인정된 권리의 내용을 확정함에 있어서는 그 권리의 법적 성질과 인정 취지, 당사자 사이의 이익형량 및 전체 법질서와의 조화를 고려하여 합리적으로 판단하여야 한다. 취득시효형 분묘기지권은 당사자의 합의에 의하지 않고 성립하는 지상권 유사의 권리이고, 그로 인하여 토지 소유권이 사실상 영구적으로 제한될 수 있다. 따라서 시효로 분묘기지권을 취득한 사람은 일정한 범위에서 토지소유자에게 토지 사용의 대가를 지급할 의무를 부담한다고 보는 것이 형평에

부합한다.

취득시효형 분묘기지권이 관습법으로 인정되어 온 역사적·사회적 배경, 분묘를 둘러싸고 형성된 기존의 사실관계에 대한 당사자의 신뢰와 법적 안정성, 관습법 상 권리로서의 분묘기지권의 특수성, 조리와 신의성실의 원칙 및 부동산의 계속 적 용익관계에 관하여 이러한 가치를 구체화한 민법상 지료증감청구권 규정의 취지 등을 종합하여 볼 때, 시효로 분묘기지권을 취득한 사람은 토지소유자가 분 묘기지에 관한 지료를 청구하면 그 청구한 날부터의 지료를 지급하여야 한다고 봄이 타당하다.

[대법관 이기택, 대법관 김재형, 대법관 이흥구의 별개의견] 분묘기지권을 시효취 득한 경우 분묘기지권자는 토지소유자에게 분묘를 설치하여 토지를 점유하는 기 간 동안 지료를 지급할 의무가 있다고 보아야 하고, 토지소유자의 지료 청구가 있어야만 그때부터 지료 지급의무가 발생한다고 볼 수 없다.

헌법상 재산권 보장의 원칙, 민법상 소유권의 내용과 효력, 통상적인 거래 관념 에 비추어 보면, 점유자가 스스로를 위하여 타인의 토지를 사용하는 경우 당사자 사이에 무상이라는 합의가 존재하는 등의 특별한 사정이 없는 한, 토지 사용의 대가를 지급해야 하는 유상의 사용관계라고 보아야 한다.

취득시효형 분묘기지권의 지료에 관하여 관습법으로 정해진 내용이 없다면 유사 한 사안에 관한 법규범을 유추적용하여야 한다. 분묘기지권은 다른 사람의 토지 를 이용할 수 있는 지상권과 유사한 물권으로서 당사자의 합의에 의하지 않고 관 습법에 따라 성립한다. 이러한 토지 이용관계와 가장 유사한 모습은 법정지상권 이다. 민법 제366조 등에 따라 법정지상권이 성립하면 지상권자는 '지상권 성립 시부터' 토지소유자에게 지료를 지급하여야 한다. 분묘기지권을 시효취득하여 성 립하는 토지 이용관계에 관해서도 법정지상권의 경우와 마찬가지로 분묘기지권 이 성립한 때부터 지료를 지급하여야 한다.

[대법관 안철상, 대법관 이동원의 반대의견] 장사법 시행일인 2001. 1. 13. 이전 에 분묘를 설치하여 20년간 평온·공연하게 그 분묘의 기지를 점유하여 분묘기 지권을 시효로 취득하였다면, 특별한 사정이 없는 한 분묘기지권자는 토지소유자 에게 지료를 지급할 의무가 없다고 보아야 한다.

분묘기지권은 관습법상 물권이므로, 관습에 대한 조사나 확인을 통하여 관습법의 내 용을 선언하여야 하고 법원이 해석을 통해 그 내용을 정하는 것은 타당하지 않다. 지금까지 분묘기지권에 관하여 유상성을 내용으로 하는 관습이 확인된 적이 없었다는 사실은 분묘기지권이 관습상 무상이었음을 반증한다.

지상권에 관한 일반 법리나 분묘기지권과 법정지상권의 차이점, 분묘기지권의 시효취득을 관습법으로 인정하여 온 취지에 비추어 보더라도 분묘기지권자에게 지료 지급의무가 있다고 볼 수 없다.

3. 민사소송법의 해석원리와 특징

가. 민사소송의 이상과 해석

민사소송법을 정확히 해석하기 위해서는 민사소송이라는 제도가 실현하려고 하는 이상에 부합하게 해석할 필요가 있다. 민사소송법 제1조 제1항은 민사소송의 이상으로 "법원은 소송절차가 공정하고 신속하며 경제적으로 진행되도록 노력하여야 한다."라고 규정하고 있는바, 민사소송의 이상은 일반적으로 다음의 네 가지로 모아진다.

첫째는 소송의 적정이다. 이는 재판의 내용과 결과가 오류 없이 올바르고 진실에 부합하는 재판이어야 한다는 의미이다. 진정한 권리자에게 권리를 부여하고, 의무자에게 의무를 지우게 하는 것이 재판의 목적이기에 재판의 적정이야말로 민사소송이 추구하는 가장 큰 이상이라고 할 수 있다.

둘째는 공평이다. 적정한 재판을 위해서는 재판부는 당사자에게 균등한 기회를 부여하고 평등하게 취급하여야 한다. 어느 한쪽 당사자에게만 기회를 주거나 불리하게 취급한다면 진실에 부합하는 적정한 재판을 할 수 없기에 공평도 중요한 민사소송의 이상이 된다.

셋째는 신속이다. 아무리 적정하고 공정한 재판을 한다 할지라도 재판이 지연되어 권리구제가 늦어진다면, 이는 사실상 권리보호의 거부와 다름이 없기에 신속한 재판 역시 중요한 민사소송의 이상이다. 특히 현대에 들어와서 소송사건의 폭발적 증가가 나타나고 있기에 신속한 재판의 중요성과 필요성은 더욱 증대하고 있다.

넷째는 경제이다. 소송비용이 너무 많이 소요될 경우, 이는 사실상 정당한 재판을 받을 권리인 헌법상의 재판청구권을 부정하는 결과와 같기에 신속한 재판을 위한 소송경제 또한 민사소송의 중요한 이상이다.

그러므로 민사소송법의 올바른 해석을 위해서는 위와 같은 민사소송의 이상이 현실의 재판절차에서 잘 구현될 수 있도록 소송법규를 해석할 필요가 있다. 즉 당해 해석이 적정한 재판에 부합하고, 공정한 것인지, 신속한 재판과 소송경제의 이상에 부합하는지를 해석의 중요한 척도로 삼아야 한다는 것이다.

나. 소송법규의 특징과 해석

1) 소송법규의 특징

민사소송법의 해석에 있어서는 민사소송법이 재판을 위한 소송법규를 모아둔 절차법이라는 점에서 다른 법에 대한 해석과는 다른 고유한 해석원리가 있다. 즉 민법과 같은 실체법의 해석에 있어서는 구체적 타당성 확보를 위한 해석이 필요할 수 있지만, 소송법규는 모두 사건의 절차와 진행에 관계되는 규정이기에 절차적 안정성이 그 무엇보다 강조되는 영역이다. 따라서 구체적 타당성보다는 소송절차의 획일과 안정을 기하는 데에 부합하는 해석을 할 필요가 있다.[11]

그러므로 소송행위(특히 단독행위로서의 소송행위)와 그에 대한 법조문을 해석할 때에는 법원에 대한 공적 행위로서 연속하여 소송절차를 구성하고 있으므로 의사주의가 아닌 표시주의와 외관주의를 좇아 소송절차의 안정성을 확보할 필요가 있다.[12]

2) 소송법규의 유형

가) 효력규정과 훈시규정

소송법규는 획일적 처리를 위한 절차적 안정을 꾀할 필요가 있기에 일반적으로 당해 규정을 준수하지 않으면 소송법적 효력이 제한되거나 효력이 없게 되는 효력규정으로 되어 있다. 그러나 주로 법원의 소송행위에 관계되는 규정 중에는 훈시규정이라고 하여 당해 규정을 준수하는 것이 필요하고 중요하기는 하지만, 비록 준수하지 않는다 할지라도 당해 소송행위의 효력에 영향

---

11) 김상원 등 4인 편집대표, 주석 신민사소송법 Ⅰ, 한국사법행정학회, 2004, 71면.
12) 박재완, 민사소송법강의, 박영사, 2017, 257면.

을 주지 않는 규정이 있다.

이러한 훈시규정의 전형적인 예로는, 민사소송법 제199조 본문을 들 수 있다. 위 규정에 따르면 원칙적으로 판결은 소의 제기일로부터 5월 이내에 선고하도록 되어 있기에 법원은 기본적으로 5월 이내에 종국판결을 선고하여야 하지만, 비록 5월을 초과하여 종국판결이 선고된다 할지라도 그로써 당해 종국판결이 무효로 되지는 않는다고 해석한다. 이는 바로 위 민사소송법 제199조의 규정이 효력규정이 아닌 훈시규정으로 해석되기 때문이다.

위와 같이 민사소송법의 해석에 있어서는 당해 규정을 효력규정으로 해석하여 위반 시에 무효 등으로 처리할 것인지, 아니면 훈시규정으로 보아 그 위반행위의 효력을 무효 등으로 처리하지 않을 것인지를 분별할 필요가 있다.

판례

대법원 2008. 2. 1. 선고 2007다9009 판결 [교수지위확인]
당사자는 법원 또는 상대방의 소송행위가 소송절차에 관한 규정을 위반한 경우 민사소송법 제151조에 의하여 그 소송행위의 무효를 주장하는 이의신청을 할 수 있고 법원이 당사자의 이의를 이유 있다고 인정할 때에는 그 소송행위를 무효로 하고 이에 상응하는 조치를 취하여야 하지만, 소송절차에 관한 규정 중 단순한 훈시적 규정을 위반한 경우에는 무효를 주장할 수 없다. 민사소송법 제199조, 제207조 등은 모두 훈시규정이므로 법원이 종국판결 선고기간 5월을 도과하거나 변론종결일로부터 2주 이내 선고하지 아니하였다 하더라도 이를 이유로 무효를 주장할 수는 없다.
대법원 1984. 8. 23.자 84마454 결정 [부동산경락허가결정]
민사소송법 제620조 제1항은 훈시규정에 불과하므로 집행법원이 경매기일로부터 7일을 경과한 일자로 경락기일을 지정하였다 할지라도 그 경락기일을 부적법한 것이라고 할 수 없다.

나) 강행규정과 임의규정

민법의 경우에는 앞서 설명한 바와 같이 사적자치의 원리에 따른 법률행위 자유의 원칙(혹은 계약자유의 원칙)에 따라 비록 당사자 사이에 법의 규정과 다른 합의를 하더라도 그 유효성이 인정되는 임의규정이 원칙(또는 대부분)이고, 당사자 사이의 합의로 당해 규정의 내용을 변경하거나 그 효력을 부인하는 것이 불가능한 강행규정은 예외적으로 존재한다. 그러나 소송법규는 절차적 안정과 모든 소송사건에의 획일적 적용을 위하여 강행규정이 원칙이다. 그러므로 당사자 사이의 합의로 정할 수 있는 임의규정에 기한 소송행위가 많지 않다.

사적자치에 따른 당사자 사이의 합의로 할 수 있는 소송행위로는 당사자 사이에 분쟁이 발생할 경우 일정한 경우 어느 법원에 소를 제기하여 재판받을 것인지 정할 수 있는 관할합의(이에 기하여 관할권이 발생한 것을 합의관할이라고 한다), 처음부터 소를 제기하지 않기로 하는 부제소합의[13]나 기왕에 제기한 소를 취하하기로 하는 소취하합의, 강제집행을 하지 않기로 하는 부집행특약 등을 들 수 있다.

소송 당사자가 기왕에 계속중인 소를 취하하기로 하는 소취하합의는 민법상의 화해계약에 해당하는 것이 아니라 일종의 소송행위에 해당한다.[14] 여기서 문제되는 것은 소취하합의시에 사기나 착오가 있다고 할지라도 사법상의 화해와는 달리 민법 제109조 등에 따라 취소할 수가 없는지가 문제된다.[15]

종전 대법원 판결[16]은 소송상의 화해는 소송행위로서 사법상의 화해와는 달리 사기나 착오를 이유로 취소할 수는 없는 것이라고 보았다. 그러나 최근

---

13) 부제소합의의 유효성 여부에 관하여는 소권(訴權)은 사권(私權)이 아닌 공권(公權)이라는 점에서 그 인정에 다툼이 있다. 그러나 대부분의 견해는 소권도 채권의 효력의 하나로 민법의 대원칙인 사적자치 내지는 법률행위자유의 원칙에 따라 소권의 포기도 유효하다는 입장이다. 자세한 것은 손종학, 강해 계약법 Ⅰ, 충남대학교출판문화원, 2020, 22면 이하 참조.

14) 그러나 아래의 하급심 판결에서 보는 바와 같이 경우에 따라서는 소취하합의를 민법상의 화해계약의 일종으로 보는 판결례도 다수 존재한다. 이는 소송의 주체들이 소송에서 행하는 행위의 법적 성격과 직결되는 문제이다. 법원의 소송상 행위는 모두 소송행위로서 민사소송법이 적용되지만, 당사자의 소송상 행위는 그것이 소송행위인 경우에는 민사소송법이, 일반 법률행위인 경우에는 민법이 적용된다고 할 수 있다. 여기서 소송행위와 법률행위의 구별기준에 대하여, 민사소송법 학자들 사이에서는 일반적으로 민사소송법을 비롯한 절차법에 요건과 효과가 규정되어 있으면 소송행위로 보는 요건 및 효과설이 통설적 입장이라고 할 수 있다(박재완, 민사소송법강의, 박영사, 2017, 255면).

15) 손종학, 강해 계약법 Ⅱ, 충남대학교출판문화원, 2018, 164면.

16) 대법원 1979. 5. 15. 선고 78다1094 판결 [소유권이전등기말소].

의 판례[17])에서는 소취하합의의 의사표시 역시 민법 제109조에 따라 법률행위의 내용의 중요 부분에 착오가 있는 때에는 취소할 수 있는 것으로 판시하고 있다.

원고와 피고가 소취하합의를 하였음에도 불구하고 원고가 소를 취하하지 않는 경우 그 효력이 문제된다. 이는 소취하계약의 법적 성질과도 관련이 있는 것으로, 일반적으로는 피고가 당해소송에서 소취하합의가 있었음을 항변하면(이것이 바로 본안전 항변이다), 법원은 원고의 소가 권리보호의 이익(소의 이익)이 흠결된 것으로 보아 소를 각하하는 판결을 한다.[18]

판례

대법원 2013. 11. 28. 선고 2011다80449 판결 [낙찰자지위확인등]
부제소합의는 소송당사자에게 헌법상 보장된 재판청구권의 포기와 같은 중대한 소송법상의 효과를 발생시키는 것으로서 그 합의 시에 예상할 수 있는 상황에 관한 것이어야 유효하고, 그 효력의 유무나 범위를 둘러싸고 이견이 있을 수 있는 경우에는 당사자의 의사를 합리적으로 해석한 후 이를 판단하여야 한다. 따라서 당사자들이 부제소 합의의 효력이나 그 범위에 관하여 쟁점으로 삼아 소의 적법 여부를 다투지 아니하는데도 법원이 직권으로 부제소 합의에 위배되었다는 이유로 소가 부적법하다고 판단하기 위해서는 그와 같은 법률적 관점에 대하여 당사자에게 의견을 진술할 기회를 주어야 하고, 부제소 합의를 하게 된 동기 및 경위, 그 합의에 의하여 달성하려는 목적, 당사자의 진정한 의사 등에 관하여도 충분히 심리할 필요가 있다. 법원이 그와 같이 하지 않고 직권으로 부제소 합의를 인정하여 소를 각하하는 것은 예상외의 재판으로 당사자 일방에게 불의의 타격을 가하는 것으로서 석명의무를 위반하여 필요한 심리를 제대로 하지 아니하는 것이다.

대법원 1979. 5. 15. 선고 78다1094 판결 [소유권이전등기말소]
소송상의 화해는 소송행위로서 사법상의 화해와는 달리 사기나 착오를 이유로 취소할 수는 없는 것이며, 민사소송법 제422조 제1항 5호 소정의 형사상 처벌을 받을 타인의 행위로 인한 사유가 소송상의 화해에 대한 준재심사유로 될 수 있는

17) 대법원 2020. 10. 15. 선고 2020다227523, 227530 판결 [소유권이전등기·소유권이전등기]
18) 자세한 것은 박재완, 민사소송법강의, 박영사, 2017, 408-409면 참조.

것은 그것이 당사자가 화해의 의사표시를 하게 된 직접적인 원인이 된 경우만이라고 할 것이고 그렇지 않고 이 사건의 경우 원고들이 주장하는 내용과 같이 서증에 대한 감정결과가 불리하게 나오자 그것으로 인하여 패소할 것을 우려한 나머지 화해를 하게 된 경우와 같이 그 형사상 처벌받을 타인의 행위가 당사자가 화해에 이르게 된 간접적인 원인밖에 되지 않았다고 보이는 경우까지 그것이 준재심사유가 된다라고 볼 수는 없다라고 판단하고 있는바, 원심의 위와 같은 판단은 적법하고, 거기에 소론과 같은 준재심사유에 관한 법리오해의 위법없다.

대법원 2020. 10. 15. 선고 2020다227523, 227530 판결 [소유권이전등기 · 소유권이전등기]
소취하합의의 의사표시 역시 민법 제109조에 따라 법률행위의 내용의 중요 부분에 착오가 있는 때에는 취소할 수 있을 것이다.

수원지방법원 2020. 4. 14. 선고 2018나80636(본소), 2018나80643(반소) 판결 [소유권이전등기]
이 사건 소취하합의는 원고가 본소를 취하하기로 하는 내용을 담고 있으므로 일종의 화해계약이라고 봄이 타당하다. 그리고 화해계약은 화해의 목적인 분쟁 이외의 사항에 착오가 있는 때에는 착오를 이유로 취소할 수 있는바 당사자들이 제출한 증거들을 종합하여 인정되는 다음과 같은 사정, 즉 ① 이 사건 소취하합의 당시 원고와 피고는 이 사건 (주소 1 생략) 토지의 근저당채무의 대위변제와 관련하여 피고가 이를 이행하였고 이로 인하여 피고에게 손해가 발생하였다는 것을 전제로 합의에 이르게 된 것으로 보이는 점, ② 그러나 피고가 대위변제한 금원은 피고와 이 사건 회사 사이의 이 사건 정산합의를 통하여 정산이 완료된 것으로 보아야 하는 점, ③ 원고가 제1심에서 승소판결을 받은 사건을 취하할만한 합리적인 이유도 없는 것으로 보이는 점 등을 종합하여 보면, 원고는 화해 목적인 분쟁 이외의 사항에 대한 착오를 이유로 위 합의를 취소할 수 있다고 할 것이다. 결국 원고의 취소 의사표시가 포함되어 있는 2019. 10. 24.자 준비서면이 피고에게 송달됨으로써 이 사건 소취하합의는 취소되었으므로, 피고의 위 본안 전 항변은 이유 없다.

다. 민사소송법과 사적자치원칙

민사소송법이 절차법이라는 점에서 실체법인 민법과 같이 사적자치원칙이 어느 정도까지 적용될 것인지의 문제도 민사소송법 해석에 있어서 중요한 판단기준이 된다. 그러나 민사소송법도 사법(私法)상의 법률관계에 적용되는 절차법이라는 점에서 민사소송법의 영역에도 사적자치의 원칙이 적용된다. 이러한 사적자치원칙의 민사소송법적 표현이 바로 민사소송법의 대원칙인 당사자주의, 처분권주의, 변론주의 등이다.

라. 신의성실의 원칙

신의성실의 원칙은 민법상의 대원칙으로서 민법의 해석에 있어서 중요한 기준이 된다. 그리고 민사소송법도 제1조 제2항에서 "당사자와 소송관계인은 신의에 따라 성실하게 소송을 수행하여야 한다."라고 규정하여 신의성실의 대원칙을 천명하고 있다.

기본적으로 민사소송은 자기의 권리를 구제받기 위하여 재판절차를 이용하는 것에 불과하기에 이기적인 권리투쟁의 성격을 지니고 있는 관계로, 굳이 신의성실의 원칙을 민사소송의 이상으로 밝힐 필요가 있는지에 대하여는 이론이 있을 수 있다.[19] 그렇지만 당사자나 법원 모두 적정한 재판을 받거나 하는 것이 목표이기에 신의성실의 원칙이 민사소송의 영역에서도 필요한 것이고, 이에 우리 민사소송법은 민사소송의 이상을 실현함에 있어 신의성실의 원칙에 부합할 것을 요구하고 있는 것이다.

이러한 신의성실의 원칙에 따라 소송법을 해석함에 있어서 당해 해석이 과연 신의성실의 원칙에 부합하는지를 항상 돌아보아야 할 것이고, 신의성실의 원칙에 벗어난 해석은 옳은 해석이라고 할 수 없을 것이다. 다만 주의할 것은 소송법규 상의 개별적인 법리를 자세히 규명하지 아니하고, 쉽게 일반조항에 불과한 신의성실의 원칙에 기대는 것은 소위 '일반조항으로의 도피'에 불과하기에[20] 피하여야 할 자세이다. 즉 신의성실의 원칙은 예외적, 제한적으로

---

19) 이러한 입장이 소송을 당사자 사이의 이기적 권리투쟁으로 보는 소송법률상태설의 입장이다(김상원 등 4인 편집대표, 주석 신민사소송법 Ⅰ, 한국사법행정학회, 2004, 89면).

적용되는 원리이지 처음부터 일반 소송법규의 해석을 저버린 채 적용될 것은 아니다.

　　판례는 분쟁시 제소하지 않기로 하는 부제소합의를 하고도 이에 위반하여 소를 제기한 사안에서 부제소합의에 위반한 소는 권리보호의 이익이 없을 뿐만 아니라 신의성실의 원칙에 위배된다고 하여 소의 적법 여부를 판단함에 있어 신의성실의 원칙을 적용하고 있다.

판례

대법원 2013. 11. 28. 선고 2011다80449 판결 [낙찰자지위확인등]
특정한 권리나 법률관계에 관하여 분쟁이 있어도 제소하지 아니하기로 합의(이하 '부제소 합의'라고 한다)한 경우 이에 위배되어 제기된 소는 권리보호의 이익이 없고, 또한 당사자와 소송관계인은 신의에 따라 성실하게 소송을 수행하여야 한다는 신의성실의 원칙(민사소송법 제1조 제2항)에도 어긋나는 것이므로, 소가 부제소 합의에 위배되어 제기된 경우 법원은 직권으로 소의 적법 여부를 판단할 수 있다.

마. 민사소송법 해석에 있어서의 연속성 중요

　　비록 소수의견이기는 하지만 민사소송법규를 해석함에 있어서는 소송의 연속성을 보호하는 차원이 고려되어야 한다는 점을 강조한 대법원 판결도 있다.

판례

대법원 2021. 4. 22.자 2017마6438 전원합의체 결정 [항소장각하명령(약정금)]
[다수의견] 대법원은 항소심에서 항소장 부본을 송달할 수 없는 경우 항소심재판장은 민사소송법 제402조 제1항, 제2항에 따라 항소인에게 상당한 기간을 정하여 그 기간 이내에 피항소인의 주소를 보정하도록 명하여야 하고, 항소인이 그

---

20) 김상원 등 4인 편집대표, 주석 신민사소송법 I, 한국사법행정학회, 2004, 92면.

기간 이내에 피항소인의 주소를 보정하지 아니한 때에는 명령으로 항소장을 각하하여야 한다는 법리를 선언하여 왔고, 항소장의 송달불능과 관련한 법원의 실무도 이러한 법리를 기초로 운용되어 왔다. 위와 같은 대법원 판례는 타당하므로 그대로 유지되어야 한다. 그 이유는 다음과 같다.

① 현재 판례의 태도는 민사소송법 제402조 제1항, 제2항의 문언 해석에 부합하고, 그 입법연혁을 고려하면 더욱 그러하다.

민사소송법 제402조 제1항, 제2항의 문언에 의하면, 항소장 부본이 피항소인에게 송달되지 않는 경우 항소심재판장은 항소장 부본이 피항소인에게 송달될 수 있도록 항소인에게 항소장의 흠을 보정하도록 명하여야 한다. 여기서 '흠을 보정한다.'는 것은 항소장 부본의 송달불능 원인을 보정하여야 한다는 의미이므로, 그 송달불능 원인이 피항소인의 주소 때문이라면, 항소인은 피항소인이 항소장 부본을 송달받을 수 있는 주소를 보정하여야 한다는 의미로 해석할 수밖에 없다.

입법연혁에 비추어 보더라도, 소장 부본이 송달불능에 이른 경우 재판장이 주소보정명령을 하고 원고가 이를 이행하지 아니한 때 소장각하명령을 하여야 하는 것과 마찬가지로 항소장 부본이 송달불능에 이른 경우에는 재판장이 주소보정명령을 하고 항소인이 이를 이행하지 아니한 때 항소장각하명령을 하여야 한다고 해석함이 타당하다.

② 현재의 판례는 항소인이 항소심재판 진행에 필요한 최소한의 요건을 갖추지 않는 데 대한 제재의 의미라고 이해할 수 있다.

③ 항소심재판장이 항소인에게 항소장 부본이 송달될 수 있는 피항소인의 주소를 보정하라고 명령하는 것은 항소인에게 수인하지 못할 정도의 과중한 부담을 부과한 것도 아니다.

④ 실무상 주소보정명령에서 항소장각하명령을 예고하고 있으므로, 항소장각하명령은 항소인이 충분히 예측할 수 있는 재판이다.

⑤ 현재의 판례는 제1심 재판을 충실화하고 항소심을 사후심에 가깝게 운영하기 위한 향후의 발전 방향에도 부합한다.

[대법관 박상옥, 대법관 이기택, 대법관 이동원의 반대의견] 소송절차의 연속성을 고려할 때 항소장 부본의 송달불능은 소송계속 중 소송서류가 송달불능된 것에 불과한 점, 항소인이 항소장 부본의 송달불능을 초래한 것이 아닌데도 그 송달불능으로 인한 불이익을 오로지 항소인에게만 돌리는 것은 부당한 점, 소장각하명령과 항소장각하명령은 본질적으로 다른 재판인 점 등을 종합하여 고려할 때, 항

소장 부본이 송달불능된 경우 민사소송법 제402조 제1항, 제2항에 근거하여 항
소인에게 주소보정명령을 하거나 그 불이행 시 항소장각하명령을 하는 것은 허
용될 수 없다고 보아야 한다. 또한 관련 법 조항의 문언해석상으로도 그러하다.

4. 행정법의 해석원리와 특징

가. 행정법규의 특징과 해석

사법(私法)의 해석에 있어서는 사인 간의 이해관계 조절이 핵심 해석기준
이고, 형사법의 해석에 있어서는 형벌권의 존부 및 그 범위와 관련하여 법규
범이 갖는 의미파악이 해석의 중심이 된다. 이에 반하여 행정법규를 해석함에
있어서는 행정법이 미래 발전에 대한 예측적인 평가를 기초로 하여 합목적성
을 추구하는 법이라는 점을 염두에 둘 필요가 있다.[21] 특히 행정법 해석은 행
정법의 조문의 의미를 확정하며, 의회의 입법적 의도를 실현하고, 더 나아가
보다 훌륭한 입법을 촉구하여 결국 행정법의 헌법상 유효성을 판단하는 기능
을 가진다는 점[22]에 주목할 필요가 있다.

나. 단일 행정법의 부재와 행정기본법의 제정

행정법은 일반적으로 "행정의 조직, 작용 및 행정구제에 관한 국내공법"
이라고 정의된다.[23] 그러나 그동안에는 헌법, 민법, 형법, 민사소송법, 형사소
송법, 상법과 달리 행정법은 단일 법전이 없었다. 그에 따라 기본적인 용어에
대한 개념입법적 해석(정의, 定義)도 부족하여 기초적 해석에도 어려움이 있을
뿐만 아니라 단일 법전의 부재로 인하여 체계적이고도 통일적인 해석을 하기
가 어려운 문제점을 안고 있었다.

이러한 문제점을 해소하기 위하여 행정법의 영역에서도 기본적인 내용에

---

21) 홍정선, 행정법원론(상), 제27판, 박영사, 2019, 9면에서는 행정의 특징 중의 하나로 능
   동적이고 미래지향적인 적극적 사회형성작용을 들고 있다.
22) 이동수, 미국에서의 법원의 행정법 해석, 토지공법연구 제57집, 한국토지공법학회, 2012,
   210면.
23) 박균성, 행정법론(상), 제19판, 박영사, 2020, 6면.

관한 법률을 제정하기 위한 작업이 법제처를 중심으로 이루어지고 있었고, 드디어 2021. 3. 23. 행정법총론격인 행정기본법이 법률 제17979호로 제정되고, 2021. 9. 24.부로 시행하게 되어 위와 같은 문제점은 많이 해소되었다고 할 수 있다.

그러나 행정기본법의 제정과 시행으로 모든 문제가 해결되었다고 할 수는 없으며 여전히 한계를 지니고 있다. 무엇보다도 이미 로마법 이래로 법체계가 확립된 민법 등과 같은 기본 법률과는 달리 행정법은 아직도 그 법체계가 확립되지 못한 채 여전히 형성(形成)되고 있는 법인 점에서,[24] 해석의 어려움이 더욱 가중되고 있다고 볼 수 있다.

다. 행정의 특징과 해석

행정 자체가 일정한 행정 목적을 달성하기 위한 계획과 집행의 과정이라는 점과 행정기관 입장에서는 행정 목적의 달성이나 신속한 행정처리 등을 위하여 상위 법령의 범위를 벗어나서 행정규칙이나 훈령 등을 제정하는 경우가 있다. 또한 헌법이나 법률 등 모법에서 위임 근거를 마련하지 않았음에도 불구하고 함부로 행정법규의 제정을 통하여 쉽게 행정 목적을 달성하려는 경향이 있다.

그러나 이는 행정의 법률유보원칙에 반하는 결과를 초래할 수 있으므로 극히 피하여야 할 자세이다. 이를 방기할 경우 사실상 행정부가 법을 제정하는 역할을 하게 되어 근대 통치권력의 대원칙인 삼권분립의 원칙과도 배치되는 결과를 초래하기 때문이다.

그러므로 행정법규를 해석함에 있어서는 단순히 법규범 상의 주어진 조문해석에 그쳐서는 아니 된다. 여기서 더 나아가 당해 행정관계 법규범이 헌법에 위반되거나 저촉되는 것은 아닌지, 행정입법이 위임 근거가 있는 상태에서 제정된 것인지, 그 내용이 헌법이나 법률의 내용에 반하는 것은 아닌지, 법률유보의 원칙을 침해하고 있는 것은 아닌지를 엄격한 기준으로 살펴볼 필요가 있다.

---

24) 박균성, 행정법론(상), 제19판, 박영사, 2020, 9면.

라. 행정법상의 일반원칙

1) 서설

행정법도 법의 한 부분이기에 민법 등 일반의 법이 갖고 있는 제반 법원칙이 그대로 적용된다. 그에 따라 행정법 해석을 함에 있어서는 이들 원칙이 훼손되지 않고, 잘 유지되도록 주의를 기울여야 한다. 또한 행정법은 일반법과는 달리 행정법에 특유한 법의 원칙이 있는바, 행정법의 해석에 있어서는 이들 특유의 법원칙의 정신이 살아 움직이는 해석을 하여야 한다. 행정법의 해석과 관련하여, 법의 일반원칙 중 신의성실의 원칙이 행정법 영역에도 적용되는지와 행정법의 특유한 법원칙 중의 하나인 부당결부금지의 원칙의 적용 여부에 대하여 살펴본다.

2) 신의성실의 원칙

앞서 민법의 대원칙인 신의성실의 원칙이 공법관계를 다루는 행정법 영역에서도 적용되는지가 문제된다. 권리의 행사와 의무의 이행에 있어서 신의에 좇아 성실하게 하여야 한다는 민법의 신의성실의 원칙은 모든 법의 일반원칙이라고 할 것이므로 행정법의 영역에도 신의성실의 원칙과 권리남용금지의 원칙이 적용된다고 볼 것이다.[25] 다만 일반 법률관계와 달리 행정법관계는 적법성 내지는 합법성의 원칙이 적용되기에 신의성실의 원칙을 적용함에 있어서는 사법관계(私法關係)에서 보다도 더욱 그 적용에 신중을 기하여야 할 것이다.

이는 구체적으로는 비록 신의성실의 원칙에는 반하지만, 관계 법령에는 합치하는 경우에 문제된다. 양자의 균형과 조화의 문제(이를 비교형량이라고 한다)이지만, 기본적으로는 적법성의 원칙을 상위에 두고 특수한 경우에 예외적으로 신의성실의 원칙을 적용하는 것으로 보아야 할 것이다. 판례도 이와 같은 입장을 취하고 있다.

신의성실의 원칙과 행정법상의 신뢰보호의 원칙과의 관계도 문제된다. 신뢰보호의 원칙이란 행정기관이 일정한 행정행위를 함에 있어 한 말이나, 서면

---

25) 박균성, 행정법론(상), 제19판, 박영사, 2020, 46면.

또는 행동이 그것을 받아들이는 국민이 이들 행위를 믿고 행동한 경우에(즉 행정기관이 일정한 신뢰를 주고, 국민이 이를 신뢰하고 행동한 경우에) 그 신뢰가 보호가치가 있다면 그 신뢰를 보호하여 주어야 한다는 원칙이다.

이러한 신뢰보호의 원칙의 법적 근거에 대하여는 행정법학계에서는 법치국가의 내용 중의 하나인 법적 안정성을 들고 있지만,[26] 이는 바로 민법상의 신의성실의 원칙의 한 영역이라고 할 것이므로 신의성실의 원칙에서 파생된 원칙이라고 할 것이다. 그러므로 신뢰보호의 원칙은 신의성실의 원칙의 한 모습으로 다루어져야 할 것이다.

다만, 2021년 제정된 행정기본법 제12조에서 신뢰보호의 원칙을 규정하여 이제 행정법 영역에서도 신뢰보호의 원칙은 실정법상 근거가 마련되었다.

판례

대법원 2013. 12. 26. 선고 2011두5940 판결 [등록세등부과처분취소]
조세법률관계에 있어서 신의성실의 원칙이나 신뢰보호의 원칙 또는 비과세 관행 존중의 원칙은 합법성의 원칙을 희생하여서라도 납세자의 신뢰를 보호함이 정의에 부합하는 것으로 인정되는 특별한 사정이 있을 경우에 한하여 적용되는 예외적인 법 원칙이다. 그러므로 과세관청의 행위에 대하여 신의성실의 원칙 또는 신뢰보호의 원칙을 적용하기 위해서는, 과세관청이 공적인 견해표명 등을 통하여 부여한 신뢰가 평균적인 납세자로 하여금 합리적이고 정당한 기대를 가지게 할 만한 것이어야 한다. 비록 과세관청이 질의회신 등을 통하여 어떤 견해를 표명하였다고 하더라도 그것이 중요한 사실관계와 법적인 쟁점을 제대로 드러내지 아니한 채 질의한 데 따른 것이라면 공적인 견해표명에 의하여 정당한 기대를 가지게 할 만한 신뢰가 부여된 경우라고 볼 수 없다.

3) 부당결부금지의 원칙

이는 행정청이 일정한 행정권을 행사함에 있어 당해 행정권과 직접적이 아니거나 실질적으로 관련이 없는 반대급부를 부당하게 결부시켜서는 아니 되

---

26) 박균성, 행정법론(상), 제19판, 박영사, 2020, 55면.

는 원칙을 말한다.27) 행정청은 주로 수익적 행정처분을 함에 있어 특정한 조건의 이행을 부관에 붙이는 형식으로 행정처분에 반대급부를 결부시키고 있다.

일정한 행정목적의 달성을 위하여 행정권을 행사하는 행정청의 입장에서는 당해 행정목적의 용이한 달성이나 신속한 달성, 혹은 공익을 이유로 실질적으로 관련이 없는 의무를 부과하거나 그 이행을 강제하는 내용의 행정규칙을 제정하거나 그러한 행정명령을 하는 경우가 있을 수 있다. 이를 방치할 경우 행정권이 자의적으로 흐르는 것을 방지할 수 없어 결국 국민의 권리보호에 영향을 주게 된다. 이러한 부작용을 방지하기 위하여 부당한 결부를 금지하는 부당결부의 원칙이 행정법에서는 적용되는 것이다.

그러므로 행정규칙 등의 해석에 있어서나, 행정작용의 적법 여부를 해석함에 있어서는 행정청이 부가적으로 과하는 의무나 제재 등이 부당결부금지의 원칙에 반하는 것은 아닌지 주의 깊게 검토할 필요가 있다.

부당결부를 하는 모습으로는 세금 체납 시, 기존의 인가나 허가를 취소하도록 하거나 인·허가를 제한하거나, 아파트 건설사업 등과 같은 주택사업계획 등의 승인처분과 같은 수익적 행정처분을 하면서 사업시행자로 하여금 도로나 공원의 개설이나 확장 등을 하고, 이를 행정기관에 귀속시키도록 하는 '기부채납' 등이 있다.

그러나 이러한 결부가 언제나 무효로 되는 것은 아니고, 합리적 범위 내라면, 얼마든지 가능하므로 특히 수익적 행정처분의 경우에는 그 부당성의 판단을 함에 있어서는 신중을 기할 필요가 있다. 그 결과 실제 대부분의 소송에서 법원은 부당결부의 금지에 해당한다고 보지 않거나, 비록 부당결부금지의 원칙에는 반하지만, 그 하자가 중대하거나 명백한 하자라고 보기 어렵다는 이유로 당연무효는 아닌 것으로 판결하고 있다.

부당결부금지의 원칙은 사실상 행정법상의 대원칙인 비례의 원칙과도 관련이 있어, 부당결부금지의 원칙을 논할 때는 비례의 원칙도 함께 논의되는 경우가 많이 있다.

부당결부금지의 원칙도 2021년 제정된 행정기본법에 규정되어, 실정법적 근거가 마련되었다.

27) 박균성, 행정법론(상), 제19판, 박영사, 2020, 68면.

판례

대법원 2009. 2. 12. 선고 2005다65500 판결 [약정금]

부당결부금지의 원칙이란 행정주체가 행정작용을 함에 있어서 상대방에게 이와 실질적인 관련이 없는 의무를 부과하거나 그 이행을 강제하여서는 아니 된다는 원칙을 말한다.[28)]

대법원 1996. 1. 23. 선고 95다3541 판결 [소유권이전등기말소]

아파트에 대한 준공검사를 받은 사실 등을 인정한 후, 관계법령의 규정 및 위에서 인정한 사실관계 등에 근거하여 서울특별시장이 이 사건 사업계획 승인을 함에 있어서 이 사건 부동산 등을 기부채납 하도록 조건으로 붙인 것은 아무런 법령상의 근거가 없을 뿐만 아니라 행정의 과잉금지 또는 비례의 원칙, 헌법상의 평등의 원칙, 신뢰보호의 원칙이나 부당결부금지의 원칙 등에 반하여 무효이고, 따라서 이에 기하여 원고가 피고에게 이 사건 부동산을 기부채납한 것 역시 무효이므로, 이 사건 부동산에 관하여 위 기부채납을 원인으로 하여 마쳐진 피고 앞으로의 위 소유권이전등기는 원인 없이 경료되어 무효라는 원고의 주장을 이유 없다고 배척하였다.

그러므로 원심의 조치가 정당한가를 살피건대 이 사건 기부채납의 조건은 행정행위의 부관 중 '부담'에 해당하는 것으로서, 그 조건에 원고의 주장과 같은 측면에서의 하자가 있다고 하더라도 사실관계가 원심이 확정한 바와 같은 한 그 하자는 이 사건 기부채납의 조건을 당연무효로 할 만한 사유에 해당한다고 볼 수는 없다고 할 것이고, 또 그와 같은 행정처분의 부관에 근거한 이 사건 기부채납 행위가 당연무효이거나 취소될 사유는 못된다 할 것인즉 원심판결이 이 사건 기부채납의 조건이 무효라는 원고의 주장을 모두 배척한 후 그 기부채납 조건이 무효임을 전제로 한 원고의 이 사건 청구를 기각한 조치는 그 설시 방법에 다소 차이가 있다 하더라도 그 결론에 있어서는 정당하다 할 것이다.

---

28) 그러나 위 판결에서도 "고속국도 관리청이 고속도로 부지와 접도구역에 송유관 매설을 허가하면서 상대방과 체결한 협약에 따라 송유관 시설을 이전하게 될 경우 그 비용을 상대방에게 부담하도록 하였고, 그 후 도로법 시행규칙이 개정되어 접도구역에는 관리청의 허가 없이도 송유관을 매설할 수 있게 된 사안에서, 위 협약이 효력을 상실하지 않을 뿐만 아니라 위 협약에 포함된 부관이 부당결부금지의 원칙에도 반하지 않는다"고 하여 부당결부금지의 원칙에 저촉되지 않는다고 판시하였다.

대법원 1997. 3. 11. 선고 96다49650 판결 [소유권이전등기말소]
수익적 행정행위에 있어서는 법령에 특별한 근거규정이 없다고 하더라도 그 부관으로서 부담을 붙일 수 있으나, 그러한 부담은 비례의 원칙, 부당결부금지의 원칙에 위반되지 않아야만 적법하다고 할 것이다. 기록에 의하면, 원고의 이 사건 토지 중 2,791㎡는 자동차전용도로로 도시계획시설결정이 된 광1류6호선에 편입된 토지이므로, 그 위에 도로개설을 하기 위하여는 소유자인 원고에게 보상금을 지급하고 소유권을 취득하여야 할 것임에도 불구하고, 소외 인천시장은 원고에게 주택사업계획승인을 하게 됨을 기화로 그 주택사업과는 아무런 관련이 없는 토지인 위 2,791㎡를 기부채납하도록 하는 부관을 위 주택사업계획승인에 붙인 사실이 인정되므로, 위 부관은 부당결부금지의 원칙에 위반되어 위법하다고 할 것이다.

그러나 기록에 의하면, 이 사건에서 인천시장이 승인한 원고의 주택사업계획은 금 109,300,000,000원의 사업비를 들여 아파트 1,744세대를 건축하는 상당히 큰 규모의 사업임에 반하여, 원고가 기부채납한 위 2,791㎡의 토지가액은 그 100분의 1 상당인 금 1,241,995,000원에 불과한 데다가, 원고가 그 동안 위 부관에 대하여 아무런 이의를 제기하지 아니하다가 인천시장이 업무착오로 위 2,791㎡의 토지에 대하여 보상협조요청서를 보내자 그 때서야 비로소 위 부관의 하자를 들고 나온 사실이 인정되는바, 이러한 사정에 비추어 볼 때 위 부관이 그 하자가 중대하고 명백하여 당연무효라고는 볼 수 없다 할 것이다.

대법원 1997. 3. 11. 선고 96다49650 판결 [소유권이전등기말소]
[1] 민법 제104조가 규정하는 현저히 공정을 잃은 법률행위라 함은 자기의 급부에 비하여 현저하게 균형을 잃은 반대급부를 하게 하여 부당한 재산적 이익을 얻는 행위를 의미하는 것이므로, 기부행위와 같이 아무런 대가관계 없이 당사자 일방이 상대방에게 일방적인 급부를 하는 법률행위는 그 공정성 여부를 논의할 수 있는 성질의 법률행위가 아니다.

[2] 수익적 행정행위에 있어서는 법령에 특별한 근거규정이 없다고 하더라도 그 부관으로서 부담을 붙일 수 있으나, 그러한 부담은 비례의 원칙, 부당결부금지의 원칙에 위반되지 않아야만 적법하다.

[3] 지방자치단체장이 사업자에게 주택사업계획승인을 하면서 그 주택사업과는 아무런 관련이 없는 토지를 기부채납하도록 하는 부관을 주택사업계획승인에 붙인 경우, 그 부관은 부당결부금지의 원칙에 위반되어 위법하지만, 지방

자치단체장이 승인한 사업자의 주택사업계획은 상당히 큰 규모의 사업임에
반하여, 사업자가 기부채납한 토지 가액은 그 100분의 1 상당의 금액에 불과
한 데다가, 사업자가 그동안 그 부관에 대하여 아무런 이의를 제기하지 아니
하다가 지방자치단체장이 업무착오로 기부채납한 토지에 대하여 보상협조요
청서를 보내자 그 때서야 비로소 부관의 하자를 들고 나온 사정에 비추어 볼
때 부관의 하자가 중대하고 명백하여 당연무효라고는 볼 수 없다고 한 사례.

마. 행정법규의 해석과 행정해석

　행정부는 행정행위를 함에 있어 관련 행정법규에 대한 해석을 하게 되고,
이는 유권해석 중 행정해석에 해당한다. 행정기관에 의한 행정해석은 앞서 설
명한 바와 같이 사법부를 기속하지 않는다. 따라서 사법부는 구체적인 사건에
서 행정법규를 해석할 때에 행정기관에 의한 해석에 구애되지 않고 독자적으
로 해석할 수 있다.

　그러나 행정기관에 의한 행정해석은 법집행기관으로서의 해석이기에 그
무게감이 결코 가볍지 않다고 할 것이다. 따라서 사법부로서도 직·간접적으
로 행정해석을 의식하지 않을 수 없다. 특히 사법기관이 침익적 행정행위가
아닌 수익적 내지 수혜적 성격의 행정행위에 대한 법령 위반 여부 등을 판단
함에 있어서는 가능한 한 법집행기관인 행정부의 입장을 존중하여야 하고, 이
를 쉽게 무시하여서는 아니 된다. 이 경우 그 영향력을 어느 정도까지 받을 것
인지가 문제된다.

　헌법재판소[29]는 "공무원의 초임호봉 획정에 있어 경력인정 여부는 헌법
에서 특별히 평등을 요구하는 영역이 아니고, 군 경력 중 일부를 공무원 경력
에 포함시켜 공무원 초임호봉 획정에 산입하도록 하는 것은 군 복무를 마친
자에 대해 일종의 혜택을 부여하는 수혜적 성격의 규정으로 입법부 내지 입법
부로부터 위임을 받은 행정부에게 광범위한 형성의 자유가 인정되는 영역이
다. 이러한 영역에서는 그 내용이 명백하게 불합리하거나 불공정하지 않는 한
입법부 내지 행정부의 판단은 존중되어야"한다고 보고 있다.

---

29) 헌법재판소 2016. 6. 30. 선고 2014헌마192 결정.

이 점과 관련하여, 미국에서의 논의 내용을 살펴보면, 법원에 의한 행정법규 해석의 기본은 객관적 접근법에 의한 문언주의적 해석론이 전통적 해석원리라고 할 것이지만, 관계 법령의 문자적 의미가 불명확한 경우에 있어서 객관적 접근법이 갖는 한계 극복을 위하여 법집행기관에 의한 해석에 신뢰를 부여하거나 실제적 행정 처리례를 해석의 중요 기준으로 채택하려는 경향이 대두되기도 하였다고 한다. 그러나 행정기관의 판단에 대한 의존과 존중은 나름 법해석에 합리성의 확인에 불과하여 일응 실용적이긴 하나 합법성의 확보를 궁극의 목적으로 삼아야할 법관의 입장에서는 신중을 요하는 일이기에 행정법해석에 있어서도 법원의 성실한 판단이 요구되게 되었다고 한다.[30]

바. 행정법규 해석례

다음은 행정법규의 실제 해석 사례이다. 「교원의 지위 향상 및 교육활동 보호를 위한 특별법(이하 교원지위법이라고 한다)」제10조 제3항에서는 처분권자는 소청 결정 취지에 따른 조치를 30일 이내에 하여야 하고 제10조의3에서는 처분권자가 상당 기간 동안 구제조치를 하지 않으면 관할청이 구제 명령을 내리도록 되어 있다. 이때 「교원지위법」제10조 제3항이 의미하는 '조치'의 성격이 문제된다. 먼저 이 법률에서 말하는 '조치'가 실행 완료뿐만 아니라 소청 결정 취지를 반영한 조치계획(실행착수)까지 포함된다고 하는 견해가 있을 수 있다(이하 '갑설'이라 한다). 다른 입장에서는 이 법률에서 말하는 '조치'는 엄격하게 소청결정에 따른 조치 완료로 보아야 한다는 견해가 있을 수 있다(이하 '을설'이라 한다).

[참조조문] [교원지위법]

제10조 (소청심사 결정 등) ① 심사위원회는 소청심사청구를 접수한 날부터 60일 이내에 이에 대한 결정을 하여야 한다. 다만, 심사위원회가 불가피하다고 인정하면 그 의결로 30일을 연장할 수 있다.

② 심사위원회는 다음 각 호의 구분에 따라 결정한다.

---

30) 자세한 것은 이동수, 미국에서의 법원의 행정법 해석, 토지공법연구 제57집, 한국토지공법학회, 2012, 210면 참조.

1. 심사 청구가 부적법한 경우에는 그 청구를 각하(却下)한다.

2. 심사 청구가 이유 없다고 인정하는 경우에는 그 청구를 기각(棄却)한다.

3. 처분의 취소 또는 변경을 구하는 심사 청구가 이유 있다고 인정하는 경우에는 처분을 취소 또는 변경하거나 처분권자에게 그 처분을 취소 또는 변경할 것을 명한다.

4. 처분의 효력 유무 또는 존재 여부에 대한 확인을 구하는 심사 청구가 이유 있다고 인정하는 경우에는 처분의 효력 유무 또는 존재 여부를 확인한다.

5. 위법 또는 부당한 거부처분이나 부작위에 대하여 의무 이행을 구하는 심사 청구가 이유 있다고 인정하는 경우에는 지체 없이 청구에 따른 처분을 하거나 처분을 할 것을 명한다.

③ 처분권자는 30일 이내에 제1항에 따른 결정의 취지에 따라 조치(이하 "구제조치"라 한다)를 하여야 하고, 그 결과를 심사위원회에 제출하여야 한다.

④ 제1항에 따른 심사위원회의 결정에 대하여 교원, 「사립학교법」제2조에 따른 학교법인 또는 사립학교 경영자 등 당사자(공공단체는 제외한다)는 그 결정서를 송달받은 날부터 30일 이내에 「행정소송법」으로 정하는 바에 따라 소송을 제기할 수 있다.

⑤ 제4항에 따른 기간 이내에 행정소송을 제기하지 아니하면 그 결정은 확정된다.

⑥ 소청심사의 청구ㆍ심사 및 결정 등 심사 절차에 관하여 필요한 사항은 대통령령으로 정한다.

제10조의2(결정의 효력) 심사위원회의 결정은 처분권자를 기속한다. 이 경우 제10조 제4항에 따른 행정소송 제기에 의하여 그 효력이 정지되지 아니한다.

제10조의3(구제명령) 교육부장관, 교육감 또는 관계 중앙행정기관의 장은 처분권자가 상당한 기일이 경과한 후에도 구제조치를 하지 아니하면, 그 이행기간을 정하여 서면으로 구제조치를 하도록 명하여야 한다.

그렇다면 「교원지위법」 제10조 제3항이 의미하는 '조치'는 무엇인가. 기본적으로 단순히 문언적으로만 본다면, 「교원지위법」 제10조 제3항에서 말하는 '소청 결정 취지에 따른 조치'는 을설과 같이 엄격하게 보아 소청결정에 따른 조치 완료로 볼 수 있다. 그러나 「교원지위법」 전체를 체계적ㆍ논리적으로 해석한다면, 갑설과 같이 단순한 실행 완료뿐만 아니라 소청결정 취지가 반영된 조치계획까지 포함된다고 해석할 수 있다.

이는 다음과 같은 이유와 근거에 기인한다. 먼저 「교원지위법」은 소청결정과 구제조치를 분명히 구별하여 사용하고 있음을 알 수 있다. 즉 「교원지위법」 제10조 제3항에서는 "결정의 취지에 따라 조치(이하 "구제조치"라 한다)를 하여야 하고, 그 결과를 심사위원회에 제출하여야 한다."라고 하고 있으며, 같은 조 제4항에서는 심사위원회의 '결정'에 대하여 30일 이내에 소송을 제기할 수 있다고 규정하고 있는 점, 무엇보다도 제10조의2(결정의효력)에서는 심사위원회의 '결정'은 처분권자를 기속한다고 하면서, 이어서 바로 제10조의3(구제명령)에서는 교육부장관 등은 처분권자가 상당한 기일이 경과한 후에도 구제조치(이는 제10조 제3항의 '결정의 취지에 따른 조치'를 의미)를 하지 아니하면 그 이행기간을 정하여 서면으로 구제조치를 하도록 명하여야 한다고 규정하고 있다는 점이다.

이는 바로 교원지위법은 '결정'과 '구제조치'를 명백하게 구별하고 있음을 전제로 규정하고 있다고 할 것이다. 그렇게 볼 경우 제10조의3의 구제조치 미이행에서의 구제조치란 단순히 교원소청심사위원회의 결정을 이행한 것에 그치지 않고 좀 더 넓은 것을 포함한다고 볼 수 있다. 따라서 「교원지위법」 제10조의3에서의 구제조치는 결정의 이행뿐만 아니라 소청 결정 취지를 반영한 조치계획 등을 포함하는 넓은 개념으로 해석할 수 있다.

만일 이렇게 해석하지 않고 을설과 같이 구제조치를 소청결정에 따른 조치로만 본다면, 굳이 법에서 소청 결정과 구제조치를 구별하여 규정할 필요가 전혀 없을 것이다.

즉 "결정의 취지에 따른 조치"라고 표현하지 않고 단순히 "결정을 이행하여야 하고"라고 표현하거나 "결정을 이행하지 아니하면"으로 표현해도 족할 것이다. 이러한 점을 종합적으로 고려한다면, 갑설로의 해석 가능성이 있다고 볼 수 있는 것이다.

사. 행정법 해석시 주의점

시행령 등 각종 행정법규를 해석할 때 당해 행정법규가 모법인 법률에서의 위임규정이 없거나 법률의 집행에 관한 규정이 아님에도 일정 내용이 규정되어 있어 법률유보의 원칙을 침해하였는지 여부를 유심히 살펴볼 필요가 있다. 만일 시행령 등의 내용이 법률유보의 원칙에 반한다고 해석될 때에는 당해 시행령은 당연 무효이고 그에 터잡아 이루어진 행정처분 역시 법적 근거 없이 이루어진 처분이어서 당연 무효의 처분이 된다.

판례

대법원 2020. 9. 3. 선고 2016두32992 전원합의체 판결 [법외노조통보처분취소]
법외노조 통보는 적법하게 설립된 노동조합의 법적 지위를 박탈하는 중대한 침익적 처분으로서 원칙적으로 국민의 대표자인 입법자가 스스로 형식적 법률로써 규정하여야 할 사항이고, 행정입법으로 이를 규정하기 위하여는 반드시 법률의 명시적이고 구체적인 위임이 있어야 한다. 그런데 노동조합 및 노동관계조정법 시행령(이하 '노동조합법 시행령'이라 한다) 제9조 제2항은 법률의 위임 없이 법률이 정하지 아니한 법외노조 통보에 관하여 규정함으로써 헌법상 노동3권을 본질적으로 제한하고 있으므로 그 자체로 무효이다.

5. 형법의 해석원리와 특징

가. 죄형법정주의와 유추해석

다른 법률과 비교하여 볼 때 형법의 가장 큰 특징은 죄형법정주의이다. 어떠한 행위가 범죄로 되고, 범죄행위가 될 경우에 어떤 종류의 형벌과 어느 정도의 형벌을 받을 것인가를 미리 성문(成文) 법률로써 정해놓아야 한다는 원리를 죄형법정주의라고 한다. 이는 국가형벌권의 자의적 행사로부터 개인의 자유와 재산을 보호하기 위하여 인정되는 형법의 최고원리라고 할 수 있다.[31]

즉 어떠한 행위가 범죄로 되는지, 당해 범죄를 저지르면 어떠한 형벌을 받을 것인지를 미리 법률로써 규정하여 놓아야 하고, 그렇지 못할 경우에는 그 어떠한 행위라도, 설사 당해 행위가 아무리 비난 가능성이 높다 할지라도, 함부로 처벌할 수 없고, 아무리 범죄자의 행위에 대한 처벌 필요성이 높다 할지라도 법에 정한 형벌 이상으로는 형벌을 과할 수 없다는 원칙이 바로 죄형법정주의이다. 요약하면, 법률 없으면 범죄 없고, 법률 없으면 형벌도 없다는

---

31) 이재상 외 2인, 형법총론, 박영사, 2017, 11면.

원리로서 마치 조세의 경우에 법률로써 규정할 필요가 있다는 조세법률주의와 같은 선 상의 이념 표시라고 할 수 있을 것이다.

이러한 죄형법정주의는 단순히 형법이라는 법률 차원에서 인정되는 것이 아니라 헌법상 인정되는 최고원리이다. 즉 헌법 제13조 제1항은 "모든 국민은 행위시의 법률에 의하여 범죄를 구성하지 아니하는 행위로 소추되지 아니하며" 라고 하여 우리 헌법은 죄형법정주의의 이념을 헌법상의 원리로 규정하고 있다.

그러므로 형법을 해석함에 있어서는 특히 형법 각론 상의 각종 범죄의 구성요건 해당성을 해석함에 있어서는 죄형법정주의의 원리가 훼손되지 않도록 주의를 기울일 필요가 있다. 특히 죄형법정주의의 가장 중요한 원칙인 명확성의 원칙에 따라 법률에 명확하게 규정한 것이 아닌 한 이를 가지고 범죄에 해당한다고 볼 수 없다는 점을 유념하여야 한다. 그렇기 때문에 앞의 각종 해석방법론을 설명함에 있어 살펴본 유추해석이 형법 해석에 있어서 허용되지 않고, 확장해석도 원칙적으로 금지된다고 할 것이고, 설사 허용된다 할지라도 극히 제한적으로만 허용된다고 보는 이유가 바로 여기에 있다고 할 수 있다.[32]

그러나 실제 형법해석에 있어서 어디까지가 문언의 가능한 범위내의 해석인지, 확장해석이나 유추해석과 문언해석의 경계가 어디인지 판단하는 일은 결코 쉽지 않은 작업이다. 형법상 명예훼손죄의 구성요건인 '공연성'과 관련하여 비록 다수가 아닌 소수의 사람에게 명예훼손에 해당하는 사실을 적시하였다 할지라도 그것이 다수의 사람에게 전파될 가능성이 있는 경우에도 공연성이 충족되어 명예훼손죄가 성립할 것인가에 관한 다음의 대법원 판결은 형법해석 문제가 얼마나 어려운 일인지를 여실히 보여주는 판례이다.

판례

대법원 2020. 11. 19. 선고 2020도5813 전원합의체 판결 [상해 · 명예훼손 · 폭행]
[다수의견] 대법원은 명예훼손죄의 공연성에 관하여 개별적으로 소수의 사람에게 사실을 적시하였더라도 그 상대방이 불특정 또는 다수인에게 적시된 사실을

---

32) 이재상 외 2인, 형법총론, 박영사, 2017, 32 – 33면.

전파할 가능성이 있는 때에는 공연성이 인정된다고 일관되게 판시하여, 이른바 전파가능성 이론은 공연성에 관한 확립된 법리로 정착되었다. 이러한 법리는 정보통신망 이용촉진 및 정보보호 등에 관한 법률(이하 '정보통신망법'이라 한다)상 정보통신망을 이용한 명예훼손이나 공직선거법상 후보자비방죄 등의 공연성 판단에도 동일하게 적용되어, 적시한 사실이 허위인지 여부나 특별법상 명예훼손 행위인지 여부에 관계없이 명예훼손 범죄의 공연성에 관한 대법원 판례의 기본적 법리로 적용되어 왔다.

(중략)

공연성에 관한 전파가능성 법리는 대법원이 오랜 시간에 걸쳐 발전시켜 온 것으로서 현재에도 여전히 법리적으로나 현실적인 측면에 비추어 타당하므로 유지되어야 한다. 대법원 판례와 재판 실무는 전파가능성 법리를 제한 없이 적용할 경우 공연성 요건이 무의미하게 되고 처벌이 확대되게 되어 표현의 자유가 위축될 우려가 있다는 점을 고려하여, 전파가능성의 구체적·객관적인 적용 기준을 세우고, 피고인의 범의를 엄격히 보거나 적시의 상대방과 피고인 또는 피해자의 관계에 따라 전파가능성을 부정하는 등 판단 기준을 사례별로 유형화하면서 전파가능성에 대한 인식이 필요함을 전제로 전파가능성 법리를 적용함으로써 공연성을 엄격하게 인정하여 왔다.

[대법관 김재형, 대법관 안철상, 대법관 김선수의 반대의견] 다수의견은 명예훼손죄의 구성요건인 '공연성'에 관하여 전파가능성 법리를 유지하고자 한다. 그러나 명예훼손죄에서 말하는 공연성은 전파가능성을 포섭할 수 없는 개념이다. 형법 제307조 제1항, 제2항에 규정된 공연성은 불특정 또는 다수인이 직접 인식할 수 있는 상태를 가리키는 것이고, 특정 개인이나 소수에게 말하여 이로부터 불특정 또는 다수인에게 전파될 가능성이 있다고 하더라도 공연성 요건을 충족한다고 볼 수 없다. 다수의견은 범죄구성요건을 확장하여 적용함으로써 형법이 예정한 범주를 벗어나 형사처벌을 하는 것으로서 죄형법정주의와 형법해석의 원칙에 반하여 찬성할 수 없다. 전파가능성 법리를 이유로 공연성을 인정한 대법원판결들은 변경되어야 한다.

나. 형법이론과 해석

형법은 범죄와 형벌을 규정한 법률이기에 형법이론도 크게 보아 범죄론과 형벌론으로 구성되어 있다고 할 수 있다. 그에 따라 범죄론과 형벌론에 기초한 독자적인 형법 해석원리가 존재하게 된다.

1) 형벌론과 법해석

가) 형벌론

이는 형벌의 본질과 목적이 무엇인가를 규명하고자 하는 형법이론이다. 즉 과연 형벌의 본질은 무엇이고, 형벌을 과하는 근본 목적이 무엇인가를 다루는 이론이 바로 형벌론이라고 할 수 있다.

형벌론은 크게 응보형주의와 목적형주의로 나뉜다. 응보형주의란 형벌의 본질 내지 목적은 범죄를 저지른 것에 대한 정당한 응보(應報)라는 주의를 말한다. 즉 응보형주의는 범죄는 악한(잘못된) 행위이므로 그 잘못을 범한 자에게 그에 상응한 벌(罰)을 과하는 것이 정의의 관념에 적합하다는 사상에 기초하고 있다.[33]

이에 의할 경우 형벌의 본질은 응보에 있고, 형벌 그 자체는 악행에 대한 보복으로서의 고통을 과하는 것으로 해석하게 된다.

응보형주의는 잘못에 상응한 형벌만을 과할 수 있게 되어 과도한 형벌권의 행사로부터 개인을 보호하는, 즉 잘못에 상응한 책임만을 진다는 책임주의 원칙이 도출되는 가치를 지니고 있다. 그러나 응보형주의는 궁극적으로 형벌의 목적에 관한 이론이 아니라 형벌 목적을 제한하는 기능을 가진다는 점과 법질서를 지키고 법익을 보호하는 것이야말로 형벌의 목적이라는 근본 취지를 설명하지 못한다는 비판이 제기될 수 있다.

이에 반하여 목적형주의는 형벌의 의미 내지 목적은 응보가 아니라 장래의 범죄를 예방하는 데에 있다는 주의이다.[34] 즉 형벌은 형벌 그 자체가 목적이 아니라 범죄를 방지하기 위한 목적에서 나오는 예방적 수단에 불과하다는 입장이다.[35]

---

33) 이재상 외 2인, 형법총론, 박영사, 2017, 52면.

34) 이에는 다시 형벌을 사회에 대하여 가하는 작용의 측면에서 일반인이 범죄를 저지르지 못하게 하기 위한 것으로 이해하는 일반예방주의와 범죄인 자신이 두 번 다시 범죄를 저지르지 못하게 예방하기 위한 것이라는 특별예방주의로 나뉜다(자세한 것은 이재상 외 2인, 형법총론, 박영사, 2017, 55-61면 참조).

목적형주의는 형벌을 과하는 목적을 나름 충실히 설명할 수 있는 장점을 갖고 있다. 그러나 인간의 의식, 무의식 속에는 분명히 악행이나 잘못에 대한 대가로서의 형벌의 존재가치가 있다는 점에 대한, 즉 응보의 감정이 있다는 점에 대한 설명이 부족하다는 한계를 지니고 있다.

나) 형벌론에 기초한 형법해석

형법을 해석함에 있어서는 위와 같은 형벌론에 기초한 해석을 할 필요가 있다. 그러나 각 형벌론은 일면의 진실만을 담고 있고, 그 자체로 완전한 이론이 될 수 없으므로 어느 하나의 주의나 이론에 치우칠 것이 아니라 각 주의와 이론을 균형있게 조절하면서 종합적이고도 체계적으로 형법을 해석할 필요가 있다.

따라서 형법을 해석함에 있어서는 응보형주의와 목적형주의, 일반예방과 특별예방 모두 일면의 타당성만을 갖고 있을 뿐 어느 것 하나 완전한 것이 아니라는 점을 염두에 두고, 이들 이론의 장점을 결합하고 대립을 극복하는 방향에서 형벌의 본질이나 목적을 해석하여야 한다.[36]

2) 범죄론과 형법해석

가) 범죄론

이는 형벌의 부과 대상인 악행, 즉 범죄의 본질에 관한 형법이론을 말한다. 즉 범죄는 크게 잘못을 범한다는 일정한 의사와 그에 따른 행위로 구성되어 있는데, 이중 어느 것에 중점을 둘 것인가의 문제이다.

먼저 범죄로 드러난 일정한 행위에 중점을 두는 입장이 있다. 즉 형벌의 종류와 형량을 정함에 있어서는 범죄자가 범행 당시 갖고 있던 내면의 의사가 아니라, 겉으로 드러난 행위의 결과에 중점을 두어야 한다는 주의로, 객관주의라고 부른다.

이에 반하여 주관주의는 행위가 아니라 그 이면에 내재된 범죄자의 의사 내지는 악성에 중점을 두어야 한다는 입장이다. 즉 범죄인의 반사회성의 징표가 바로 범죄라는 입장이다. 객관주의가 국가형벌권의 행사를 제한하여 인권

---

35) 이재상 외 2인, 형법총론, 박영사, 2017, 55면.
36) 이재상 외 2인, 형법총론, 박영사, 2017, 62면.

을 보장하는 기능을 수행한다고 볼 수 있다면, 주관주의는 개인의 자유 보장을 위협할 수 있다는 한계를 지니고 있다고 볼 수 있다.[37]

나) 범죄론에 기초한 형법해석의 특징

사실상 형법의 해석은 범죄론에 기초하여 이루어지고 있다고 하여도 과언이 아니다. 즉 형법의 해석에 있어서 학설이 갈리는 가장 큰 기둥이 바로 주관주의와 객관주의의 대립에 기초하고 있다고 할 수 있다. 그리고 이러한 대립은 민법 등 다른 법에서보다도 더욱 도드라지고 형법의 처음부터 마지막까지 일관되게 유지된다는 점에서 다른 법과 구별되는 형법해석의 특징이라고 할 수 있다.

이를 좀 더 구체적으로 살펴보면 다음과 같다.[38] 먼저 구성요건적 사실의 인식과 발생한 결과가 일치하지 않는 문제인 사실의 착오론에 있어서 객관주의는 구체적 부합설이나 법정적 부합설을, 행위자의 의사에 중점을 두는 주관주의에서는 추상적 부합설을 취하게 된다.

다음으로 형법의 가장 중요한 원칙 중 하나인 책임주의와 관련하여서도 양 주의의 차이가 드러난다. 즉 주관주의는 결정론적 입장에서 사회적 책임론을, 객관주의는 행위자의 자유의사를 전제로 하여 도의적 책임 내지는 개인적 책임론을 취하게 된다.

또한 범죄가 완성되지 않은, 즉 범죄구성요건을 완전히 충족하지 못한 미수(未遂)범을 어떻게 취급한 것인가에 있어서도 차이가 있다. 즉 객관주의는 당연히 행위에 따른 범죄의 객관적 결과를 중시하기에 미수를 기수(旣遂)와 구별하여 취급할 필요가 있다고 보게 된다. 이에 반하여 결과가 아닌 행위자의 사회적 악성을 중시하는 주관주의 입장에서는 비록 미수라 할지라도 당해 범죄행위를 통하여 사회적 악성이 표출되었다는 점에서는 기수범과 아무런 차이가 없으므로 미수범을 기수범과 분리하여 따로 취급할 필요가 없다는 입장에 서게 된다.

2인 이상이 범행에 가담하는 형태인 공범(共犯)을 어떻게 볼 것인지에 대하여도 양 주의에 차이가 있다. 주관주의에서는 각자의 위험성이 드러나기만

---

37) 이재상 외 2인, 형법총론, 박영사, 2017, 63면.
38) 이하 자세한 내용은 이재상 외 2인, 형법총론, 박영사, 2017, 64-65면 참조.

하면 족하다는 행위공동설을, 객관주의는 공범은 범죄를 공동으로 하여야 한다는 범죄공동설의 입장에 서게 된다.

마지막으로 죄가 하나인지 복수인지와 같은 죄의 숫자를 논하는 죄수론(罪數論)에 있어서도 객관주의는 외부로 드러난 행위의 개수나 침해된 법익의 개수, 구성요건에 해당하는 개수를 표준으로 하여 죄의 숫자를 논한다. 반면에 주관주의에서는 의사의 개수에 따라 죄수를 판단하는 의사표준설을 취하게 된다.

3) 형법해석

이처럼 형법을 해석함에 있어서는 죄형법정주의의 정신에 따라 엄격하게 해석하여야 하고 문언해석에 한정되고 유추해석을 해서는 안 된다는 점을 강조한 판결이 있다.

판례

대법원 2021. 1. 21. 선고 2018도5475 전원합의체 판결 [특수상해미수 · 폭행]
[다수의견] 필요적 감경의 경우에는 감경사유의 존재가 인정되면 반드시 형법 제55조 제1항에 따른 법률상 감경을 하여야 함에 반해, 임의적 감경의 경우에는 감경사유의 존재가 인정되더라도 법관이 형법 제55조 제1항에 따른 법률상 감경을 할 수도 있고 하지 않을 수도 있다. 나아가 임의적 감경사유의 존재가 인정되고 법관이 그에 따라 징역형에 대해 법률상 감경을 하는 이상 형법 제55조 제1항 제3호에 따라 상한과 하한을 모두 2분의 1로 감경한다. 이러한 현재 판례와 실무의 해석은 여전히 타당하다. 구체적인 이유는 다음과 같다.
① 형법은 필요적 감경의 경우에는 문언상 형을 '감경한다.'라고 표현하고, 임의적 감경의 경우에는 작량감경과 마찬가지로 문언상 형을 '감경할 수 있다.'라고 표현하고 있다. '할 수 있다.'는 말은 어떠한 명제에 대한 가능성이나 일반적인 능력을 나타내는 말로서 '하지 않을 수도 있다.'는 의미를 포함한다. '할 수 있다.'는 문언의 의미에 비추어 보면 입법자는 임의적 감경의 경우 정황 등에 따라 형을 감경하거나 감경하지 않을 수 있도록 한 것이고 그 권한 내지 재량을 법관에게 부여한 것이다. 이러한 해석은 문언상 자연스러울 뿐만 아니라 일상의 언어 사용에 가까운 것으로 누구나 쉽게 이해할 수 있다. 법문과 입법자의 의사에 부합하는 이상, 죄형법정주의 원칙상 허용되지 않는 유추해석에 해당하지도 않는다.

한편 형법 제55조 제1항은 형벌의 종류에 따라 법률상 감경의 방법을 규정하고 있는데, 형법 제55조 제1항 제3호는 "유기징역 또는 유기금고를 감경할 때에는 그 형기의 2분의 1로 한다."라고 규정하고 있다. 이와 같이 유기징역형을 감경할 경우에는 '단기'나 '장기'의 어느 하나만 2분의 1로 감경하는 것이 아니라 '형기' 즉 법정형의 장기와 단기를 모두 2분의 1로 감경함을 의미한다는 것은 법문상 명확하다. 처단형은 선고형의 최종적인 기준이 되므로 그 범위는 법률에 따라서 엄격하게 정하여야 하고, 별도의 명시적인 규정이 없는 이상 형법 제56조에서 열거하고 있는 가중·감경할 사유에 해당하지 않는 다른 성질의 감경사유를 인정할 수는 없다. 따라서 유기징역형에 대한 법률상 감경을 하면서 형법 제55조 제1항 제3호에서 정한 것과 같이 장기와 단기를 모두 2분의 1로 감경하는 것이 아닌 장기 또는 단기 중 어느 하나만을 2분의 1로 감경하는 방식이나 2분의 1보다 넓은 범위의 감경을 하는 방식 등은 죄형법정주의 원칙상 허용될 수 없다.

② 법률상 감경사유는 구성요건해당성, 위법성, 책임 등 범죄의 성립요건과 관련이 있거나 불법의 정도나 보호법익의 침해 정도 등과 관련 있는 사유들이 대부분이다. 입법자는 범죄의 성립 및 처벌과 관련된 중요한 사항들을 법률상 감경의 요건으로 정한 뒤 해당 요건이 범죄의 성립 또는 처벌 범위의 결정에 일반적으로 미치는 영향이나 중요성을 종합적으로 고려하여 필요적 감경, 임의적 감경으로 구별하여 규정하였다.

위와 같이 필요적 감경사유와 임의적 감경사유가 구별되어 규정되어 있는 취지를 고려하면 그 법률효과도 명확히 구별되어야 한다.

[대법관 이기택의 별개의견] 임의적 감경은 다음과 같이 새롭게 해석되어야 한다 (이하 '새로운 해석론'이라 한다).

다수의견은 '할 수 있다.'는 문언에 비추어 그 의미가 '하거나 하지 않을 수 있는 재량 내지 권한'이라고 해석하는 것이 타당하다고 주장하나 '할 수 있다.'라는 말은 문맥에 따라 추측, 능력, 가능성, 허가 등 다양한 의미를 나타내지만 그 기저에는 '잠재적 혹은 실제적 가능성'의 의미로 수렴한다.

이와 같이 '할 수 있다.'의 의미가 다의적으로 해석되는 이상, 이를 입법자의 의사에 최대한 부합되게 해석해야 한다. '할 수 있다.'는 것은 감경을 '하는 경우의 범위'와 '하지 않는 경우의 범위' 모두에 걸쳐서 선고형을 정할 수 있다는 의미로 보아야 한다. 즉 감경을 하는 경우와 하지 않는 경우가 모두 가능하다는 점을 고려하여 두 경우의 범위를 합하여 처단형을 정하여야 한다. 그렇다면 감경을 하지 않은 범위의 상한과 감경을 한 범위의 하한 사이의 범위가 임의적 감경의 처단형 범위가 된다. 이를 간단히 법정형의 하한만 감경된다고 이해할 수도 있다.
새로운 해석론에 따른 임의적 감경 방식은 법관의 재량이 개입할 여지가 없이 감경한 구간과 감경하지 않은 구간을 합한 영역이 처단형 범위로 '당연확정'되고, 그에 따라 처단형의 범위는 감경하지 않은 구간의 상한과 감경한 구간의 하한이라고 보는 것이다. 결과적으로는 법정형의 하한만 2분의 1로 감경하는 것과 동일한 결론에 이른다.

6. 형사소송법의 지도이념과 해석원리

가. 형사소송법의 목적과 지도이념

형법은 무엇이 범죄인지를 확정하고(이것이 일종의 법률요건이다), 그 법률효과로써 형벌을 부과하는 국가법규범이라고 할 수 있다. 이에 비하여 형사소송법은 범죄가 저질러졌음을 이유로 하여 범죄인에게 형벌을 과하는 경우에 이 범죄와 형벌을 동여매는 고리가 필요한바, 이 고리를 절차라고 하며, 이러한 절차에 관한 법이라고 정의할 수 있다. 이를 좀 더 학문적으로 표현하면, 실체법으로서의 형법의 구체적 실현을 위한 절차를 정한 법을 형사소송법이라고 정의할 수 있다.[39]

그에 따라 형사소송법의 목적은 형법의 구체적 실현이라고 하는 목적을 달성함에 있다고 할 것인바, 이러한 목적을 달성하기 위하여는 지도이념이 필요하다. 이러한 형사소송법의 지도이념으로는 수사와 재판을 받는 피의자나 피고인 등에게 적정한 절차를 보장하는 한편 사건의 진상을 가능한 한 정확하게 밝히는 데에 있다고 할 수 있다.[40]

나. 형사소송법의 해석원리

형사소송법의 해석에 있어서는 이러한 형사소송법의 지도이념이 잘 구현

---

39) 강구진, 형사소송법원론, 학연사, 1982, 2면.
40) 강구진, 형사소송법원론, 학연사, 1982, 22-23면.

되도록 하는 데에 초점을 맞출 필요가 있다. 결국 실체적 진실 발견과 피의자 등의 인권보호가 형사소송법 해석의 양대 기준이라고 할 수 있다. 그러나 양자는 조화되기 보다는 상호 충돌하는 경우가 많이 있을 수 있는바, 양자를 조화시키는 작업이 형사소송법 해석의 가장 큰 과제라고 할 수 있다.

즉 적법한 절차와 피의자 등의 인권보장을 통하여 사건의 실체적 진실에 가까이 갈 수 있는 반면에, 적정한 절차의 보장 등으로 인하여 실체적 진실이 가려지는 문제점이 발생하는바, 이 양자의 조화야말로 형사소송법을 해석함에 있어 항상 염두에 두어야 할 이념이다. 그러나 양자의 조화가 어려운 경우에는 결국 실체적 진실보다는 적법절차의 보장에 맞춘 해석원리가 작용된다고 할 것이다. 판례도 같은 입장이다.

판례

대법원 2019. 11. 21. 선고 2018도13945 전원합의체 판결 [마약류관리에관한 법률위반(향정)]

[다수의견] 수사기관에서 진술한 참고인이 법정에서 증언을 거부하여 피고인이 반대신문을 하지 못한 경우에는 정당하게 증언거부권을 행사한 것이 아니라도, 피고인이 증인의 증언거부 상황을 초래하였다는 등의 특별한 사정이 없는 한 형사소송법 제314조의 '그 밖에 이에 준하는 사유로 인하여 진술할 수 없는 때'에 해당하지 않는다고 보아야 한다. 따라서 증인이 정당하게 증언거부권을 행사하여 증언을 거부한 경우와 마찬가지로 수사기관에서 그 증인의 진술을 기재한 서류는 증거능력이 없다.

다만 피고인이 증인의 증언거부 상황을 초래하였다는 등의 특별한 사정이 있는 경우에는 형사소송법 제314조의 적용을 배제할 이유가 없다. 이러한 경우까지 형사소송법 제314조의 '그 밖에 이에 준하는 사유로 인하여 진술할 수 없는 때'에 해당하지 않는다고 보면 사건의 실체에 대한 심증 형성은 법관의 면전에서 본래증거에 대한 반대신문이 보장된 증거조사를 통하여 이루어져야 한다는 실질적 직접심리주의와 전문법칙에 대하여 예외를 정한 형사소송법 제314조의 취지에 반하고 정의의 관념에도 맞지 않기 때문이다.

대법원 1982. 9. 14. 선고 82도1479 전원합의체 판결 [살인 · 상해 · 폭력행위

등처벌에관한법률위반]

[다수의견] 증거능력의 부여에 있어서 검사이외의 수사기관작성의 피의자 신문조서에 엄격한 요건을 요구한 취지는 그 신문에 있어서 있을지도 모르는 개인의 기본적 인권보장의 결여를 방지하려는 입법정책적 고려라고 할 것이고, 피의자가 작성한 진술서에 대하여 그 성립만 인정되면 증거로 할 수 있고 그 이외에 기재내용의 인정이나 신빙성을 그 요건으로 하지 아니한 취지는 피고인의 자백이나 불이익한 사실의 승인은 재현불가능이 많고 또한 진술거부권이 있음에도 불구하고 자기에게 불이익한 사실을 진술하는 것은 진실성이 강하다는 데에 입법적 근거를 둔 것이다.

따라서 위와 같은 형사소송법 규정들의 입법취지 그리고 공익의 유지와 개인의 기본적 인권의 보장이라는 형사소송법의 기본이념들을 종합고찰하여 볼 때, 사법경찰관이 피의자를 조사하는 과정에서 형사소송법 제244조에 의하여 피의자신문조서에 기재됨이 마땅한 피의자의 진술내용을 진술서의 형식으로 피의자로 하여금 기하여 제출케 한 경우에는 그 진술성의 증거능력 유무는 검사이외의 수사기관이 작성한 피의자 신문조서와 마찬가지로 형사소송법 제312조 제2항에 따라 결정되어야 할 것이고 동법 제313조 제1항 본문에 따라 결정할 것이 아니다.

다. 형사소송법 해석과 형법

위에서 살펴본 바와 같이 절차법인 형사소송법은 실체법인 형법의 적정한 적용과 그것의 구체적 실현을 목적으로 하는 법인 점에 비추어 형사소송법을 해석함에 있어서는 특별한 사정이 없는 한 형법의 규정 취지에 충실하게 따를 필요가 있다. 비록 소수의견이기는 하지만 이 점을 지적하는 아래의 대법원 판결은 의미 있는 판시라고 할 것이다.

판례

대법원 1992. 1. 21. 선고 91도1402 전원합의체 판결 [부녀매매]
형사소송법은 형사소송절차를 규율하는 법으로서, 실체법인 형벌법규의 적정한 적용 및 그 구체적 실현을 목적으로 하는 절차에 관한 법이므로, 이를 해석·적용할 때에는 특별한 사정이 없는 한 그 실체법인 형벌법 규정의 취지에 충실하게 따라야 할 것이다.

형법 제37조 전단의 경합범으로 기소된 수개의 죄가 다같이 유죄로 판단되는 경우, 형법은 그 제38조 제1항 제2호에서 단일한 형으로 처벌한다는 원칙을 규정하고 있으므로, 이 사건 부녀매매죄와 윤락행위방지법위반죄가 모두 유죄라면 법원으로서는 위 형법규정에 따라 피고인을 단일한 형으로 처벌하여야 하고 (위 전부파기설이 지적하고 있는 형사소송법 및 동 규칙의 여러 규정들도 바로 위 형법규정의 원칙을 형사소송절차에서 실현하기 위한 조치들이라고 해석된다), 나아가 경합범관계에 있는 수개의 죄 중 일부에 대하여 무죄가 선고된 경우 그 무죄 부분이 파기되는 때에는 유죄 부분과 합하여 단일한 형으로 처단하게 함이 위 원칙에 부합하는 것이라 할 것이다.

이러한 형법 규정의 취지에 비추어, 형사소송법 제342조 제2항을 해석함에 있어 일부 무죄판결의 무죄 부분에 대하여만 상소가 제기된 경우에 그와 경합범관계에 있는 유죄 부분도 과형상 불가분 관계에 있는 것으로서 당연히 상소의 효력이 미친다고 새기는 것이 절차법인 형사소송법과 실체법인 형법의 관계에도 적합한 해석방법이라 할 것이고, 일부 파기설과 같이 형사소송법 특유의 산술적인 일부 상소 이론만으로 위 형법규정의 원칙에 배치되는 결론을 이끌어낼 수는 없다 할 것이다.

대법원 1992. 1. 21. 선고 91도1402 전원합의체 판결 [부녀매매]

형사소송법은 절차법으로서 실체법인 형법의 범죄의 성립요건과 그에 대한 법률효과로서의 형벌을 구체적인 사건에 적용하는 법이라는 점에서 형법의 해석을 떠나서 독자적으로 존재할 수는 없다. 즉 형사소송법을 해석함에 있어서는 형법의 해석을 염두에 두면서 가급적 양 자가 조화되도록 해석할 필요가 있다. 비록 소수의견이기는 하지만 대법원에서도 이점을 강조하고 있다.

[반대의견에 대한 보충의견]

형사소송법의 해석 적용에 있어서 특별한 사정이 없는 한 실체법인 형법의 규정의 취지에 충실히 따라야 할 것인바 형법 제37조 전단의 경합범으로 기소된 수개의 죄가 다같이 유죄로 판단되는 경우 형법은 제38조 제1항 제2호에서 단일한 형으로 처벌한다는 원칙을 규정하고 있는 취지에 비추어 형사소송법 제342조 제2항을 해석함에 있어 일부 무죄판결의 무죄 부분에 대하여만 상소가 제기된 경

우에 그와 경합범관계에 있는 유죄 부분도 과형상 불가분관계에 있는 것으로서
당연히 상소의 효력이 미친다고 새겨 무죄 부분이 파기되는 때에는 유죄 부분과
합하여 단일한 형으로 처단하게 함이 타당하다.

7. 법해석에 있어서의 대륙법과 영미법

가. 사법해석에 있어서의 대륙법과 영미법

법원에 의한 유권해석 즉 사법해석을 어떻게 볼 것인지의 문제는 영미법
계와 대륙법계에 따라 많이 달라진다.

즉 영미법계에서의 사법해석을 담당하는 판사의 위치는 일종의 입법자의
위치에 있다. 따라서 판사는 구체적 분쟁을 해결하기 위한 과정에서 광범위한
권한을 갖고 있고, 이를 통하여 법률해석을 함에 있어서도 대륙법계 판사의
그것에 비하여 매우 폭넓은 해석권을 갖고 있다. 이를 제도적으로 보장해주는
것이 바로 선례구속의 원칙과 판사의 재량권과 징벌권이다. 먼저 판사의 재량
권과 관련해서는 미국에서의 판사는 형평의 원칙에 따라 재판을 할 수 있기에
비록 법에 명문의 규정이 없다 할지라도 사실관계별로 해법을 달리할 수 있
고, 구체적 정의의 실현을 위하여 원칙에서 물러설 수 있으며 사회 변화에 맞
추어 법을 해석하거나 재해석할 수 있을 뿐만 아니라 구체적 사건에서 선례를
따를 것인지 아니면 선례와 다른 해결책을 제시할 것인지를 결정할 수 있
다.[41]

다음으로 판사의 징벌권이란 법원의 명령(일정한 행위를 할 것을 명하는 작위
명령이나, 일정한 행위를 금지하는 부작위명령)을 어긴 자는 법원이 처벌할 수 있
는 권한을 말한다. 예를 들어, 공항 주변 주민이 항공기 소음을 이유로 소송을
제기할 경우 법원은 일정 고도 이하의 비행금지를 명령(부작위명령)할 수 있으
며, 이때 만일 항공사 측이 이를 어길 경우 벌을 내릴 수 있고, 매도인이 토지
소유권을 이전하기로 합의하고도 이전해주지 않을 경우 법원은 소유권이전명

---

41) 존 핸리 매리먼·로헬리오 페레스 페르도모, 대륙법 전통, 책과함께, 2020, 99면.

령을 내리고 이를 어길 시에 징벌권을 행사할 수 있다.[42]

이러한 권한을 통하여 판사는 일종의 입법권을 행사할 수 있게 된다. 그래서 "미국의 경우, 이론적으로는 법을 만드는 사람의 힘이 제일 세지만 현실 세계에서는 '법관이 말하는 것이 법이다'라는 말 역시 틀린 말이 아니다."[43]

이에 비하여 대륙법계 국가에서의 판사의 권한은 일반적으로 영미법계 판사의 그것에 비하여 매우 좁다고 할 수 있다. 즉 대륙법계 국가에서는 판사는 해석을 통하여 새로운 법을 만들면 안 된다고 본다. 그에 따라 대륙법은 판례를 법으로 인정하는 것 자체를 거부하기에 선례구속의 원칙이 적용되지 않으며 원칙적으로 재판에서 판사의 재량권과 징벌권이 인정되지 않는다.[44] 다만 프랑스의 경우 의무 불이행시 법원이 피고에게 일정 벌금을 부과할 수 있는 '이행강제금'제도가 있고, 독일에도 이와 유사한 제도가 있지만, 영미법상의 징벌제도에 비하면 그 강도가 아주 약하다.[45]

나. 영미법계와 대륙법계에서의 법적 안정성과 구체적 타당성

이처럼 법해석에 있어서의 법적 안정성과 구체적 타당성은 그 어느 것 하나 소홀히 할 수 없는 중요한 가치이지만, 이 둘의 조화를 어떻게 볼 것인지에 관하여는 영미법계와 대륙법계의 시각이 조금 다르다고 할 수 있다. 즉 영미법계에서는 법적 안정성을 강조하면서도 구체적 타당성을 그에 못지 않는 원칙으로 보아 양자를 사실상 대등한 위치에 놓고 있다고 할 수 있다. 법원이 형평의 원칙(형평법)의 광범위한 적용이나 다양한 징벌권 행사 등을 통하여 구체적 정의를 실현하려는 것이 바로 이에 해당한다.

이에 비하여 대륙법계에서는 법적 안정성을 상위 개념으로 하고, 그에 대한 일부 보완의 의미로 구체적 타당성을 적용하는 편이다. 대륙법의 전통에서 보면 판사에게 재량권을 주는 것은 법적 안정성을 침해하는 것으로 보아 이론

---

42) 존 핸리 매리먼·로헬리오 페레스 페르도모, 대륙법 전통, 책과함께, 2020, 103면.

43) 존 핸리 매리먼·로헬리오 페레스 페르도모, 대륙법 전통, 책과함께, 2020, 114면.

44) 우리나라의 경우 일부 가처분 사건 등에서 법원의 이행명령 위반에 대한 금전 배상을 명하고 있고, 신의성실의 원칙 등을 적용하여 계약의 내용을 변경하거나 권리행사를 제한시킬 수 있지만, 이러한 신의성실의 원칙이나 권리남용금지의 원칙은 극히 예외적으로만 인정되고 있을 뿐이다.

45) 존 핸리 매리먼·로헬리오 페레스 페르도모, 대륙법 전통, 책과함께, 2020, 103-104면.

상 형평권이 존재하지 않고 있으며, 개별 사건 처리 판사에게 재량권을 주기 위해서는 미리 법률에 명시되어야 하는 것으로 이해한다.[46)]

또한 대륙법계 법원에는 원칙적으로 징벌권이 없어서 특정 개인에게 명령을 내리고, 이를 어길 경우에 처벌하는 것은 허용되지 않는 것으로 보고 있다.[47)]

다. 외국법 해석

당해 사건의 구성 요소에 외국적 요소가 있어 사건 해결을 위해서 국내법이 아닌 외국법을 적용할 필요가 있는 경우에, 과연 외국법은 어떻게 해석되는 것인지가 문제된다. 즉 외국법 해석시 법해석의 일반 기준에 따라 해석할 것인지, 아니면 문제된 외국법이 제정, 시행되고 있는 국가의 최고법원이 내린 판결상의 해석에 따라야 하는지가 문제되는 것이다.

기본적으로는 외국법이 본국에서 해석, 적용되는 의미에 따라 해석, 적용된다고 할 것이다. 이는 특별한 사정이 없는 한 당해 외국법의 최종해석권을 갖고 있는 외국 최고재판소의 입장을 존중할 필요가 있다는 점과 누가 뭐라 하여도 당해 외국법의 최고 법원이 좀 더 정확한 해석을 할 수 있다는 경험론에 기초한 결과이다. 우리 대법원도 기본적으로는 외국법이 시행되는 본국에서의 최고법원의 판결에 따라야 하고, 이를 확인할 판례 등 자료가 불충분한 경우에 한하여 예외적, 보충적으로 일반적인 법해석의 기준과 방법론에 따라 해석하여야 한다는 입장이다.

판례

대법원 2007. 6. 29. 선고 2006다5130 판결 [제3자이의]
[1] 외국적 요소가 있는 법률관계에 관하여 적용될 외국법규의 내용을 확정하고 그 의미를 해석함에 있어서는 그 외국법이 그 본국에서 실제로 해석·적용되고 있는 의미와 내용에 따라 해석·적용되어야 하고, 그 본국에서 최고법원의 법해

---

46) 존 헨리 매리먼·로헬리오 페레스 페르도모, 대륙법 전통, 책과함께, 2020, 96면.
47) 존 헨리 매리먼·로헬리오 페레스 페르도모, 대륙법 전통, 책과함께, 2020, 103−104면.

석에 관한 판단은 특별한 사정이 없는 한 존중되어야 할 것이나, 소송과정에서 그에 관한 판례나 해석 기준에 관한 자료가 충분히 제출되지 아니하여 그 내용의 확인이 불가능한 경우 법원으로서는 일반적인 법해석 기준에 따라 법의 의미와 내용을 확정할 수밖에 없다.

[2] 폴란드의 "영구적 등기 및 담보권에 관한 1982. 7. 6. 법률" 제5조는 집행절차에서 가압류한 경우에는 적용되지 않으므로, 선박등기부의 기재를 믿고 가압류하였다 하더라도 위 규정에 의하여 보호되지 않는다고 한 사례.

제6장
민사사례해결
방법론

1. 디이터 메디쿠스(Dieter Medicus)의 다양한 청구권들 (Ansprüche)에 따른 검토방법

독일의 저명한 법학자인 메디쿠스는 민사사례해결을 위하여 독보적인 사례해결방법론을 제시하였는데, 바로 청구권의 기초들(Anspruchsgrundlagen)을 기준으로 분류한 청구권 검토방법론이 바로 그것이다. 메디쿠스는 다음의 순서에 따라 민법에 규정된 청구권들을 검토할 것을 제안한다.[1]

---

(1) 계약상 청구권(Ansprüche aus Vertrag)

(2) 보호의무위반으로부터 발생하는 청구권, 예컨대 계약체결상의 과실 (Ansprüche aus der Verletzung von Schutzpflichten, etwa aus Verschulden bei Vertragsverhandlungen)

(3) 사무관리에 기한 청구권(Ansprüche aus Geschäftsführung ohne Auftrag [= GoA])

(4) 물권적 청구권 및 이 물권적 청구권으로부터 도출된 비물권적 청구권 (dingliche Ansprüche nebst ihren nichtdinglichen Folgeansprüchen)[2]

(5) 불법행위 및 위험책임으로부터 발생되는 청구권(Ansprüche aus Delikt und Gefährdungshaftung)

(6) 부당이득에 기한 청구권(Ansprüche aus ungerechtfertigter Bereicherung)

---

1) Dieter Medicus/Jens Petersen, Grundwissen zum Bürgerlichen Recht — Ein Basisbuch zu den Anspruchsgrundlagen, 11. Auflage, München (Beck) 2019 [= Medicus/Petersen], S. 10.

2) 점유자 회복자 관계에서 비용상환 청구권 등. 점유자 회복자 관계는 예를 들어, A가 돼지의 소유자인데 B가 그 돼지를 자기의 것으로 알고 사육하다가 돼지가 새끼돼지를 낳은 경우 A가 그 돼지의 새끼도 반환을 요구할 수 있는지 문제되는 사례에서 검토해야 할 사안이다. B가 돼지의 소유권이 A에게 있다는 사실을 알지 못하고(선의) 사육을 하였으므로 선의의 점유자는 과실을 취득할 권리가 있다는 민법 제201조 제1항에 따라서 A는 B에게 돼지를 반환할 것을 요구할 수 있지만, 돼지의 새끼를 반환하라고 요구할 수 없다. A와 B의 관계가 점유자 – 회복자(소유자) 관계이다.

2. 구체적 사례적용

[사례] 고객인 B는 전자제품 상가에 들러서 매장 안에 진열된 노트북들을 보던 중 S노트북을 구매하고 싶은 마음이 생겼다. B가 상점주인 A에게 S노트북을 구입하겠다고 말했는데, A는 현재 S노트북의 재고가 없어서 B가 주소를 남겨두면 2일 안에 곧바로 배송해 주겠다고 말하였다. B는 이에 동의하고 노트북 대금 2백만원은 노트북을 배송받으면서 지불하기로 약속하였다. A와 B는 각각 어떠한 청구권을 행사할 수 있는가?

가. 계약상 청구권

1) 1차적 청구권(Primäransprüche)

가) 1차적 청구권의 개념

민법 제563조(매매의 의의)

매매는 당사자 일방이 재산권을 상대방에게 이전할 것을 약정하고 상대방이 그 대금을 지급할 것을 약정함으로써 그 효력이 생긴다.

민법 제568조(매매의 효력)

① 매도인은 매수인에 대하여 매매의 목적이 된 권리를 이전하여야 하며 매수인은 매도인에게 그 대금을 지급하여야 한다.

② 전항의 쌍방의무는 특별한 약정이나 관습이 없으면 동시에 이행하여야 한다.

1차적 청구권에서 청구권의 기초(Anspruchsgrundlage)는 계약자체이다.[3] 계약(Vertrag)이란 일반적으로 적어도 2개의 일치된 의사표시를 통하여 일정한 법적 효과를 목적으로 하는 쌍방법률행위이다.[4]

---

3) Medicus/Petersen, S. 23.

4) Carl Creifelds/Klaus Weber, Rechtswörterbuch, 23. Auflage, Müchen (Beck) 2019 [= Creifelds/Weber, Rechtswörterbuch], S. 1591; Friedrich Carl von Savigny, System des heutigen Römischen Rechts. Band 3, Berlin (Bei Veit und Comp.) 1840, S. 309: 계약

이러한 계약의 유형중 하나인 매매계약(Kaufvertrag)은 우리가 일상생활에서 거의 매일 경험하는 계약의 유형으로서 당사자 2명이 서로 대등하게 관련되는 쌍방계약이다. 이 매매계약을 통하여 물건을 구입하는 매수인이 물건을 파는 매도인에게 물건값을 지불하는 의무를 부담하게 되는 반면, 매도인은 매수인에게 매매의 목적이 되는 물건(동산 혹은 부동산), 권리(권리매매) 혹은 그 밖의 물건을 교환해 줄 의무를 부담하게 된다.[5] 시장에서 물건을 구입하거나 인터넷쇼핑몰을 통해 물건을 구입하는 아주 일상적인 매매계약의 성립과 효력을 민법 제563조 및 제568조 제1항이 규정하고 있다. 이 규정에 따르면 매매계약이 체결되는 경우 매도인(물건을 파는 사람)은 매수인(물건을 사는 사람)에 대하여 대금지급청구권을 행사할 수 있다. 즉, 물건을 파는 사람이 물건을 사는 사람에게 물건의 값을 돈으로 달라고 요구할 수 있는 청구권을 갖게 된다는 말이다. 그리고 매수인은 매도인에 대하여 재산권이전청구권을 행사할 수 있다. 즉, 물건을 사는 사람은 물건을 파는 사람에게 물건을 샀으니 그 물건을 자신에게 넘겨달라고 요구할 수 있는 청구권을 갖게 된다는 말이다. 매매계약을 근거로 1차적 청구권인 재산권이전청구권과 대금지급청구권이 발생한다.

민법 제618조(임대차의 의의)

임대차는 당사자 일방이 상대방에게 목적물을 사용, 수익하게 할 것을 약정하고 상대방이 이에 대하여 차임을 지급할 것을 약정함으로써 그 효력이 생긴다.

그 다음으로 일상생활에서 흔히 체결되는 임대차계약(Mietvertrag)을 생각해 보자. 임대차계약은 돈을 주고 물건을 빌려서 사용 및 수익하는 계약을 말한다. 원룸을 빌려서 지내는 사람이 매달 월세를 지급하는 내용의 계약이 바로 임대차계약(특히 주택임대차계약)이다. 민법 제618조에 따르면 임대차계약이 체결되는 경우 임대인(물건을 빌려주는 사람)은 임차인(물건을 빌리는 사람)에 대하여 차임지급청구권(월세를 달라고 요구할 수 있는 청구권)을 갖게 되며, 임차인

이란 여러 사람이 자신들의 법적 관계가 정해지도록 하는 합치된 의사표시를 목적으로 하는 그 여러 사람들의 합의이다.

5) Creifelds/Weber, Rechtswörterbuch, S. 815 f.

은 임대인에게 임대목적물의 사용 및 수익을 요구할 수 있는 청구권을 갖게 된다. 즉 물건을 빌려주는 사람은 빌리는 사람에게 그 물건의 빌린 값을 달라고 요구할 수 있는 것이고, 물건을 빌리는 사람은 물건을 빌려주는 사람에게 빌린 물건을 자신이 사용할 수 있도록 넘겨달라고 요구할 수 있다는 말이다. 임대차계약을 통하여 1차적 청구권으로 차임지급청구권과 임대물사용·수익청구권이 발생한다.

> **민법 제664조(도급의 의의)**
>
> 도급은 당사자 일방이 어느 일을 완성할 것을 약정하고 상대방이 그 일의 결과에 대하여 보수를 지급할 것을 약정함으로써 그 효력이 생긴다.

이와 함께 자주 발생하는 도급계약을 생각해 보자. 도급계약의 대표적인 예는 건축공사계약이다. 건물을 짓는 건축공사계약을 체결할 때에 건축을 의뢰하는 사람이 대부분 건축주인데 이 사람을 도급인이라고 한다. 그리고 공사를 맡아서 진행하는 공사회사나 공사업자를 수급인이라고 한다. 도급계약은 일의 완성을 목적으로 하는 계약으로서 원칙적으로 공사가 완공되어 일이 완성됨으로써 수급인이 도급인에게 공사대금을 요구할 수 있다.

나아가 시계를 수리하는 경우에도 마찬가지이다. 시계수리를 맡기는 사람을 도급인, 시계를 수리하는 기술자를 수급인이라고 한다. 시계수리가 완료되어야 수급인은 도급인에게 시계대금을 요구할 수 있다. 이러한 도급계약을 체결하는 경우 일이 완성되어야 즉, 시계수리가 완료되어야 수급인은 도급인에게 그 보수의 지급을 요구할 보수지급청구권을 갖게 된다. 그리고 도급인은 수급인에게 정해진 시간까지 시계수리가 아직 이루어지지 않았다면, 해당 일을 완성할 것, 즉 시계수리완료를 요구할 수 있는 청구권을 갖게 된다. 도급계약에서도 도급계약의 체결과 동시에 보수지급청구권과 수리청구권이 발생된다. 이 청구권들 모두 1차적 청구권이다.

나) 1차적 청구권의 검토 프로그램6)

(1) 계약체결(Vertragsschluss) 검토: 계약을 체결하기 위하여 당사자들은

---

6) Medicus/Petersen, S. 24 f.

통상적으로 청약(Antrag)과 승낙(Annahme)을 통하여 동의하여야만 한다. 따라서 우선 계약이 체결되었는지의 여부를 검토해야 한다.

  • 청약(Antrag)이란 일정한 내용의 계약을 청약의 수령자와 함께 체결하고자 하는 의사를 표시하는 것이다.[7] 청약은 청약을 하려는 사람에 대한 비구속적인 유인, 즉 청약의 유인(invitatio ad offerendum)과 구별되어야 한다.[8] 일반적으로 청약의 유인은 진열장에 물건을 진열해 놓는 행위에서 나타나는데, 진열된 물건을 구매하려는 사람이 청약의 의사표시를 하도록 유도하는 행위이다.

  • 승낙(Annahme)은 원칙적으로 수령을 요하는 의사표시이며, 이 의사표시를 통하여 청약의 수령자(승낙자)는 청약자에게 청약된 계약체결에 대해 동의한다는 것을 표명한다.[9]

  (2) 유효성(Vertragswirksamkeit) 검토: 어떠한 행위뿐만 아니라 그 행위를 구성하고 있는 의사표시에 어떠한 무효사유(Nichtigkeitsgründe)도 발생하지 않아야만 한다. 살인을 청부하는 거래행위는 사회질서에 반하는 행위로서 무효인 법률행위이며, 무효는 법률행위가 성립한 때부터 법률상 당연히 효력이 없다(민법 제103조). 이와 함께 민법 제104조 폭리행위, 민법 제107조 제1항의 진의 아닌 의사표시(비진의표시), 민법 제108조 제1항의 통정의 허위표시 그리고 명시적 조문은 없지만 원시적 불능(하늘의 달에서 바늘을 찾아 달라는 계약 혹은 도깨비나 유니콘을 찾아오라는 계약 등)은 법률행위의 무효사유이다.

  (3) 계약종료여부 판단 - 취소(Anfechtung), 해제(Rücktritt), 해지(Kündigung) 및 철회(Widerruf):
  • 매수인인 미성년자가 법정대리인의 동의 없이 자전거를 사고자 하는 구매의사를 매도인에게 표시할 수 있는데, 미성년자의 자전거 구매의사표시는 법정대리인의 동의가 없는 경우 미성년자 자신이 의사표시를 취소할 수 있다

---

  7) Hans Brox/Wolf-Dietrich Walker, Allgemeiner Teil des BGB, 42. Auflage, München (Beck) 2018 [= Brox/Walker, BGB-AT] S. 83.

  8) Medicus/Petersen, S. 27.

  9) Brox/Walker, BGB-AT, S. 89.

(민법 제5조, 제140조~제142조, 미성년자는 제한능력자이다). 취소는 일단 유효하게 성립한 법률행위의 효력을 소급적으로 소멸시킬 수 있다.

• 그리고 도자기를 파는 매도인이 도자기 매매계약에 따라 매수인으로부터 도자기 대금을 수령한 후에 도자기의 재산권을 매수인에게 이전해 주려고 했는데, 매도인의 실수로 도자기가 파손됨으로 말미암아 매도인이 매수인에게 그 도자기를 인도할 수 없게 되었다. 이 경우에 매수인은 매도인에 대하여 손해배상청구권을 행사할 수도 있고, 계약관계를 더 이상 유지하기 원치 않는 경우 (계약)해제권을 행사할 수 있다(민법 제546조).

• 또한 두 사람이 임대차계약을 체결한 경우, 임대인이나 임차인은 임대차관계를 더 이상 유지하지 않기 위하여 그 계약관계를 장래에 향하여 실효시키기 위해 (계약)해지권을 행사할 수 있다. 해지(계약해지권)의 경우에는 장래를 향하여 효력이 사라지는 것을 추급효라고 한다.

• 이와 더불어 인터넷 쇼핑몰에서 책을 구입하려고 하는 사람이 구매계약서를 작성하여 우편으로 쇼핑몰 본사에 보냈는데, 우편발송당일 마음이 바뀌어서 그 책을 구매하지 않는다는 이메일을 작성하여 쇼핑몰에 보낸 경우, 이메일이 쇼핑몰 본사에 구매계약서보다 먼저 도달한 경우에 구매의사의 철회(민법 제527조)가 이루어진다.

• 계약이 취소되면 소급적으로 모든 이행청구권은 소멸한다. 또한 해제의 경우 학계에서는 견해의 대립(직접효과설과 청산관계설)이 있는데, 대법원은[10] 직접효과설 중 물권적 효과설을 취하고 있어서, 이에 따르면 계약해제를 통해 계약은 소급적으로 효력을 상실한다. 또한 소비자보호법상의 철회(전자상거래 등에서의 소비자보호에 관한 법률 제17조)도 이와 유사하게 적용될 수 있다. 그러나 해지의 경우에는 장래를 향하여 효력이 사라지는 추급효를 갖고 있기 때문

---

10) 대법원 1977. 5. 24. 선고 75다1394 판결 [손해배상] 민법 548조 1항 본문에 의하면 계약이 해제되면 각 당사자는 상대방을 계약이 없었던 것과 같은 상태에 복귀케 할 의무를 부담한다는 뜻을 규정하고 있는바 계약에 따른 채무의 이행으로 이미 등기나 인도를 하고 있는 경우에 그 원인행위인 채권계약이 해제됨으로써 원상회복 된다고 할 때 그 이론 구성에 관하여 소위 채권적 효과설과 물권적 효과설이 대립되어 있으나 우리의 법제가 물권행위의 독자성과 무인성을 인정하고 있지 않는 점과 민법 548조 1항 단서가 거래안정을 위한 특별규정이란 점을 생각할 때 계약이 해제되면 그 계약의 이행으로 변동이 생겼던 물권은 당연히 그 계약이 없었던 원상태로 복귀한다 할 것이다.

에 계약 종료시까지 이미 존재하였던 이행청구권은 존속한다(임차인이 해지를 하더라도 미지급된 임대료는 지급하여야 한다).

(4) 청구권의 소멸: 계약이 존재하더라도 변제(예컨대 돈을 갚는 행위) 등과 같은 사유(민법 제460조 이하), 이행이 불능한 사유 그리고 쌍무계약에서 반대 급부의무가 사라지는 사유(Synallagma, 쌍무계약의 견련성), 제척기간도과 등과 같은 사유로 더 이상 청구권을 행사할 수 없는 경우도 발생할 수 있다.

(5) 마지막으로 항변(Einrede)사유가 없어야 한다. 소멸시효(민법 제162조 이하) 및 유치권(민법 제320조 이하: 시계수리를 맡겼는데 시계주인이 시계를 반환해 달라고 하면, 시계수리업자는 수리대금을 받을 때까지 시계를 돌려주지 않고 유치할 수 있는 권리, 즉 법정담보물권인 유치권을 행사할 수 있다)을 통한 항변이 바로 그것이다.

2) 2차적 청구권(Sekundäransprüche)

가) 2차적 청구권의 개념

2차적 청구권은 각각의 계약으로부터 발생하는 1차적 급부(Leistung, 혹은 이행)를 수행함에 있어서 장애(Störung)가 나타나는 경우에 발생하는 청구권이다. 2차적 청구권 중 하나는 손해배상청구권(Anspruch auf Schadensersatz), 그리고 다른 하나는 계약해제권(Rücktrittsrecht)이다. 1차적 청구권은 항상 2차적 청구권에 앞서서 검토되어야 한다.[11]

민법 제390조(채무불이행과 손해배상)
채무자가 채무의 내용에 좋은 이행을 하지 아니한 때에는 채권자는 손해배상을 청구할 수 있다. 그러나 채무자의 고의나 과실없이 이행할 수 없게 된 때에는 그러하지 아니하다.

우선 여기서 말하는 손해배상청구권은 민법 제390조에 규정된 채무불이행에 근거하는 손해배상청구권이다. 이 손해배상청구권은 반드시 계약관계가 존재하여야 함을 전제로 한다. 계약성립을 전제로 하기 때문에 민법 제390조

---

11) Medicus/Petersen, S. 23 f.

에 나오는 첫 단어가 "채무자"이다. 이 조문에 따르면 채무자가 계약의 내용대로 이행을 하지 않아서 손해가 발생하는 경우 채권자는 채무자에게 손해배상을 요구할 수 있다.

민법 제544조(이행지체와 해제)

당사자 일방이 그 채무를 이행하지 아니하는 때에는 상대방은 상당한 기간을 정하여 그 이행을 최고하고 그 기간내에 이행하지 아니한 때에는 계약을 해제할 수 있다. 그러나 채무자가 미리 이행하지 아니할 의사를 표시한 경우에는 최고를 요하지 아니한다.

민법 제545조(정기행위와 해제)

계약의 성질 또는 당사자의 의사표시에 의하여 일정한 시일 또는 일정한 기간 내에 이행하지 아니하면 계약의 목적을 달성할 수 없을 경우에 당사자 일방이 그 시기에 이행하지 아니한 때에는 상대방은 전조의 최고를 하지 아니하고 계약을 해제할 수 있다.

민법 제546조(이행불능과 해제)

채무자의 책임있는 사유로 이행이 불능하게 된 때에는 채권자는 계약을 해제할 수 있다.

이와 함께 계약해제권을 검토할 필요가 있다. 예를 들어, 도자기의 소유자 A가 도자기를 B에게 판매하기로 약속하였는데, A가 잘못하여 도자기를 떨어뜨려 완전히 파손된 경우를 생각해 보자. A가 도자기를 더 이상 B에게 인도할 수 없다면 B는 A에 대하여 민법 제546조에 기한 계약해제권을 행사할 수 있다. 계약을 해제하면 A와 B는 계약관계가 없었던 상태에 들어가게 되므로 두 사람은 계약관계로부터 벗어날 수 있다. A는 도자기를 인도해 줄 필요가 없고, B는 A에게 대금을 지급할 필요도 없다.

나) 2차적 청구권의 검토 프로그램[12]

2차적 청구권은 우선 최소한 처음부터 유효한 계약을 요구하고 있다. 만

---

12) Medicus/Petersen, S. 25.

약 처음부터 유효한 계약이 존재하지 않으면 청구권의 기초(Anspruchsgrundlage)
는 계약관계를 전제로 하지 않는 법정채권관계(gesetzliches Schuldverhältnis)만
이 될 수 있다. 여기에 본질적으로 채무불이행의 유형에 관련된 그 밖의 요건
들이 추가된다.

  (1) 민법 제390조에 기한 손해배상청구권(이행불능[13], 이행지체[14], 불완전이
행[15], 이행거절[16] 등의 각각의 요건들)

  (2) 민법 제543조 이하의 계약해제권(민법 제544조 이행지체, 민법 제545조
정기행위[17], 민법 제546조 이행불능, 그리고 불완전이행 등의 각각의 요건들)

  (3) 민법 제570조 이하의 하자담보책임법에 기한 청구권(권리 및 물건의 하
자담보책임과 관련된 요건들); 나아가 도급계약상의 하자담보책임(민법 제667조 이
하)이나 여행계약상의 하자담보책임(민법 제674조의6 이하)

3) 계약의 성립

민법은 사적자치의 원칙(Privatautonomie)[18]이 지배하는 법분야이다. 사적

---

13) 곽윤직, 채권총론, 신정판, 박영사, 1998, 152면: 이행불능이라 함은 채권이 성립한 후에
    채무자에게 책임 있는 사유로 위법하게 이행이 불능으로 되는 것을 말한다.
14) 곽윤직, 채권총론, 신정판, 박영사, 1998, 135면: 이행지체라 함은, 채무가 이행기에 있
    고, 또한 그 이행이 가능함에도 불구하고, 채무자가 그에게 책임 있는 사유(유책사유)로
    위법하게 채무의 내용에 좇은 이행을 하지 않는 것이다.
15) 곽윤직, 채권총론, 신정판, 박영사, 1998, 161면: 채무자가 채무의 이행으로 이행행위를
    하였으나, 그것이 채무내용에 좇은 완전한 이행이 아니라 하자(흠) 있는 불완전한 이행
    이었기 때문에 채권자에게 손해가 생긴 경우를 불완전이행 내지 적극적 채권침해라고
    한다.
16) 대법원 2015. 2. 12. 선고, 2014다227225 판결: 채무자가 채무를 이행하지 아니할 의사
    를 명백히 표시한 경우에 채권자는 신의성실의 원칙상 이행기 전이라도 이행의 최고 없
    이 채무자의 이행거절을 이유로 계약을 해제하거나 채무자를 상대로 손해배상을 청구할
    수 있지만, 이러한 이행거절이라는 채무불이행이 인정되기 위해서는 채무를 이행하지
    아니할 채무자의 명백한 의사표시가 위법한 것으로 평가되어야 한다.
17) 곽윤직, 채권각론, 신정판, 박영사, 1998, 152면: 계약의 성질 또는 당사자의 의사표시에
    의하여, 일정한 시일 또는 일정한 기간 내에 이행하지 않으면 계약을 체결한 목적을 달
    성할 수 없는 것을 정기행위라고 한다. 예컨대 각종 초대장의 주문 및 연회를 위한 요리
    의 주문과 같이 그 채권의 목적인 급부의 객관적 성질로부터 일정한 시일이나 일정한 기
    간 내에 이행하지 않으면 계약을 한 목적을 달성할 수 없음을 알고 있는 것을 말한다.
18) Werner Flume, Allgemeiner Teil des Bürgerlichen Rechts, Band 2: Das Rechtsgeschäft,
    4. Auflage, Berlin u. a. (Springer) 1992, S. 1.

자치는 개인이 자신의 의사에 따라서 법적관계를 자기가 결정하는 원칙이다. 거래 당사자 사이의 자율적인 합의를 존중하는 것이 바로 사적자치의 원칙의 핵심이다. [사례]에서 계약상 청구권을 검토하기 위해서는 가장 중요한 매매계약의 성립여부가 판단되어야 하는 점은 이미 언급한바와 같다. 계약은 약관을 통하여 체결할 수도 있고, 약관이 없이 체결할 수도 있다. 사적자치의 원칙에 따르면 계약체결의 방식과 유형, 당사자 선택 등은 다양하고 자유롭다.

앞의 [사례]에서 매도인은 자신이 갖고 있는 물건의 재산권(대표적으로 소유권)을 매수인에게 이전하기로 약정하고, 이와 반대로 매수인은 그 물건의 대가에 해당하는 돈(매매대금)을 매도인에게 주겠다고 약정함으로써 매매계약이 체결된다. 여기서 매수인이 먼저 매도인에게 물건을 사겠다고 의사표시를 하면 이것이 바로 청약의 의사표시가 된다. 이러한 청약에 대응하여 매도인이 "좋습니다. 물건을 팔죠"라고 하면서 의사표시를 매수인에게 내어 놓으면 바로 이 매도인의 의사표시가 승낙의 의사표시이다.

그리고 매매계약에서 하나 생각해 봐야 할 개념은 essentialia negotii, 즉 본질적인 계약사항(wesentliche Vertragspunkte)이다.[19] 매매계약에서는 매매목적물(Leistungsgegenstand) 및 가격(Preis)이다. 당사자는 본질적인 계약사항에 대해 합의하여야 한다.

앞의 [사례]에서는 매매계약의 대상이 되는 노트북이 매매목적물이며, 매도인인 상점주인 A와 매수인 손님 B 사이에 이 노트북에 관한 매매계약이 체결됨으로써, 두 사람 사이에 권리·의무관계, 즉 채권·채무관계가 발생한다. 이 관계의 기초는 법률행위(Rechtsgeschäft)[20]에 속하는 매매계약이다.

---

19) Larenz/Wolf, BGB-AT, S. 425.

20) 신유철, "우리 民法의 自畵像과 未來像 - 독일 민법의 영향과 교훈", 민사법학 제52호, 한국민사법학회, 2010. 12, 21면 각주 114번 인용: "Rechtsgeschäft라는 말은 Recht와 Geschäft의 합성어이며, Geschäft는 어원적으로 schaffen(만들다)이라는 동사의 파생어이다. 따라서 이 용어는 권리설정행위 내지 설권행위로 번역함이 옳다. 일본 학자들이 독일 민법을 계수하면서 이 용어를 법률행위로 번역하였으나, 이 용어에서 Recht의 의미는 법이 아니라 권리로 번역함이 마땅하며, 더욱이 법과 법률(Gesetz)은 완전히 별개의 개념이므로 법률행위라는 번역은 잘못된 번역임이 분명하다. 생각건대 일본 학자들이 독일 민법을 계수할 당시 Rechtsgeschäfte라는 개념의 민법총론적 의미와 나아가 사적자치의 이념에 대한 이해가 미흡했던 것으로 추측된다. 예컨대 일본 민법의 편찬위원인 우메 켄지로(梅謙次郎 1860-1910)는 그의 대표적 저술에서 Rechtsgeschäft를 Rechtshandlung 및 acte juridique와 동일시하고 있다."

4) 계약의 효과

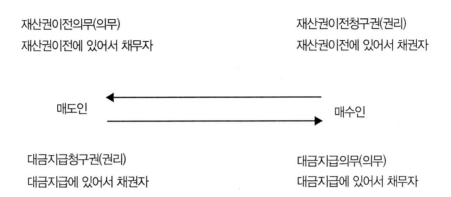

재산권이전의무(의무)
재산권이전에 있어서 채무자

재산권이전청구권(권리)
재산권이전에 있어서 채권자

매도인   매수인

대금지급청구권(권리)
대금지급에 있어서 채권자

대금지급의무(의무)
대금지급에 있어서 채무자

　　매도인과 매수인 사이의 권리(청구권)를 중심으로 보면, 매도인은 매수인에게 노트북에 대한 매매대금의 지급을 요구할 권리가 있고, 이에 대하여 매수인은 노트북에 대한 재산권을 이전해 줄 것을 매도인에게 요구할 권리가 있다. 반대로 매도인과 매수인 사이의 의무를 중심으로 보면, 매매계약을 통하여 노트북의 매도인은 매수인에게 노트북의 재산권(소유권)을 이전해 줄 의무가 발생하며, 이에 대하여 매수인은 매도인에게 노트북가격에 상응하는 매매대금을 지급할 의무가 발생한다. 매도인과 매수인 각자의 이행은 동시이행관계에 놓여 있다(민법 제536조[21]). 즉 매도인이 노트북을 매수인에게 주지 않으면 매수인은 매도인에게 대금지급을 거부할 수 있고, 반대로 매수인이 매도인에게 돈을 주지 않으면 매도인도 매수인에게 노트북을 주지 않겠다면서 노트북의 인도를 거절할 수 있다.

　　[사례]에서 노트북 1대를 2백만원에 매매하는 매매계약이 매도인 A와 매수인 B 사이에 성립하였으므로, 매수인 B는 매도인 A에 대하여 계약상의 청구권인 재산권(소유권)이전 청구권을 행사할 수 있다. 이와 함께 매도인 A는

---

21) 민법 제536조(동시이행의 항변권) ① 쌍무계약의 당사자 일방은 상대방이 그 채무이행을 제공할 때 까지 자기의 채무이행을 거절할 수 있다. 그러나 상대방의 채무가 변제기에 있지 아니하는 때에는 그러하지 아니하다. ② 당사자 일방이 상대방에게 먼저 이행하여야 할 경우에 상대방의 이행이 곤란할 현저한 사유가 있는 때에는 전항 본문과 같다.

노트북에 대한 매매대금 2백만원을 매수인 B에게 요구하는 대금지급청구권을 행사할 수 있다. 이 청구권들은 바로 매매계약으로부터 발생하는 계약상 청구권이며 바로 앞에서 설명한 1차적 청구권이다. [사례]에서 A와 B 사이의 거래 중에 문제점(급부장애, 채무불이행: 이행이 제대로 이루어지지 않은 문제점)이라는 사정이 나타나지 않았으므로 2차적 청구권의 검토는 의미가 없다.

나. 보호의무 위반으로부터 발생하는 청구권, 예컨대 계약체결상의 과실

메디쿠스가 제시하는 두 번째 검토 청구권의 유형은 보호의무 위반으로부터 발생하는 청구권이다. 대표적인 예로 계약체결상 과실(culpa in contrahendo)[22]에 기하여 발생하는 청구권을 제시해 볼 수 있다. 예컨대 어느 고객이 백화점에 들러서 물건을 고르고 있는데, 매장 옆에 세워져 있던 양탄자가 넘어지면서 방문한 해당 고객이 크게 다쳐서 상해를 입은 경우를 생각해 보자. 그 고객은 아직 백화점과 고른 물건에 대한 매매계약을 체결하기 전이다. 그러나 계약교섭단계에서 백화점 측에서 계약성립시까지 고객이 다치지 않도록 안전조치를 취하여야 할 일종의 보호의무가 있는데, 백화점에서 이러한 보호의무를 고의 또는 과실로 위반하여 고객이 상해를 입게 되는 결과로 이어졌으므로, 백화점은 고객의 생명, 신체 및 재산권 등에 대한 침해를 방지해야 할 보호의무를 위반한 것이 된다. 결국 다친 고객은 백화점을 상대로 계약체결상 과실을 물을 수 있다.

계약상의 손해배상청구는 계약이 성립하였음을 전제로 하는데, 앞의 백화점사건에서 고객은 백화점에서 매매계약을 체결하기 전 혹은 매매계약체결과정 중에 백화점 소유의 양탄자가 넘어지면서 상해를 입게 되었으므로 계약체결상 과실의 법리에 따라서 구제를 받을 가능성이 있다. 이러한 계약체결상 과실을 통해 발생하는 청구권은 이후에서 설명할 불법행위에 기한 손해배상청구와 전혀 다른 개념이다.[23] 앞에 제시된 [사례]에서는 계약체결상의 과실에 관한 손해배상을 요구할 법적 문제가 발생하지 않았다.

---

22) Medicus/Petersen, S. 91 ff.

23) 송덕수, 채권법각론, 제4판, 박영사, 2019, 65−66면: 이러한 경우 계약체결상의 과실을 인정하지 않고 불법행위의 문제로 처리하자는 견해도 있다.

다. 사무관리에 기한 청구권

민법 제734조(사무관리의 내용)

① 의무없이 타인을 위하여 사무를 관리하는 자는 그 사무의 성질에 좇아 가장 본인에게 이익되는 방법으로 이를 관리하여야 한다.

② 관리자가 본인의 의사를 알거나 알 수 있는 때에는 그 의사에 적합하도록 관리하여야 한다.

③ 관리자가 전2항의 규정에 위반하여 사무를 관리한 경우에는 과실없는 때에도 이로 인한 손해를 배상할 책임이 있다. 그러나 그 관리행위가 공공의 이익에 적합한 때에는 중대한 과실이 없으면 배상할 책임이 없다.

옆집 주인 C가 장기간 집을 비우고 여행을 하는 상황을 생각해 보자. 폭우로 인하여 옆집의 지붕이 붕괴될 위험에 처하자 그 옆에 살고 있는 D가 C에게 묻지 않고 긴급수리를 F에게 의뢰하여 F가 붕괴를 막는 공사를 진행한 경우 D의 행위를 사무관리, 즉 위임없는 사무관리(Geschäftsführung ohne Auftrag)라고 한다. 앞에 제시된 [사례]에서는 위임없는 사무관리에 기한 청구권을 고려할 상황은 보이지 않는다.

라. 물권적 청구권 및 이 물권적 청구권으로부터 도출된 비물권적 청구권

1) 원인행위(채권행위)

민법 제563조(매매의 의의)

매매는 당사자 일방이 재산권을 상대방에게 이전할 것을 약정하고 상대방이 그 대금을 지급할 것을 약정함으로써 그 효력이 생긴다.

민법 제568조(매매의 효력)

① 매도인은 매수인에 대하여 매매의 목적이 된 권리를 이전하여야 하며 매수인은 매도인에게 그 대금을 지급하여야 한다.

② 전항의 쌍방의무는 특별한 약정이나 관습이 없으면 동시에 이행하여야 한다.

[사례]에서 체결된 매매계약을 법률행위의 유형 중에서 특히 원인행위(Kausalgeschäft), 채권행위, 의무부담행위(Verpflichtungsgeschäft)라고 부른다. 이 의무부담행위는 채무자가 어떠한 것을 할(작위, 作爲, Tun) 의무, 참는(수인, 受忍, Dulden) 의무, 하지 않는(부작위, 不作爲, Unterlassen) 의무를 발생시키며, 이와 반대로 이 원인행위는 채권자가 채무자에게 이러한 것들을 요구할 수 있도록 할 권리를 발생시킨다. 그러나 이러한 채권행위를 물권행위와 분명하게 구별하는 분리주의(Trennungsprinzip)를 취하는 형식적 물권법 체계를 갖춘 우리 민법에서는 의무부담행위를 통하여 절대적이고 대세적인 소유권과 같은 물권이 매도인으로부터 매수인에게 이전되는 물권변동은 발생하지 않는다.

2) 처분행위(물권행위)

민법 제186조(부동산물권변동의 효력)
부동산에 관한 법률행위로 인한 물권의 득실변경은 등기하여야 그 효력이 생긴다.

민법 제188조(동산물권양도의 효력, 간이인도)
① 동산에 관한 물권의 양도는 그 동산을 인도하여야 효력이 생긴다.
② 양수인이 이미 그 동산을 점유한 때에는 당사자의 의사표시만으로 그 효력이 생긴다.

민법 제189조(점유개정)
동산에 관한 물권을 양도하는 경우에 당사자의 계약으로 양도인이 그 동산의 점유를 계속하는 때에는 양수인이 인도받은 것으로 본다.

민법 제190조(목적물반환청구권의 양도)
제삼자가 점유하고 있는 동산에 관한 물권을 양도하는 경우에는 양도인이 그 제삼자에 대한 반환청구권을 양수인에게 양도함으로써 동산을 인도한 것으로 본다.

상점주인 A가 소유하고 있는 S노트북의 소유권을 매수인 B가 취득하는 법률행위는 앞에서 말한 "의무부담행위"와는 그 성격이 전혀 다르다. 형식주의 물권법 체계를 취하는 우리나라(그 밖에 예컨대 독일)에서 S노트북과 같은 동산의 소유권이 이전되기 위하여 다음의 두 가지 요건이 요구되고 있다.

---

① 물권적 합의: 을로부터 갑에게 소유권이 이전되는 점에 대한 두 사람 사이의 계약, 합의, 즉 "물권적 합의, 물권적 계약, 채권적 "계약"과 구별하기 위하여 통상적으로 물권적 합의라고 표현함)"(물권변동의 실질적 요건)
② 인도: 을이 보유하고 있는 물건의 점유가 갑에게 이전되는 점유의 이전, 즉 "인도(引渡)"(물권변동의 형식적 요건, 토지와 건물 같은 부동산의 경우에는 등기를 필요로 한다.)

동산소유권의 이전과 관련하여 민법 제188조 제1항은 "동산에 관한 물권의 양도는 그 동산을 인도하여야 효력이 생긴다"고 규정하고 있다. 이 조문을 앞의 [사례]에 적용하면 S노트북이라는 동산의 소유권은 동산물권인데, 이 동산물권의 양도는 인도를 하여야 효력이 발생하기 때문에 반드시 소유자인 을이 양수인 갑에게 S노트북의 점유를 이전해 주어야 한다. 이러한 소유권이전에 관한 법률행위를 소위 처분행위(Verfügungsgeschäft)라고 부른다. 처분행위란 처분(Verfügung)을 내용으로 하는 법률행위로서, 처분은 양도(Übertragung), 부담설정(Belastung), 소멸(Aufhebung) 혹은 내용변경(Inhaltsänderung)을 통하여 권리나 법적 관계에 직접적인 영향을 주는 것을 의미한다. 처분행위는 물권적 법률행위로서 물건에 대한 처분을 지향하는 법률행위이며, 모든 사람에게 그 효력을 주장할 수 있는 대세효를 갖는 물권적 효력을 갖는 법률행위로 이해할 수 있다.

3) 물권적 합의 및 물권행위 독자성·유인성·무인성의 문제(심화)

민법 제188조 제1항은 "동산에 관한 물권의 양도는 그 동산을 인도하여야 효력이 생긴다"고 규정하고 있다. 이 조문에서 독일민법 제929조 1문에서와 마찬가지로 "물권적 합의(物權的 合意)"를 물권행위의 독자적인 요건으로서 도출해 낼 단서가 발견되지 않고 있다. 따라서 민법 제188조 제1항의 해석에 따라서 물권적 합의라는 요건의 존재 및 검토여부를 결정하여야 한다. 이러한 조문의 불명확성으로 인하여 국내에서는 이 물권적 합의가 존재하기는 하는지, 존재한다면 채권행위와는 분리되어 행하여지는지, 아니면 동시에 이루어지는 것인지 등의 논의가 발생하고 있다(물권행위의 독자성 문제). 나아가 만약 물권적 합의가 독자적인 요건으로서 인정됨을 전제로 하여 물권행위의 독자성이 인정되는 것으로 보면, 과연 원인행위가 무효 또는 취소를 통한 소급효로 말미암아 무효가 되는 경우 이 효과가 물권행위에도 영향을 미치는 지에 대한 소위 물권행위의 추상성에 관한 문제가 제기되고 있다.

　　대법원은 "민법 548조 1항 본문에 의하면 계약이 해제되면 각 당사자는 상대방을 계약이 없었던 것과 같은 상태에 복귀케 할 의무를 부담한다는 뜻을 규정하고 있는 바 계약에 따른 채무의 이행으로 이미 등기나 인도를 하고 있는 경우에 그 원인행위인 채권계약이 해제됨으로써 원상회복 된다고 할 때 그 이론 구성에 관하여 소위 채권적 효과설과 물권적 효과설이 대립되어 있으나 우리의 법제가 물권행위의 독자성과 무인성을 인정하고 있지 않는 점과 민법 548조 1항 단서가 거래안정을 위한 특별규정이란 점을 생각할 때 계약이 해제되면 그 계약의 이행으로 변동이 생겼던 물권은 당연히 그 계약이 없었던 원상태로 복귀한다 할 것이다(대판 75다1394)"는 입장을 일관되게 유지함으로써, 일견 우리 민법이 채권행위와 물권행위를 구별하지 않는 것으로 생각할 여지를 남겨둔 상태다.

　　그러나 이러한 입장을 전제로 한다면, 우선 대법원은 스스로 모순에 빠지게 된다. 물권행위의 독자성(Trennungsprinzip)이라는 것은 "채권행위와 물권행위의 개념적 구별"을 의미한다. 그리고 물권행위의 무인성(Abstraktionsprinzip)은 이미 물권행위의 독자성을 전제로 하여 채권행위의 무효성이 물권행위에 아무런 영향을 미치지 않음을 의미한다. 즉 서로 영향을 주지 않음을 뜻한다. 따라서 물권행위의 독자성을 부인하면서 추상성을 부인한다는 말은 말 자체가 모순이다. 따라서 물권행위의 독자성과 추상성을 부정한다는 말을 모순 없이 이해하기 위하여, 채권행위와 물권행위가 이미 개념적으로 명확하게 분리되어 있으되, 물권행위가 채권행위와 독립하여 독자적으로 이루어지지 않고 동시에 이루어지며, 채권행위의 무효 및 취소의 효과는 물권행위에 영향을 준다는 것으로 이해하여야 한다.[24]

---

24) [참고] 곽윤직 교수는 물권행위의 독자성에 관한 문제를 다음과 같이 파악하고 있다: "이와 같이, 대부분의 경우에 原則的으로 物權行爲는, 그 原因(causa)이 되는 債權行爲가 存在하고, 그것을 前提로 하여 행하여지는 것이라면, 그것은 그에 先行하는 債權行爲

4) 중간결론

매수인 B는 상점주인 A와 2백원상당의 S노트북 1대를 구매하는 매매계약을 체결하였으나, 아직 그 노트북을 배송받지 못한 상태이다. 매수인 B가 노트북에 대한 소유권을 취득하기 위해서는 민법 제188조 제1항에 따라서 상점주인 A로부터 S노트북을 인도받아야 하는데, 사안에서는 아직 배송받지 못하였다. 결국 매수인 B는 매도인인 상점주인 A에 대하여 민법 제213조에 기한 소유물반환청구권은 행사할 수 없다.

와는 별개의 行爲라고 할 수 있다. 그렇다면 이와 같은 物權行爲는 「언제나」, 좀더 정확하게는 「原則的으로」, 原因이 되는 債權行爲와는 현실적으로도 별개의 行爲로서 행하여져야만 하는가? 이것이 이른바 물권행위의 獨自性(獨立性)의 문제이다. (곽윤직, 물권법, 신정판, 박영사, 1998년, 80-81면)". 그는 민법 제186조, 민법 제188조 제1항에서 말하는 법률행위와 양도가 각각 물권행위를 가리키는 것으로 파악하는 것은 옳지만, 그 사실로부터 물권행위의 독자성을 인정한 것이라는 결론을 도출하는 점에는 논리적 비약이 있면서, 독일에서는 "부동산 소유권이전에 관한 합의(Auflassung)"이라는 개념이 있어서 물권적 합의가 채권행위와 독립적으로 이루어질 가능성이 있지만, 우리의 경우에는 독일의 그와 같은 개념이 존재하지 않아서 언제나 물권행위와 채권행위가 따로 떨어져서 발생하지 않는다고 주장한다(같은 책 83면). 나아가 부동산 매매과정을 보면 매도인과 매수인 사이에 매매계약을 체결하고 등기만 하면 거래관계가 끝나는 일반적인 사정을 고려하여 보면, 매매계약 가운데 소유권이전에 관한 합의도 있었다고 볼 수 있다면서 물권행위의 독자성을 부인한다. 그러나 이에 대하여 김증한/김학동 교수(김증한/김학동, 물권법, 제9판, 박영사, 2004, 50면 이하)는 과거 매도증서를 작성하던 관행이 있던 시절에는 이 매도증서는 매매계약서와 그 개념이 다르며, 매매계약서는 여러 사람들과 함께 작성할 수 있는 가능성이 있지만, 매도증서는 매매대금을 완불한 자와 매도인이 작성하는 서류로서 이는 물권적 합의에 해당하며, 채권적 계약에 해당하는 매매계약서와 서로 다른 성질을 갖는 것으로 파악하고 있다. 매도증서의 수수를 소유권이전을 목적으로 하는 물권행위로 새길 수 있다고 주장한다. 현재에는 매도증서의 작성 관행이 사라져 있지만, 그는 소유권이전에 관한 합의는 항상 원인행위인 채권행위와 동시에 이루어지는 것이 아님을 전제로 하고 있다. 두 주장 모두 물권행위의 독자성을 파악함에 있어서 채권행위와 물권행위가 발생하는 "시점(時點)"을 중심으로 하고 있다. 이 주장들에 따르면 두 법률행위가 동시(同時)에 발생하는 것을 전제로 하면 물권행위의 독자성이 부정되고, 반대로 이시(異時)에 발생하면 그것이 인정되는 것으로 파악한다. 부분적으로 두 개념이 구별되는 개념임을 언급하면서도 독자성 문제에 접근하는 방식에 잘못된 사고를 하고 있다. 물권행위 독자성은 채권행위와 물권행위의 발생 시점을 기준으로 하는 것이 아니라 앞에서 강조한 바와 마찬가지로 두 개념이 서로 구별된다는 점을 의미한다.

마. 불법행위 및 위험책임으로부터 발생되는 청구권

민법 제750조(불법행위의 내용)
고의 또는 과실로 인한 위법행위로 타인에게 손해를 가한 자는 그 손해를 배상할 책임이 있다.

민법 제750조 이하에서는 불법행위에 기한 손해배상청구권을 규정하고 있다. [사례]에서 계약이 체결되고 아직 배송이 이루어지지 않았다고 하여 어떠한 위법행위가 발생한 것으로 볼 수 없다. 민법 제750조 이하의 불법행위책임에 관한 검토는 의미가 없다.

바. 부당이득에 기한 청구권

민법 제741조(부당이득의 내용)
법률상 원인없이 타인의 재산 또는 노무로 인하여 이익을 얻고 이로 인하여 타인에게 손해를 가한 자는 그 이익을 반환하여야 한다.

민법 제741조 이하의 부당이득의 문제도 발생되지 않는다. 부당이득의 문제는 아래의 [변형사례]에서 집중적으로 검토해 보고자 한다.

3. 변형사례 검토

[변형사례] 앞의 [사례]에서 매수인 B가 미성년자(현재 만17세)인 경우를 전제로 생각해 보자. B가 S노트북을 A로부터 직접 배송받고 매매대금을 모두 지불하였다. B는 노트북박스를 개봉하여 자신이 원하는 프로그램 등을 설치하였다. 그런데 3일 후 B가 노트북을 사용하는 광경을 목격한 B의 어머니가 모든 사정을 다 듣고서 A에게 자신의 동의를 얻지 않고 고가의 노트북을 미성년자 B에게 어떻게 판매할 수 있느냐며, 노트북을 다시 가져가고 매매대금을 반환하라고 말했다. 그러자 A는 B가 미성년인지를 전혀 몰랐다고 주장하면서 반환을 거부하고 있다. A와 B의 법적 관계는 어떠한가?

가. 계약상 청구권

1) 계약의 성립 및 계약상 청구권 발생

A와 B는 S노트북에 관한 매매계약을 체결한 상태이다. 그런데 B의 어머니가 B와 A사이의 계약관계를 취소하고자 한다. 여기서 우리는 계약의 유효성을 한 번 살펴볼 필요가 있다.

계약의 유효성에 직접 관여되는 개념은 무효(Nichtigkeit)와 취소(Anfechtung)이다. 법률행위의 무효(Nichtigkeit von Rechtsgeschäften)는 처음부터 법률행위에 효력이 없는 것을 말하는데,[25] 법률행위가 성립한 당초부터 법률상 당연히 그 효력이 발생하지 않는 것이 확정되어 있는 것으로 이해된다.[26] 그리고 의사표시의 취소(Anfechtung von Willenserklärung)는 처음에는 유효한 것으로 여겨지다가 의사표시를 하는 사람(표의자)이 의사의 형성중의 결함(착오, 사기, 강박)으로 인하여 취소할 수 있다는 것을 의미한다.[27] 취소로 인하여 행위시에 소급하여 법률행위의 효력이 사라지게 하는 특정인(취소권자)의 의사표시가 바로 취소이다.[28]

앞의 [변형사례]에서는 취소가 문제된다. 우리 민법 제140조(법률행위의 취소권자)[29]에 따르면 제한능력자인 미성년자 B 자신이나, B의 법정대리인인 B의 어머니가 S노트북에 대한 매매계약을 취소할 수 있다. B와 B의 어머니는 취소권자이다.

민법 제140조(법률행위의 취소권자)
취소할 수 있는 법률행위는 제한능력자, 착오로 인하거나 사기 · 강박에 의하

---

25) Creifelds/Weber, Rechtswörterbuch, S. 1022.
26) 곽윤직, 민법총칙, 신정판, 박영사, 1996, 506면.
27) Creifelds/Weber, Rechtswörterbuch, S. 60.
28) 곽윤직, 민법총칙, 신정판, 박영사, 1996, 513면.
29) 민법 제140조(법률행위의 취소권자) 취소할 수 있는 법률행위는 제한능력자, 착오로 인하거나 사기 · 강박에 의하여 의사표시를 한 자, 그의 대리인 또는 승계인만이 취소할 수 있다.

여 의사표시를 한 자, 그의 대리인 또는 승계인만이 취소할 수 있다.

민법 제141조(취소의 효과)

취소된 법률행위는 처음부터 무효인 것으로 본다. 다만, 제한능력자는 그 행위로 인하여 받은 이익이 현존하는 한도에서 상환(償還)할 책임이 있다.

민법 제142조(취소의 상대방)

취소할 수 있는 법률행위의 상대방이 확정한 경우에는 그 취소는 그 상대방에 대한 의사표시로 하여야 한다.

민법 제142조에 따르면 B 혹은 B의 어머니는 매매계약의 상대방인 A에게 취소의 의사표시를 전달함으로써 계약을 취소할 수 있다. 이 경우 취소권자의 의사표시가 상대방에게 도달하면 그 효력이 발생하고(민법 제111조 도달주의), 곧바로 민법 제141조에 따른 효과가 발생한다. 취소권자의 이러한 의사표시를 통한 취소권을 바로 형성권(Gestaltungsrecht)이라고 부른다. 그 효과는 계약이 체결되지 않았던 상태로 돌아가는 것이다. 바로 이러한 효력을 소급효(ex tunc)라고 부른다.

결국 계약체결은 소급적으로 무효가 되므로 계약은 체결되지 않았던 상태로 돌아간다. 앞의 [변형사례]에서 B는 이미 S노트북에 대한 매매대금을 지급하였으므로 이 돈은 A로부터 B에게 반환되어야 할 돈이다. 이와 마찬가지로 B가 인도받아 사용하고 있는 S노트북은 A에게 반환되어야 할 노트북이다. 계약이 체결되지 않았더라면 S노트북은 B에게 인도되지 않았을 것이다.

2) 중간결론

계약이 소급효로 인하여 체결되지 않았던 상태로 돌아갔으므로 계약상의 1차적 청구권과 2차적 청구권은 발생하지 않는다.

나. 사무관리에 기한 청구권

[변형사례]에서 위임없는 사무관리의 상황은 발견되지 않는다. 참고로 만약 피해자가 계약체결상 과실에 기한 청구권을 행사할 상황이 발생하는 경우, 손해의 범위는 신뢰이익의 범위로 한정(신뢰손해, Vertrauensschaden)된다. 신뢰

이익과 관련된 손해의 범위는 우리 민법 제535조가 규정하고 있다.

민법 제535조(계약체결상의 과실)

① 목적이 불능한 계약을 체결할 때에 그 불능을 알았거나 알 수 있었을 자는 상대방이 그 계약의 유효를 믿었음으로 인하여 받은 손해를 배상하여야 한다. 그러나 그 배상액은 계약이 유효함으로 인하여 생길 이익액을 넘지 못한다. ② 전항의 규정은 상대방이 그 불능을 알았거나 알 수 있었을 경우에는 적용하지 아니한다.

다. 물권적 청구권 및 이 물권적 청구권으로부터 도출된 비물권적 청구권

민법 제213조(소유물반환청구권)

소유자는 그 소유에 속한 물건을 점유한 자에 대하여 반환을 청구할 수 있다. 그러나 점유자가 그 물건을 점유할 권리가 있는 때에는 반환을 거부할 수 있다.

민법 제214조(소유물방해제거, 방해예방청구권)

소유자는 소유권을 방해하는 자에 대하여 방해의 제거를 청구할 수 있고 소유권을 방해할 염려있는 행위를 하는 자에 대하여 그 예방이나 손해배상의 담보를 청구할 수 있다.

[변형사례]에서 매도인 A와 매수인인 미성년자 B 사이의 매매계약은 취소로 인하여 소급적 무효가 되었다. 그렇다면 이렇게 소급적으로 무효가 된 매매계약(원인행위, 채권행위)이 소유자인 A로부터 B에게 이루어진 S노트북의 소유권양도행위인 물권행위(처분행위)에도 영향을 미치는지에 따라서 그 결론이 달라진다.

우리나라의 통설과 판례는 유인설을 따른다. 채권행위의 매매계약이 소급적으로 무효가 됨으로써 A는 S노트북에 대한 소유권을 회복하므로, A는 소유자로서 S노트북의 점유자인 B에게 민법 제213조에 기한 소유물반환청구권을

행사할 수 있다.[30)]

라. 불법행위 및 위험책임으로부터 발생되는 청구권

민법 제750조에 따르면 A와 B 사이의 거래 관계에서 B가 미성년자임을 말하지 않고 S노트북을 구매하였다고 하여 민법상의 어떠한 위법행위로 판단하기 어렵다. 민법 제750조의 요건을 양 당사자가 충족하지 못한다.

마. 부당이득에 기한 청구권

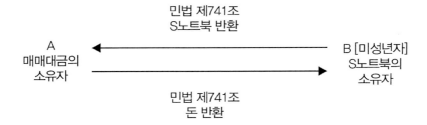

물권행위의 무인설(독일의 통설)에 따르면 S노트북의 소유권은 B에게 잔존하고, 매매대금의 소유권은 A에게 존재한다. 돈의 소유권은 돈을 갖고 있는(점유하고 있는) A에게 있다. 따라서 A는 B에 대해서 S노트북 반환에 대하여 민법 제741조에 따른 부당이득반환청구권(채권적 청구권)을 행사할 수 있다. 마찬가지로 B는 A에 대해서 돈에 대해서만 민법 제741조에 따른 부당이득반환청구권을 행사할 수 있다.

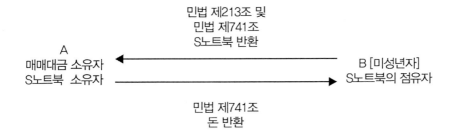

---

30) 참고로 독일의 통설에 따르는 무인설에 따르면 채권행위인 매매계약이 소급적으로 무효가 되더라도 A로부터 B에게 이루어진 물권행위인 소유권양도에는 아무런 영향이 없다. 미성년자 B가 여전히 S노트북의 소유자이다.

물권행위의 유인설(우리의 통설)에 따르면 S노트북의 소유권은 A에게 복귀된다. 그러나 A는 돈을 갖고 있으므로 여전히 돈에 대한 소유자이다. 이와 반대로 B는 S노트북의 점유자(단지 갖고 있는 사람)이지만 소유자는 아니다. 따라서 A는 B에 대해서 S노트북 반환에 대하여 민법 제213조에 따른 소유물반환청구권(물권적 청구권)뿐만 아니라 민법 제741조에 따른 부당이득반환청구권(채권적 청구권)을 행사할 수 있다. 그러나 B는 A에 대해서 돈에 대해서만 민법 제741조에 따른 부당이득반환청구권을 행사할 수 있다.

제7장

법해석에 있어서의 이념과 법률가의 자세

1. 이념 - 법적 안정성과 구체적 타당성의 대립과 조화

가. 이념으로서의 법적 안정성과 구체적 타당성

법을 해석하는 일에 종사하는 한, 그가 하는 일이 무엇이더라도, 소속이 어디에 있더라도 모두 법률가의 역할을 수행하는 것이다. 이러한 의미에서의 법률가들이 법해석을 함에 있어 가장 기본적으로 전제하고 들어가야 할 이념은 무엇일까? 아마도 그것은 법의 양대 이념이라고도 할 수 있는 법적 안정성과 구체적 타당성의 조화일 것이다.

법의 기능 내지는 존재 의의가 사회공동체의 질서를 유지하는 일과 공동체 구성원들의 권리를 지켜주는 일에 있다고 할 수 있기에, 법의 해석도 이러한 법의 존재 의의를 실현하는 방향으로 이루어져야 함은 많은 말이 필요 없을 정도로 명백하다. 이때 공동체의 질서유지는 법적 안정성을 통하여 이루어지고, 개인의 권리 보호는 구체적 타당성을 통하여 이루어질 가능성이 높다.

그렇기 때문에 법적 안정성과 구체적 타당성이야말로 법률가들이 항상 염두에 두어야 할 법해석의 양대 지침이라고 할 수 있다. 이러한 법적 안정성과 구체적 타당성은 일치할 때가 많이 있다. 즉 개인의 권리 보호를 위한 구체적 타당성에 기반한 법해석을 통하여 공동체의 질서와 안정이 유지될 수 있기에 구체적 타당성을 갖춘 해석은 곧 법적 안정성을 지키는 해석이 될 수 있는 것이다.

나. 양자의 충돌

그러나 법적 안정성과 구체적 타당성이 언제나 일치하는 것만은 아니고, 때로는 양자가 충돌하기도 한다. 즉 구체적 타당성 있는 해석의 결과로 인하여 법적 안정성이 깨지는가 하면, 반대로 법적 안정성의 유지를 위한 해석의 결과가 구체적 타당성에 반하는 결과로 이어지는 일도 법해석의 세계에서는 흔히 일어날 수 있는 일이다.

아래의 사례를 통하여 법적 안정성과 구체적 타당성이 충돌하는 모습을 쉽게 인지할 수 있을 것이다.

사례

A 토지에 대하여 甲이 등기부상 소유자로 등재되어 있다. 이에 乙은 甲이 위 토지의 진정한 소유자로 믿고 甲으로부터 위 토지를 매수하였다. 그러나 위 A 토지의 진정한 소유자는 丙으로, 甲이 마치 자신이 丙으로부터 A 토지를 매수한 것처럼 서류를 꾸며 자기 앞으로 소유권이전등기를 하여 놓은 것이었다.

丙이 乙을 상대로 위 A 부동산의 소유권을 주장한다면, 乙과 丙 중 누구를 보호해 주어야 하는가?

법적안정성과 구체적 타당성의 대립과 조화

甲	乙	丙
A부동산의 등기부상 소유자	甲에게 토지 매수	진정한 A부동산의 소유자

丙이 乙을 상대로 위 A부동산의 소유권을 주장한다면, 乙과 丙 중에서 누구를 보호해 주어야 하는가?

이것이 바로 민법 물권편에서 논의되는 등기의 공신력 문제이다. 부동산 물권변동에 관한 민법 제186조의 규정에 따라 토지나 건물과 같은 부동산의 경우 부동산등기부에 소유권자로 등재되어야, 즉 소유권보존등기든, 소유권이전등기든 본인 명의로 등기가 경료되었을 때 비로소 해당 명의자는 소유권이라는 물권을 취득할 수 있는 것이다. 아무리 매매계약을 체결하고, 그 대금까지 전부 지급하였다고 할지라도 본인 앞으로 소유권이전등기를 경료해 놓지 않으면 소유권자는 아닌 것이고, 소유권이전등기를 경료해 놓아야 소유권자가 되는 것이다.

그러면 여기서 만일 위 사례와 같이 甲 명의로 소유권이전등기가 되어 있다면, A 부동산을 매수하고자 하는 乙의 입장에서는 A 부동산의 소유자로 甲이 등기되어 있기에, 甲을 진정한 소유권자로 믿을 것이다. 그러므로 乙의 부동산등기부라는 공적 장부의 정확성에 대한 믿음(신뢰)을 존중하여 준다면, 비록 무권리자로부터 매수하였다 할지라도 乙의 소유권 취득을 인정하여야 할 것이다. 그렇게 될 경우 거래의 안정은 확보될 수 있지만, 진정한 소유자인 丙

의 소유권은 부정되는 것이기에 진정한 소유자의 권리가 침해되는 구체적 타당성을 결하는 결과가 초래된다.

반대로 구체적 타당성의 확보를 위하여 진정한 소유자의 권리를 보호해 준다는 시각에서 접근하면, 비록 乙이 부동산등기부를 믿고 매수하였다 할지라도 무권리자로부터 매수하였기에 乙은 비록 본인 앞으로 소유권이전등기를 경료해 놓았다고 할지라도 소유권을 취득할 수 없고, 그에 따라 진정한 소유권자인 丙이 乙을 상대로 乙 명의의 소유권이전등기의 말소를 구할 수 있게 되는 것이다. 이렇게 될 경우 부동산등기부를 믿고 거래를 한 乙이 보호되지 못하여 결과적으로는 거래의 안정이 깨지게 되는 것이다.

위 사례를 통하여 법규범의 해석에 있어서 유념하여야 할 양대 이념 혹은 양대 기준인 거래의 안정에 중점을 둔 법적 안정성과 개인의 권리구제에 초점을 맞춘 구체적 타당성이 얼마든지 상호 충돌 내지는 배제될 수 있는 관계임을 쉽게 알 수 있다.

다. 결론

법규범은 재판규범이자 행위규범이다. 이는 법규범은 재판관에게는 분쟁을 해결하고 관련 사안에 법규범을 적용하기 위하여 필요한 것이기에 재판관이 준수하여야 할 재판규범의 성격을 갖고 있지만, 다른 한편 일반인 입장에서는 규범을 준수하여 행위할 기준이 되기 때문이다. 즉 법에서 일정한 행위를 금지하고 있다면, 그 행위를 하지 않아야 할 것이고(혹은 하지 않으려고 할 것이고), 일정한 범위까지 허용하고 있다면, 그 범위 내에서만 행동하여야(혹은 행동하려고) 하기 때문에 모든 법규범은 행위규범적 성격을 띠고 있는 것이다.

이러한 행위규범적 성격으로 인하여 법규범의 내용을 해석함에 있어서는 일반인의 신뢰 보호를 위하여 일관성을 유지하여야 함은 물론 법적 안정성을 해치지 않도록 노력하여야 한다.

한편 법규범 해석에 있어서 놓치지 말아야 할 것이 구체적 타당성이다. 법규범의 해석은 기본적으로 구체적 사건에 법규범을 적용하기 위한 것이고, 구체적 분쟁사건의 해결은 구체적 타당성이 수반되어야 하기 때문에 구체적 타당성이야말로 법규범 해석의 기준이라고 할 수 있다. 즉 구체적 사건에서 일정한 법규범의 해석에 따른 결론이 구체적 타당성을 보유하여야 한다는 점은 어찌 보면 법규범이 사람과 사람 사이의 관계를 규율하는 것이기에 당연한 요구나 전제가 되기 때문이다.[1]

그러므로 법규범을 해석함에 있어서는 위 양자를 조화롭게 해석할 필요가 있다. 그러나 문제는 위 양자가 언제나 일치하는 것이 아니고 상호 저촉되는 경우가 종종 있다는 점이다. 이 경우 어떻게 하여야 할 것인가가 법률가들의 가장 큰 고뇌의 대상이 된다. 이처럼 법적 안정성과 구체적 타당성이 상호 충돌할 때 법해석가는 어떤 선택을 하여야 할까? 즉 법해석을 함에 있어서는 위 양자를 조화롭게 해석할 필요가 있지만, 이들이 상호 충돌할 때 법률가들이 취할 자세가 무엇이냐의 문제이다.

결론적으로 말하면, 양자의 조화로운 해석이 불가능하여 어느 하나를 선택하여야 한다면, 법규범은 사회를 구성하고 있는 모든 사람에게 적용되는 일반규범이라는 일반규범적 성격을 고려할 때 법적 안정성을 더 우위에 두어야 할 것이다.[2]

판례도 법적 안정성과 구체적 타당성과의 관계에 대하여 기본적으로는 법정 안정성을 저해하지 않는 범위 내에서 구체적 타당성을 찾는 데 두어야 한다는 입장에 서 있는 것으로 보인다.

판례

대법원 2018. 6. 21. 선고 2011다112391 전원합의체 판결 [임금등]
법은 원칙적으로 불특정 다수인에 대하여 동일한 구속력을 갖는 사회의 보편타당한 규범이므로 법의 표준적 의미를 밝혀 객관적 타당성이 있도록 해석하여야 하고, 가급적 모든 사람이 수긍할 수 있는 일관성을 유지함으로써 법적 안정성이 손상되지 않도록 하여야 한다. 한편 실정법은 보편적이고 전형적인 사안을 염두에 두고 규정되기 마련이므로 사회현실에서 일어나는 다양한 사안에서 구체적 사안에 맞는 가장 타당한 해결이 될 수 있도록 해석·적용할 것도 요구된다. 요컨대 법해석의 목표는 어디까지나 법적 안정성을 저해하지 않는 범위 내에서 구체적 타당성을 찾는 데 두어야 한다. 나아가 그러기 위해서는 가능한 한 법률에

---

1) 곽윤직·김재형, 민법총칙, 제9판, 박영사, 2016, 50면.
2) 송덕수, 민법총칙, 박영사, 2018, 43-44면.

사용된 문언의 통상적인 의미에 충실하게 해석하는 것을 원칙으로 하면서, 법률의 입법 취지와 목적, 제·개정 연혁, 법질서 전체와의 조화, 다른 법령과의 관계 등을 고려하는 체계적·논리적 해석방법을 추가적으로 동원함으로써, 위와 같은 법해석의 요청에 부응하는 타당한 해석을 하여야 한다.

대법원 2009. 4. 23. 선고 2006다81035 판결 [건물명도등]

[1] 법은 원칙적으로 불특정 다수인에 대하여 동일한 구속력을 갖는 사회의 보편 타당한 규범이므로 이를 해석함에 있어서는 법의 표준적 의미를 밝혀 객관적 타당성이 있도록 하여야 하고, 가급적 모든 사람이 수긍할 수 있는 일관성을 유지함으로써 법적 안정성이 손상되지 않도록 하여야 한다. 그리고 실정법이란 보편적이고 전형적인 사안을 염두에 두고 규정되기 마련이므로 사회현실에서 일어나는 다양한 사안에서 그 법을 적용함에 있어서는 구체적 사안에 맞는 가장 타당한 해결이 될 수 있도록, 즉 구체적 타당성을 가지도록 해석할 것도 요구된다. 요컨대, 법해석의 목표는 어디까지나 법적 안정성을 저해하지 않는 범위 내에서 구체적 타당성을 찾는 데 두어야 한다.

그리고 그 과정에서 가능한 한 법률에 사용된 문언의 통상적인 의미에 충실하게 해석하는 것을 원칙으로 하고, 나아가 법률의 입법 취지와 목적, 그 제·개정 연혁, 법질서 전체와의 조화, 다른 법령과의 관계 등을 고려하는 체계적·논리적 해석방법을 추가적으로 동원함으로써, 앞서 본 법해석의 요청에 부응하는 타당한 해석이 되도록 하여야 한다.

한편, 법률의 문언 자체가 비교적 명확한 개념으로 구성되어 있다면 원칙적으로 더 이상 다른 해석방법은 활용할 필요가 없거나 제한될 수밖에 없고, 어떠한 법률의 규정에서 사용된 용어에 관하여 그 법률 및 규정의 입법 취지와 목적을 중시하여 문언의 통상적 의미와 다르게 해석하려 하더라도 당해 법률 내의 다른 규정들 및 다른 법률과의 체계적 관련성 내지 전체 법체계와의 조화를 무시할 수 없으므로, 거기에는 일정한 한계가 있을 수밖에 없다.

[2] 구 임대주택법(2005. 7. 13. 법률 제7598호로 개정되기 전의 것) 제15조 제1항에서 규정하는 '임차인'이란 어디까지나 그 법률이 정한 요건과 절차에 따라 임대주택에 관하여 임대사업자와 임대차계약을 체결한 당사자 본인으로서의 임차인을 의미하고, 이와 달리 당사자 일방의 계약 목적, 경제적 부담이나 실제 거주 사실 등을 고려한 '실질적 의미의 임차인'까지 포함한다고 변경,

확장 해석하는 것은 법률 해석의 원칙과 기준에 어긋나는 것으로서 받아들일 수 없다.

2. 법해석에 임하는 법률가의 자세

법해석에 임하는 법률가들이 취하여야 할 바람직한 자세는 무엇일까? 그 답은 각자 다르겠지만, 아마도 아래의 자세들이야말로 법률가들이 갖추어야 할 바람직한 덕목이라고 할 수 있을 것이다.

가. 균형감

법규범을 해석함에 있어 법률가들이 취하여야 할 가장 기본적인 자세나 덕목이 있다면, 그것은 무엇일까? 사람마다 다르겠지만, 균형감 있는 해석이야 말로 법률가들에게 요구되는 최고의 덕목이자, 자세라고 할 수 있을 것이다.

법률가들도 사회 구성원의 일인(一人)이고, 사회적 존재이기에 각자 나름 의 세계관과 인생관이 있을 수밖에 없다. 그것이 정치나 경제, 사회를 바라보 는 보수와 진보의 시각일 수도 있을 것이고, 입법, 행정, 사법이라는 국가권력 의 3권 중에서, 사법권(司法權)이 차지하고 기능하는 역할을 정의함에 있어, 소 극적으로 법해석의 영역에 머무르는 것이 옳다는 사법소극주의(司法消極主義) 입장에 설 수도 있고, 단순히 재판이 청구된 사건에서 입법부가 제정한 법률 의 기계적 적용만을 하는 것은 참다운 사법부의 역할을 수행하는 것이 아니라 는 전제 하에, 비록 법해석 단계이기는 하지만, 적극적으로 사법권을 적용하여 야 한다는 사법적극주의(司法積極主義)의 입장에 설 수도 있을 것이다.

또한 종교관에 따라 사회를 바라보는 시각이 다를 수도 있고, 바람직한 공동체의 모습을 그림에 있어서도 그 생각이 다를 수도 있을 것이다.

그러나 법률가들은 가능한 한 최대한 개인의 정치적 색채, 세계관과 종교 관, 도덕관을 떠나 균형감을 갖고 해석에 임할 필요가 있다. 그렇다면, 법률가 들에게 요구되는 균형감 있는 자세란 무엇일까? 아마도 최고규범인 헌법에서 법관에게 명하고 있는 자세, 즉 헌법 제103조의 "법관은 헌법과 법률에 의하 여 그 양심에 따라 독립하여 심판한다."라는 자세가 법을 해석하고 적용하는 모든 법률가, 법해석가들이 취할 바람직한 자세라고 할 것이다. 어쩌면 "판사는 판결로 말한다."라는 오래된 법언(法諺)의 의미도 여기에 있다고 할 것이다.

나. 문제의식

법해석을 함에 있어 빠지기 쉬운 오류 중의 하나가 바로 기계적인, 관행적인 법해석과 그로 인한 법적용이다. 이러한 문제점은 오히려 오랫동안 법률가의 지위에 있었을 때 쉽게 일어나기도 한다. 그러나 이러한 자세로는 해석의 발전도, 법문화의 발전도 있을 수 없다.

아무리 간단한 법리라 할지라도, 일응 누구나 이의를 제기하지 않을 것 같은 쟁점이라 할지라도 항상 문제의식을 갖고 해석에 임할 필요가 있다. 작은 의문이 판례를 변경하고, 행정지침, 훈령, 행정해석을 변경하여 사회와 국가를 바꾸는 것이다.

그러므로 법률가들은 법의 해석, 적용에 있어서 항상 기존의 해석에 얽매이지 아니한 상태에서 새로운 문제의식을 갖고 접근할 필요가 있다.

다. 약자 보호의 필요성과 한계

법을 해석함에 있어서는 국가기관에 대한 사인, 경제·사회적 강자에 대한 약자 등을 보호하는 해석을 할 필요가 있다. 특히 형사재판이나 행정기관의 처분 등에 관한 해석에 있어서는 피고인이나 피의자, 행정수요자나 대상자 위주의 해석을 할 필요가 있다.

즉 형사재판에 있어서는 무죄추정의 원칙에 부합하는 해석을 할 필요가 있고, 행정해석에 있어서도 행정수요자 중심의 원칙에 입각한 해석을 할 필요가 있다. 그 결과 증명책임의 행정기관 귀속, 애매한 경우의 수요자 이익부합의 해석, 행정법규흠결 시의 수요자이익주의 등의 원리가 존재하게 된다.

그러나 이러한 자세도 결국 법의 테두리 안에서 이루어져야 할 것이고, 이를 벗어나 사실상 새롭게 입법을 하는 것은 결코 법해석가가 취할 자세는 아니다.

쉬어
가는
코너

다름의 시대에 생각해 보는 정치와 법치[3)]

우리나라는 민주공화국이다. 시민이 나라의 주인이라는 '민주(民主)'의 의미를 모르는 자가 없을 정도로 이 말이 갖는 중요성은 우리 뇌리에 깊이 박혀 있지만, '공화(共和)'라는 말은 민주에 비하여 인구에 덜 회자되고 있는 것이 사실이다. 그러나 이 공화라는 말도 민주 못지않게 중요하다. 비록 공화제란 말은 군주제에 대비되는 용어로 처음 사용되기 시작하였지만, 남과 여, 어른과 아이, 가진 자와 그렇지 못한 자, 배운 자와 못 배운 자, 서쪽 사람과 동쪽 사람 가리지 않고 이들 모두의 생각과 뜻이 하나로 모아져 나라가 운영된다는 국가통치원리가 공화제의 현대적 의미일 것이다. 즉 공화제(共和制)는 다름을 인정하면서도 이 다름을 하나로 묶어내는 정치원리이다.

곰곰이 생각해 보자. 말이야 좋은 말이지 어찌 너와 내가 하나이고, 여자와 남자의 생각이 동일하며, 가진 자와 그렇지 못한 자의 입장이 같을 수 있고, 청년과 기성세대의 이해관계가 일치할 수 있단 말인가? 그럴 수는 없다. 아니 오히려 그렇지 못한 것이 부족한 인간들이 살아가는 이 세상이고, 이 땅, 이 나라다. 어쩌면 이들의 목소리를 하나로 모으는 것은 애초부터 불가능한 일인지도 모른다. 그럼에도 불구하고 시민 개개인을 하나로 묶는 것이 너무도 중요하기에, 아니 그래야만 같은 하늘 아래에서 더불어 살아갈 수 있기에, 우리는 최고규범인 헌법에서 나라의 정체성을 '공화국'이라고 천명하였을 것이다.

그렇기에 시민들로부터 통치권을 위임받아 행사하는 정치가들, 고위 관료들이 해야 할 가장 막중한 책무는 시민 모두를 '대한민국'이라는 한 지붕 아래로 불러들이는 일일 것이다. 그 누구도 소외받지 않으며, 다름이 배척되는 일 없이 어떠한 상황 하에서도 존중받고 있다는 생각이 떠나지 않게 하는 것, 그것이 위정자의 첫째 손가락에 꼽을 의무이다. 불가능할 것 같고, 참으로 어려

---

3) 이 글은 필자 손종학 교수가 2019. 10. 21.자 중도일보 23면에 게재한 칼럼을 수정·변경한 것이다.

운 일이기에 위정자 노릇하기가 힘든 것이다.

지난 2, 3년 우리 사회는 도저히 함께할 수 없을 것만 같은 극렬한 갈등의 소용돌이를 겪었다. 그리고 이 갈등은 현재진행형이요, 미래형이다. 생각과 생각이, 진영과 진영의 간극이 어찌 이다지도 깊고도 클 수 있단 말인가? 새삼 놀라지 않을 수 없을 정도의 충격이기에 그로 인한 내면의 상흔은 결코 쉬이 가시지 않을 것이다. 이 지경에 이르게 되기까지는 정치가들의 책임의식 결여를 지적하지 않을 수 없다. 어떻게 해서라도 입장이 다른 시민들을 하나로 모을 생각을 하는 것이 아니라 정파적 사고만으로 매사를 진단하고 처방하려고 한 것은 아니었는지, 갈등을 조정하기는커녕 오히려 진영의 이익만을 앞세워 활활 타오르는 성난 불에 생기름만 부은 것은 아니었는지, 깊이 그리고 오래 되돌아볼 일이다.

이제부터라도 늦지 않았다. 위정자들은 공화의 정신으로 서로 다름을 품어주면서 국민 모두를 하나로 모으는 일에 열심을 내어야 한다. 나와 다름을 '틀림'으로 간주하면서 정죄할 일이 결코 아니다. 틀림이 아닌 다름이기에 우리는 더불어 살아갈 수 있는 것이다. 옳고 그름은 정치의 몫이 아니다. 그것은 법의 몫일 뿐이다. 정치 영역에서는 옳고 그름은 있을 수 없고, 오직 다름을 하나로 모아가는 일만이 있을 수 있다.

그러나 법률가여, 잊지 말자. 같음과 다름 속에도 옳고 그름은 분명 존재함을... 그름을 다름으로 치장할 수 없고, 틀림을 다양성이라는 장막 뒤로 은닉해줄 수는 결단코 없음을... 옳은 것을 옳다고, 그른 것을 그르다고 정확하게 그리고 제 때에 선언해주지 않는 한, 다름에서 오는 대립은 쉬이 해소되지 않는다. 왜? 옳음과 그름을 판단해주지 않으면 억울하다고 느끼기에, 공정치 못하다고 인식하기에, 정의가 죽었다고 생각하기에, 그래서 공동체를 더 이상 함께할 수 없다고 단정하기에 그렇다. 정치의 길 외에 법치의 길이 따로 존재하는 이유가 여기에 있다. 법치가 사라진 곳에 공화는 제대로 숨 쉴 수 없다.

결국 이 다름의 시대에 우리 사회가 공화국이라는 공동체를 굳건히 세울 수 있는 길은 정치와 법치 두 가지뿐이다. 서로의 다름을 인정하면서도 공동의 이익을 추구하는 방향으로 통일을 기해 가는 정치와, 다름이 아닌 그름에 대하여는 그것이 옳지 않음을 분명하게 천명해주는 법치야말로 공화정을 터 세우는 두 기둥이다. 이 둘은 서로 양립 불가능한 버성긴 존재가 아닌, 함께

가는 수레의 두 바퀴와도 같은 공동운명체이다. 법치를 무시한 정치는 무질서이고, 정치를 떠난 법치는 생명 잃은 공허한 법전 속의 실정법에 다름 아니다.

　　오늘, 정치와 법치가 제대로 작동되고 있다고 그 누구 있어 장담할 수 있을까? 장담할 수 없다면, 그 답을 찾아내야 하지 않을까? 다름을 하나로 모아가는 정치가의 드높은 경륜과 옳고 그름을 판단해주는 법률가의 추상같은 용기 담긴 지혜만이 갈라진 우리 사회의 상흔을 꿰매줄 실과 바늘이 될 수 있다. 이 다름의 시대에 통 큰 정치가의 실과 정확한 법률가의 바늘이 하나로 만나야만 한다. 지금이야말로 실은 실답게, 바늘은 바늘답게, 정치와 법치가 그렇게 행동할 때가 아닌가?

제8장
판결서의
구성과 해석

1. 판결서와 해석

가. 판결서의 해석과 법해석

법규범의 해석에 있어서 판결서(판결문)의 해석은 어떤 의미를 갖고 있을까? 일반적으로 법해석이라 하면, 법률 등의 법규범 상의 조문 해석을 상정할 수 있지만, 넓은 의미에서의 법해석에는 판결서의 해석을 포함시킬 수 있다. 그 이유는 무엇일까? 영미법 국가의 경우에 선례구속(先例拘束)의 원칙에 따라 법원의 판단은 비슷한 상황에 구속되어, 다른 법원이나 재판부가 유사한 사건을 재판함에 있어서는 앞선 법원의 판단에 구속되어 그와 다른 결론의 재판을 할 수 없게 된다. 이렇게 될 경우 앞선 재판의 결론(선례)은 마치 법률 등과 같이 법원을 기속하는 규범의 역할을 하게 된다. 그렇게 될 경우 기존의 판결에 대한 해석은 필수적인 일로 되기 때문이다.

또한 우리나라처럼 비록 선례구속의 원칙이 적용되지 않는다 할지라도 앞서 설명한 바와 같이 대법원의 판단은 동종, 유사 사건을 재판하는 하급심(때로는 대법원 자체도)을 사실상 강하게 구속하는 관계로, 판결, 특히 대법원판결에 대한 해석은 매우 중요한 일이다.

이러한 점에서 판결의 해석이 필요한바, 판결서가 어떻게 구성되고, 판결서에서 사용하는 용어의 의미가 무엇인지를 공부하지 않는다면, 판결서를 아무리 읽어도 그 의미를 이해할 수가 없다. 여기에 판결서의 구성과 의미를 학습할 필요가 있는 것이다. 이에 이하에서는 판결서가 어떻게 구성되고 그 의미를 어떻게 받아들여야 올바른 해석을 할 수 있는지를 살펴보고자 한다. 다만, 대법원판결서, 특히 법학자나 일반인들에게 제공되는 대법원판결서는 일반 하급심판결서와는 다르게 작성되고 있는 특색이 있으므로 여기서는 하급심판결서를 중심으로 살펴보고, 대법원판결서는 다음 장에서 별도로 살펴보기로 한다.

나. 재판의 종류와 판결서(판결문)의 의의

재판은 작성 주체와 성립절차에 따라 판결, 결정, 명령으로 분류할 수 있다. 이 중 판결은 기본적으로 변론을 반드시 거친(이를 필수적 변론이라고 함) 후

법정의 형식을 갖춘 판결원본을 작성하고, 이에 기하여 선고기일에 선고함으로써 그 효력이 생기는 재판이다(민사소송법 205조에서 208조).

이에 비하여 결정이나 명령은 필수가 아닌 임의로 변론절차를 거치거나 변론을 거치지 아니하고 서면심리만으로, 혹은 서면심리와 심문을 거친 후 상당한 방법으로 재판내용을 고지함으로써 그 효력이 생기는 재판을 말한다(민사소송법 제134조, 제221조 제1항).

이 가운데 결정은 재판의 주체가 법원임에 비하여, 명령은 재판장, 수명법관, 수탁판사라는 점에서 양자는 구별되고, 재판 주체가 법원인 점에서 결정은 판결과 동일하다. 예를 들어, 심리의 신속성과 밀행성이 요구되는 보전절차의 경우에 필수적 변론절차가 아니므로 심리를 한 후의 재판 형식은 결정의 형식(가압류결정 등)으로 나오는 것이고, 재판절차에서 재판장이 소장 심사를 하면서 소장의 기재사항에 문제나 흠을 발견하면, 원고에게 이를 바로잡을 것을 명령하게 되는데, 이는 재판부의 지위에서 하는 것이 아닌, 재판장의 지위에서 하는 것이어서 그 형식은 명령의 형식으로 이루어진다(보정명령, 담보제공명령 등).

재판을 문서로 표현한 기록이 재판서이고, 이 재판서 중에서 판결의 형식으로 재판을 기재한 문서를 판결서라고 한다. 흔히 판결문이라고도 부른다. 그리고 결정 형식의 재판 문서를 결정문, 명령 형식의 재판 문서를 명령문이라고 부른다.

판결: 판결문	결정: 결정문	명령: 명령문
변론을 반드시 거친 후 **필수적 변론** 형식을 갖춘 판결원본 작성 선고기일에 선고효력이 생기는 재판	**재판의 주체: 법원** 필수가 아닌 임의적 변론절차 또는 변론절차 × 서면심리, 신문 재판내용 고지	**재판의 주체: 재판장, 수명법관, 수탁판사** 필수가 아닌 임의적 변론절차 또는 변론절차 × 서면심리, 신문 재판내용 고지

다. 판결(判決)과 판례(判例)

판결과 판례의 관계에 대하여 살펴보면, 양자는 동일한 의미로 사용되기도 하고, 때로는 구별되어 사용되기도 한다. 그러나 일반적으로는 판결은 개개의 사건에 대한 재판의 결론으로 이해되는 반면에, 판례란 글자 그대로 동종 유사의 판결들이 모아져서 이루어지는 것으로서 동종, 유사사건에 대한 법원의 일관된 입장을 의미한다고 볼 수 있다. 그렇기 때문에 판결서를 모아놓은 것을 판례집이라고 표현하지 판결집이라고는 쉽게 표현하지 않는 이유도 바로 여기에 있다.

라. 판결서의 형성 과정과 선고

판결서는 다음과 같은 3단논법의 논리 방식에 따라 형성된다. 첫 번째 단계인 사실확정 단계에선 각종 주장과 증거조사 등을 통한 심리가 이루어진다(판결 절차에서는 이를 변론절차라고 함). 예를 들어, 원고는 피고에게 1억 원을 빌려주었다고(이를 대여라고 함) 주장하면서 이를 갚으라는 소송을 제기한 경우에, 차용증, 송금확인증, 갚겠다는 각서 등과 같은 서류와 원고가 돈을 빌려주는 것을 보았다는 목격자의 증언 등을 통하여 원고가 피고에게 1억 원을 대여하여 준 사실을 확정한다. 이에 대하여 피고가 이미 갚았다는(이를 변제라고 함) 주장(이를 변제항변이라고 함)을 하면, 피고가 갚았음을 보여주는 영수증이나 목격자의 증언 등을 통하여 변제사실의 유무를 확정한다. 이러한 증거조사와 변론을 통하여 원고와 피고 사이의 주장사실이 확정되면, 재판부에 의하여 위와 같이 확정된 사실에 법령을 적용하는, 즉 두 번째 단계인 법령의 적용단계에서 법해석이 비로소 이루어진다. 그에 따라 대여하여 주었을 때, 재판부는 민법 상의 소비대차에 관한 법규정을 적용하여, 피고가 이를 갚을 의무가 있다고 하면서 그 이행을 명하거나, 피고의 변제항변이 인정되면 민법 상의 변제에 관한 규정을 적용하여, 피고의 원고에 대한 소비대차에 기한 채무가 소멸하여 원고의 청구가 이유 없다는 판단을 하는 것이다.

1단계(소전제)	실체법이 정하는 구성요건에 해당하는 법률사실(요건사실)을 확정 – 대여사실이나 변제사실의 확정
2단계(대전제)	위와 같이 확정된 법률사실을 소전제로 하여 대전제인 법령을 적용 – 민법 상의 소비대차나 변제에 관한 법규정
3단계(결론)	결론으로 당해 법령이 정하고 있는 법률효과의 존부 및 내용과 범위를 판단 피고에게 1억 원을 지급할 것을 명하는 원고 승소 판결을 선고하거나, 원고의 청구가 이유 없어 이를 기각한다는 원고 패소 판결을 선고함

판결의 선고는 재판장이 판결서(판결원본)를 가지고 하여야 하므로, 판결서(판결원본)는 반드시 판결 선고 전에 작성되어야 하며, 선고 후 당해 원본을 법원사무관 등에게 교부함으로써 재판절차가 완결되는 것이다. 이에 비하여 결정은 선고가 아닌 적당한 방법에 의한 고지(일반적으로는 법관에 의한 서명 혹은 기명날인 후의 법원사무관 등에 대한 교부행위)로 이루어진다.

2. 판결서 기재사항

가. 필수적(필요적) 기재사항(민사소송법 제208조)

판결서에 반드시 기재하여야 할 사항으로 민사소송법에 의하여 법정(法定)된 사항이다. 판결서의 필수적(필요적) 기재사항은 아래와 같은바, 이는 종국판결은 물론 중간판결이나 앞서 본 결정이나 명령서의 작성 시에도 준용된다(민사소송법 제224조).

판결서에 필수적(필요적) 기재사항이 누락될 경우 상소이유가 되거나 판결이 확정되더라도 기판력이나 집행력 등이 발생하지 않아 판결이 무효로 되기도 하므로 주의를 기울여야 한다.[1]

① 당사자와 법정대리인
② 주문
③ 청구취지 및 상소취지

---

1) 김상원 등 4인 편집대표, 신민사소송법 Ⅲ, 한국사법행정학회, 2004, 238면.

④ 이유
⑤ 변론종결일
⑥ 법원
⑦ 법관의 서명날인

나. 임의적 기재사항 등

그러나 실무에서는 위와 같은 필요적(필수적) 기재사항 이외에 관행과 예규 등에 따라 일정한 형식 내지 양식을 갖추어 작성하고 있다.[2]

다. 소장과의 관계

이에 비하여 소장의 필수적(필요적) 기재사항은 민사소송법 제259조 제1항에 법정되어 있는바, 다음과 같다.

① 당사자와 법정대리인
② 청구취지
③ 청구원인과 이유

이중 당사자와 법정대리인은 판결서와 동일하다고 할 수 있다. 청구취지는 소장의 결론 부분으로 역시 판결의 결론 부분인 판결서의 주문에 대응하는 부분이고, 청구원인은 청구취지를 이유 있게 하는 원인관계를 기재한 부분으로, 판결서의 이유에 대응하는 부분이라고 볼 수 있다.

한편 소장은 원고가 법원에 제출하는 최초의 준비서면으로서 기능하기도 하는 관계로 앞의 필요적 기재사항 이외에 준비서면에 담을 내용도 기재할 수 있는바, 이를 임의적 기재사항이라고 부른다. 또한 소장은 법원이라는 공무소에 제출하는 문서라는 점에서 일반적으로 사용하는 형식이 있는바, 이를 형식적 기재사항이라고 부른다.[3]

즉 소장에 기재할 사항으로는 일반적으로 민사소송법에 의한 법정 기재

---

2) 자세한 내용은 재판서 양식에 관한 예규(재일 2003-12) 참조.
3) 자세한 것은 손종학, 강해 민사실무Ⅰ, 충남대학교 출판문화원, 2017, 47-48면 참조.

사유인 필수적(필요적) 기재사항, 소장이 준비서면적 기능을 수행한다는 점에서 기재할 수 있는 임의적 기재사항, 소장이 공무소에 제출하는 법문서라는 점에서 일정한 사항을 기재할 것이 요구되는(또는 작성되는) 형식적 기재사항으로 분류할 수 있다.

　이러한 임의적 기재사항과 형식적 기재사항은 앞의 필수적(필요적) 기재사항과는 달리 설사 이를 기재하지 않아 누락시키거나, 그 형식을 따르지 않았다 할지라도 원칙적으로는 소송법적 효력이 문제되지 않는다.

　이와 같이 필수적 기재사항과 임의적 기재사항 등을 모두 표현하면 다음과 같다.[4]

순번	필요적 기재사항	준비서면적 기재사항	관행적·형식적 기재사항
1			표제
2	당사자		성명, 명칭 또는 상호와 주소
3	법정대리인		대리인의 성명과 주소
4			사건의 표시
5	청구취지		
6	청구원인	공격 또는 방어의 내용	
7			증명방법의 표시
8			첨부서류의 표시
9			작성한 날짜
10			작성자의 기명날인 또는 서명
11			법원의 표시

---

4) 사법연수원, 민사실무 I, 2017, 42면.

[소장 작성례]5)

소 　 장

원　　고　○○○
　　　　　경기도 안산시 _____
　　　　　소송대리인 변호사 충법생
　　　　　대전 서구 _____
　　　　　전화 : ○○○-○○○○, 팩스 : ○○○-○○○○
　　　　　전자우편 : ○○○@○○○.com

피　　고　○○○
　　　　　경기도 군포시 _____

양도대금 지급청구의 소

청 　 구 　 취 　 지

1. 피고는 원고에게 금 120,000,000원 및 위 금원에 대하여 이 사건 소
   장 부본 송달 다음날부터 다 갚는 날까지 연 12%의 비율에 의한 금
   원을 지급하라.

2. 소송비용은 피고의 부담으로 한다.

3. 위 제1항은 가집행할 수 있다.

라는 판결을 구합니다.

---

5) 손종학, 강해 민사실무Ⅰ, 충남대학교 출판문화원, 2017, 49-51면.

청 구 원 인

1. 원고와 피고는 2013. 6. 22 자로 ○○시 ○○빌딩 000호(90.45평)소
   재 △△△노래방의 영업시설일체 및 영업권에 대하여 영업양도계약
   을 체결하면서 그 양도대금은 금 220,000,000원(임대보증금 5,000만
   원은 별도)으로 정하여, 양도대금 중 계약금 100,000,000원은 계약당
   일에, 잔대금 120,000,000원은 2014. 9. 20 까지 지급하기로 약정하
   였습니다(갑 제1호증, 매매계약서).

2. 이에 따라 원고는 2014. 3. 60.경 계약금 100,000,000원을 지급받은
   다음, 약정에 따라 잔대금 지급을 받기 전에 위 노래방의 사업자등
   록을 피고가 지정하는 동인의 처 앞으로 사업자등록명의를 변경하
   여 주었을 뿐만 아니라, 위 노래방의 영업시설 일체를 피고에게 넘
   겨주었습니다.

3. 그럼에도 불구하고 피고는 위 잔대금 지급기일을 지난 지금까지도
   이를 지급하지 않고 있습니다.

4. 이에 원고는 위 양도계약에 따른 양도대금과 이에 대한 이 사건 소
   장 부본 송달 다음날부터 소송촉진 등에 관한 특례법 소정의 연
   12%의 비율에 의한 지연손해금의 지급을 구하기 위하여 이 사건 소
   를 제기합니다.

증 명 방 법

1. 갑 제1호증   매매계약서
1. 갑 제2호증   부동산 등기부등본

첨 부 서 류

1. 위 증명방법   2통

1. 송달료 납부서   1통
1. 소송위임장   1통
1. 소장 부본   1통

                    2015. 9. .

                        원고 소송대리인 변호사 충법생   인

○ ○ 지 방 법 원 귀 중

라. 실무 관행

1) 일반

실무적으로는 위와 같은 필수적 기재사항 이외에도 몇 가지 사항을 추가하여 일정한 순서에 따라 기재하는 방식으로 판결서를 작성하고 있다. 아래는 일반적인 판결서에 기재되는 내용과 순서이다.[6]

- 법원과 재판부 표시
- 표제(재판의 형식)
- 사건의 표시
- 당사자 및 법정대리인과 소송대리인 등 소송에 관여한 자의 표시
- 원심판결의 표시(상소심판결의 경우에 해당됨)
- 변론종결일(상고사건에서는 기재하지 않음)
- 판결선고일
- 주문
- 청구취지(항소심에서는 항소취지 별도 기재)
- 이유
- 판결서 작성일(판결선고일을 표시하는 판결에서는 생략)

---

6) 재판서 양식에 관한 예규(재일 2003-12).

─판결한 법관의 표시 및 서명날인[7]

2) 기타

항소사건과 상고사건에서는 재판의 대상이 된 원심판결을 표시한다.

[예]

원심판결　서울고등법원 2016. 8. 18. 선고 2015나2071120 판결

3) 대법원 판결이나 결정의 표시례

대법원 2017. 3. 23. 선고 2016다251215 판결 이사 및 감사 지위 확인
대법원 2017. 3. 23.자 2016다251215 결정

4) 판결서 예시

일반적인 판결서의 내용과 순서, 양식은 아래의 예시와 같다.

[판결서 예시][8]

서 울 중 앙 지 방 법 원
제 1 5 민 사 부
판　　　결

사　　건　　2015가합1234 대여금
원　　고　　김갑동
　　　　　　서울 서초구 서초로 234(서초동)

소송대리인 변호사 이삼순
피   고   홍길동
          서울 서초구 반포대로 4(반포동)
변론종결   2016. 1. 21.
판결선고   2016. 2. 4.

주   문

1. 피고는 원고에게 ------ 하라.
2. --------------- 한다.

청 구 취 지

--- 하라.

이   유

--------------------------------------- 주문과 같이 판결한다.

재판장	판사	김일남	(서명)	인
	판사	이이숙	(서명)	인
	판사	박삼수	(서명)	인

3. 사건의 표시

가. 표시 방법

판결서에 기재되는 사건의 표시는 사건번호와 사건명으로 구성되어 있다. 마치 사람의 동일성 특정이 이름과 생년월일(혹은 주민등록번호 등)로 이루어지듯이 사건의 특정도 사람과 같이 사건명과 사건번호로 구성되어 있다.

[표시례]

2010다8878 물품인도

2020고단1257 사기 등

나. 사건번호와 사건별 부호문자

[표시례]

2010다8878

1) 사건번호

위 예에서 '2010' 부분은 당해 특정 사건이 2010년에 당해 법원에 접수된 사건임을 의미한다. 만일 사건이 2020년도에 법원에 접수된 것이라면, 2020으로 시작된다.

[표시례]

(제주)2018나1111 건물철거

2) 사건부호

각 사건의 종류나 유형에 따라 사건별 사건부호를 부여하여 통일성과 구별성을 유지하고 있다.9) 주요한 사건부호는 다음과 같다.

---

9) 사건별부호문자의 부여에 관한 예규(재일 2003 - 1).

구 분	민사사건	민사가압류, 가처분 등	형사 사건	가사 사건	행정 사건	특허 사건
1심사건	가 가합 가단 가소	카합 카단 카기(기타민사신청사건)	고단 (고약) 고합	드단 드합	구합 구단	허
항소사건	나	타기(기타민사집행사건)	노	르	누	
상고사건	다	타경(부동산등경매사건)	도	므	두	후
항고사건	라		로	브	루	
재항고사건	마		모	스	무	

다. 접수번호와 검색숫자

위 예에서 '8878'은 당해 연도에 당해 법원에 접수된 '다' 사건, 즉 대법원의 민사상고사건 중 접수순서에 따라 부여된 접수번호를 의미한다. 다만 위 번호에서 마지막 숫자 '8'은 단순히 전산처리를 위한 검색용 숫자에 불과하고 일련번호와는 무관하다.

즉 전산 검색을 위하여 진행번호의 끝자리에 0부터 9까지의 아라비아 숫자를 이미 기재되어 있는 사건번호부여부에 의하여 부여하는 방식임을 주의하여야 한다. 그에 따라 실제 접수순서는 887번째 사건임을 의미한다.

결국 사건번호는 네 자리 아라비아 숫자로 된 접수년도,[10) 사건부호, 접수번호 내지는 진행번호(검색 숫자 포함)로 구성된다고 할 수 있다.

라. 사건명

1) 의미

재판 기록의 표지에 기재되어 있는 사건의 명칭을 의미한다.

---

10) 다만 2000년도 전인 1900년도의 사건에는 접수년도를 두 자리 숫자만 기재한다. 예를 들어, 1988년에 접수된 사건이라면, '88'로 기재하지 '1988'로 기재하지 않음을 주의하여야 한다.

2) 사건명 부여

사건명은 법원의 사건접수 담당 부서에서 소장 등 최초의 신청서류를 접수하여 기록을 조제할 때 정하여 기록표지에 기재된다.

[예]
___
소유권이전등기 등
약속어음금
물품인도
건물철거
손해배상(자)
공유물분할

재판 진행 도중 소의 변경 등으로 인하여 소장 접수 시에 소장의 내용에 맞추어 부여된 사건명과 사건의 내용이 일치하지 않는 경우가 발생할 수 있다. 그러나 이러한 경우에도 일단 부여된 사건명은 바뀌지 않고 그대로 유지된다.

3) 반소(反訴)와 병합 등의 경우

본소 계속 중에 피고에 의하여 반소가 제기되는 경우에는 본소와 반소 모두를 표시하여야 하므로 사건을 아래와 같이 표시한다. 별개로 접수된 둘 이상의 사건을 하나로 병합하여 진행할 때도 병합된 사건 모두를 표시하여야 한다.

[예] 반소 시)
___
2017가합7891(본소) 토지인도
2017가합8901(반소) 소유권이전등기

[예] 병합 시)
___
2017가합7891 물품대금
2017가합7991(병합) 손해배상

마. 종합

결국 표시례에 기재된 위 사건표시 [2010다8878 물품인도]의 의미는 2010년도에 대법원에 접수된 민사상고사건 중 887번째 사건을 의미하는 것이고, [2020고단1257 사기 등]은 2020년도에 접수된 형사단독 사건 중 125번째로 접수된 사기 등의 범죄에 관한 사건임을 의미하게 된다.

4. 당사자 지위의 표시

가. 일반(원고, 피고)

원고와 피고는 소송에서 당사자를 부르는 호칭이다. 여기서 소를 제기한 자를 원고라 하고, 원고로부터 소 제기를 당한 자를 피고라고 한다. 판결문에도 당사자 표시란에서 원고와 피고를 표시하여야만 한다.

원고와 피고는 순전히 소송법상의 개념으로 민법 등 실체법상의 권리자나 의무자와는 구별된다. 즉 아무런 권리가 없어도 권리가 있다고 주장하면서 소를 제기하면 원고가 되고, 원고와의 관계에서 아무런 의무가 없어도 원고로부터 소 제기를 당하면 피고가 되는 것이다.

[표기례]
원고
피고

나. 지위 중복과 당사자 표시

원고가 소를 제기하여 소송이 계속 중인 상태에서 피고가 위 소송절차를 이용하여 원고에 대하여 제기하는 소를 반소라고 한다.[11]

---

11) 민사소송법 제269조 제1항; 김상원 등 4인 편집대표, 신민사소송법 Ⅲ, 한국사법행정학회, 2004, 403－404면.

　　즉 원고에 의한 소 제기에 따라 소송 계속 중에 피고가 오히려 자신에게 일정한 권리가 있다고 주장하면서 원고를 상대로 소를 제기하는 경우가 종종 있다. 이때 원래 원고가 제기한 소를 본소라 하고, 피고가 제기한 소를 반소라고 한다.

　　예를 들어, A 토지의 소유자인 甲이 자기 소유의 위 토지를 乙이 무단으로 점유하면서 이를 돌려주지 않고 있다고 하면서 토지인도를 구하는 소를 제기한 경우에, 피고인 乙이 오히려 본인이 위 토지를 20년 이상 소유의 의사로 점유하여 왔으므로 원고가 위 토지에 관하여 취득시효 완성을 원인으로 한 소유권이전등기를 하여줄 의무가 있다고 주장하면서 원고인 甲을 피고로 하여 소유권이전등기청구소송을 제기하면, 甲의 토지인도청구의 소를 본소라 하고, 乙의 소유권이전등기청구의 소를 반소라고 한다.

　　이 경우에는 본소에서의 원고는 반소에서의 피고의 지위를 겸하고, 본소에서의 피고는 반소에서의 원고의 지위를 겸하므로 판결서에 당사자를 표시함에 있어서도 아래의 표기례와 같이 중복된 지위 모두를 표시하여야 한다.

[표기례]
원고(반소피고)
피고(반소원고)

다. 항소심

　　제1심 판결에 불복하여 항소를 제기한 경우, 원고가 제기하였다면, 항소심에서 원고는 항소인의 지위를 겸하고, 피고는 피항소인의 지위를 겸하게 된다. 역으로 피고가 항소를 제기한 경우에는 원고는 피항소인의 지위를, 피고는 항소인의 지위를 겸하게 된다.

　　이 경우에도 판결문에는 아래의 표기례와 같이 중복된 지위를 모두 표시하여 주어야 한다.

[표기례]
원고, 항소인
원고, 피항소인

피고, 피항소인
피고, 항소인

원고, 항소인 겸 피항소인
피고, 피항소인 겸 항소인12)

라. 상고심

이의 연장선 상에서 상고심에서도 역시 원고와 피고 표시 시 아래의 표기례와 같이 상고인과 피상고인을 다 같이 표시하여야 한다.

[표기례]
원고, 상고인
피고, 피상고인

원고, 피상고인
피고, 상고인

원고, 상고인 겸 피상고인
피고, 피상고인 겸 상고인13)

마. 다수 당사자가 있는 경우

원고나 피고가 1인이 아닌 수인인 경우, 이를 공동소송이라고 한다. 원고나 피고가 수인인 공동소송의 경우에는 아래와 같이 연번을 사용하여 다수당사자 모두를 표시하여야 한다.

[표기례]
원고   1. 김갑동

---

12) 이는 원고와 피고 모두 항소를 한 경우에 해당하는 표기례이다.
13) 이는 원고와 피고 모두 상고를 한 경우에 해당하는 표기례이다.

　　　　2. 김을순

피고　1. 홍갑동
　　　　2. 홍을순

제9장
대법원 판결서의 구성과 해석

1. 전원합의체 판결과 부 판결

대법원판결은 원칙적으로는 대법원장을 포함 13인의 대법관으로 구성된 전원합의체에서 판결한다. 대법원은 대법원장을 포함하여 14인의 대법관으로 구성되어 있지만, 법원행정처장을 맡고 있는 대법관은 재판 업무에서 배제되는 관계로 13인의 대법관으로 전원합의체가 구성되는 것이다.

전원합의체는 대법관 전원의 3분의 2 이상으로 구성되고, 전원합의체의 재판장은 대법원장이 맡는다(법원조직법 제7조 제1항 본문). 다만, 대법관 3인 이상으로 구성된 부(이를 소부라고 한다)에서 먼저 사건을 심리하여 의견이 일치한 경우로서 다음의 경우 이외에는 3인 이상으로 구성된 소부에서 판결할 수 있다(법원조직법 제7조 단서).

─ 명령이나 규칙이 헌법이나 법률위반으로 인정하는 경우
─ 종전에 대법원에서 판시한 헌법·법률·명령 또는 규칙의 해석 적용에 관한 의견을 변경할 필요가 있다고 인정하는 경우
─ 기타 소부에서 대법관들의 의견이 일치한다 할지라도 소부에서 재판하는 것이 적당하지 아니하다고 인정하는 경우

결국 대법원 사건은 원칙적으로는 전원합의체에서 심판하되, 소부의 의견이 일치하는 경우에는 소부에서 할 수 있다고 할 것이다. 그렇지만, 설사 소부에서 의견이 일치한다 할지라도 전원합의체에서 심리하는 것이 적당하다고 인정되거나, 종전 대법원의 해석이나 의견의 변경이 필요한 경우, 명령이나 규칙의 헌법 혹은 법률에의 위반을 인정하는 경우에는 소부에서 심판할 수 없고 반드시 전원합의체에서 심판하여야 한다고 정리할 수 있다.

현재 소부는 각 4인의 대법관으로 구성되어 있고, 대법원장은 소부 재판에는 관여하지 않기에 결국 3개의 소부 재판부가 각 소부의 담당 사건을 심판한다.

대법원 판결서 중 중요도 등에 따라 선별된 판결서는 판례공보에 실리게 되고, 이러한 판결서는 또한 대법원 홈페이지상의 종합법률정보통합검색창을 통해서도 열람할 수 있는데, 이들 판결서는 일정한 형식과 표기례에 따라 편

집되고 있다. 즉 실제 대법원판결서와는 일정부분 형식적인 면 등에서 차이를 갖고 있다. 그런데 법학도와 법률가들이 찾아보는 대법원판결서는 대부분 위 검색창을 통하여 습득된다. 이에 이하에서는 판례공보나 대법원 홈페이지 종합법률정보통합 검색창을 통하여 접할 수 있는 대법원판결의 기재례를 중심으로 살펴보고자 한다.

2. 판례공보와 ＊와 ★의 표시

법원행정처 산하 재단인 사법발전재단에서는 법원 내부 관계자들은 물론 외부 법학자나 법조인들을 위하여 대법원 판결이나 결정 사건 중 주요 판결과 결정을 모아 이를 판례공보라는 제명으로 발간하고 있다.

그런데, 판례공보에 실린 대법원판결이나 결정이라는 단어 다음에 ＊가 표시된 경우가 있다. 이는 당해 판결이나 결정이 추후 대법원판례집[1]에 수록될 판결이나 결정이라는 의미이다. 그리고 역시 판결이나 결정 뒤의 ★의 표시는 당해 판결이나 결정이 소부판결이 아닌 전원합의체 판결이었음을 의미한다.

3. 판시사항

판시사항은 당해 판결이나 결정에서 다툼이 되었던 주요 쟁점 사항을 정리한 부분이다. 보통은 쟁점 내용의 설시와 이에 대한 대법원의 최종 입장을 '적극' 혹은 '소극'이라는 용어를 사용하여 표시하는 방식을 취한다.

또한 적극이나 소극이라고 판단하면서도 일정한 범위나 조건 하에서만 적극이나 소극이라는 입장으로 '한정 적극' 혹은 '한정 소극'이라는 표시를 하기도 한다.

보기

대법원 2020. 4. 29. 선고 2017도13409 판결 [야간건조물침입절도 · 병역법위

---

1) 이 역시 사법발전재단에서 발간하고 있다.

반 · 사기 · 점유이탈물횡령 · 절도]
【판시사항】
경범죄 처벌법상 범칙금제도의 의의 / 경찰서장이 범칙행위에 대하여 통고처분을 하였는데 통고처분에서 정한 범칙금 납부기간이 경과하지 아니한 경우, 원칙적으로 즉결심판을 청구할 수 없고, 검사도 동일한 범칙행위에 대하여 공소를 제기할 수 없는지 여부(적극)

대법원 2009. 7. 16. 선고 2007다15172,15189 전원합의체 판결 [점유토지반환및손해배상 · 소유권이전등기]
【판시사항】
[1] 부동산 점유취득시효 완성 후 제3자 명의의 소유권이전등기가 마쳐진 경우, 그 소유권 변동시를 새로운 기산점으로 삼아 2차 취득시효의 완성을 주장할 수 있는지 여부(적극)
[2] 새로이 2차 점유취득시효가 개시되어 그 취득시효기간이 경과하기 전에 등기부상 소유명의자가 변경된 경우, 그 취득시효 완성 당시의 등기부상 소유명의자에게 시효취득을 주장할 수 있는지 여부(적극)

대법원 2012. 10. 25. 선고 2010도5112 판결 [장사등에관한법률위반 · 농지법위반]
[1] 매장의 대상인 '유골'에 화장한 유골의 골분이 포함되는지 여부(적극) 및 이를 장사의 목적으로 땅에 묻은 경우, 매장과 자연장의 어느 쪽에 해당하는지 판단하는 기준
[2] 매장된 시체나 유골이 토괴화한 것을 화장하여 다시 묻는 경우, 그 시설을 분묘로 볼 수 있는지 여부(한정 적극)
[3] 구 농지법상 '농지의 전용'의 의미 및 허가 없이 농지를 일시적이나마 농작물 경작이나 다년생식물의 재배 외의 용도로 사용한 경우, 무허가 농지전용에 해당하는지 여부(한정 적극)

대법원 2001. 10. 23. 선고 99두7470 판결 [지하수이용허가명의변경]
【판시사항】
[1] 지하수 개발 · 이용권의 법적 성질 및 지하수 개발 · 이용허가 후 토지소유권이 이전되면 그 지하수 개발 · 이용권도 당연히 이전되는지 여부(한정 소극)
[2] 지하수 개발 · 이용권의 양도 · 양수가 허용되는지 여부(한정 적극) 및 지하수

개발·이용 피허가자의 명의변경 신고시 지하수이용허가서 원본의 제출이 반드시 필요한지 여부(한정 소극)

4. 판결요지

판결요지는 앞에서 살펴본 쟁점사항인 판시사항에 대한 대법원의 결론을 문장으로 표시한 부분으로 판시 내용의 요점이라고 할 수 있다. 판례를 공부하거나 찾아보는 경우에 법학도나 법률가들이 가장 많이 보거나 암기하는 부분이기도 하다.

당해 판결에서 관여 대법관 전체의 의견이 모아진 경우에는 하나의 결론만을 표시하지만, 뒤에서 살펴보는 바와 같이 다수의견과 반대의견 등으로 분리되는 경우에는 다수의견과 반대의견 등을 모두 기재한다.

보기

대법원 2019. 11. 21. 자 2014스44, 45 전원합의체 결정 [상속재산분할·상속재산분할]
【판결요지】
[1] [다수의견] 배우자가 장기간 피상속인과 동거하면서 피상속인을 간호한 경우, 민법 제1008조의2의 해석상 가정법원은 배우자의 동거·간호가 부부 사이의 제1차 부양의무 이행을 넘어서 '특별한 부양'에 이르는지 여부와 더불어 동거·간호의 시기와 방법 및 정도뿐 아니라 동거·간호에 따른 부양비용의 부담 주체, 상속재산의 규모와 배우자에 대한 특별수익액, 다른 공동상속인의 숫자와 배우자의 법정상속분 등 일체의 사정을 종합적으로 고려하여 공동상속인들 사이의 실질적 공평을 도모하기 위하여 배우자의 상속분을 조정할 필요성이 인정되는지 여부를 가려서 기여분 인정 여부와 그 정도를 판단하여야 한다. 배우자의 장기간 동거·간호에 따른 무형의 기여행위를 기여분을 인정하는 요소 중 하나로 적극적으로 고려할 수 있다. 다만 이러한 배우자에게 기여분을 인정하기 위해서는 앞서 본 바와 같은 일체의 사정을 종합적으로 고려하여 공동상속인들 사이의 실질적 공평을 도모하기 위하여 배우자의 상속분을

조정할 필요성이 인정되어야 한다.

[대법관 조희대의 반대의견] 피상속인의 배우자가 상당한 기간에 걸쳐 피상속인과 동거하면서 간호하는 방법으로 피상속인을 부양한 경우, 배우자의 이러한 부양행위는 민법 제1008조의2 제1항에서 정한 기여분 인정 요건 중 하나인 '특별한 부양행위'에 해당하므로, 특별한 사정이 없는 한 배우자에게 기여분을 인정하여야 한다.

[2] 피상속인 갑과 전처인 을 사이에 태어난 자녀들인 상속인 병 등이 갑의 후처인 정 및 갑과 정 사이에 태어난 자녀들인 상속인 무 등을 상대로 상속재산분할을 청구하자, 정이 갑이 사망할 때까지 장기간 갑과 동거하면서 그를 간호하였다며 병 등을 상대로 기여분결정을 청구한 사안에서, 갑이 병환에 있을 때 정이 갑을 간호한 사실은 인정할 수 있으나, 기여분을 인정할 정도로 통상의 부양을 넘어서는 수준의 간호를 할 수 있는 건강 상태가 아니었고, 통상 부부로서 부양의무를 이행한 정도에 불과하여 정이 처로서 통상 기대되는 정도를 넘어 법정상속분을 수정함으로써 공동상속인들 사이의 실질적 공평을 도모하여야 할 정도로 갑을 특별히 부양하였다거나 갑의 재산 유지·증가에 특별히 기여하였다고 인정하기에 부족하다는 이유로 정의 기여분결정청구를 배척한 원심판단에는 민법 제1008조의2에서 정한 기여분 인정 요건에 관한 법리오해 등의 잘못이 없다고 한 사례.

대법원 2017. 5. 18. 선고 2012다86895, 86901 전원합의체 판결 [손해배상(기)·손해배상(기)]

【판결요지】

[1] 임대차 목적물이 화재 등으로 인하여 소멸됨으로써 임차인의 목적물 반환의무가 이행불능이 된 경우에, 임차인은 이행불능이 자기가 책임질 수 없는 사유로 인한 것이라는 증명을 다하지 못하면 목적물 반환의무의 이행불능으로 인한 손해를 배상할 책임을 지며, 화재 등의 구체적인 발생 원인이 밝혀지지 아니한 때에도 마찬가지이다. 또한 이러한 법리는 임대차 종료 당시 임대차 목적물 반환의무가 이행불능 상태는 아니지만 반환된 임차 건물이 화재로 인하여 훼손되었음을 이유로 손해배상을 구하는 경우에도 동일하게 적용된다. 한편 임대인은 목적물을 임차인에게 인도하고 임대차계약 존속 중에 그 사용, 수익에 필요한 상태를 유지하게 할 의무를 부담하므로(민법 제623조), 임대차계약 존속 중에 발생한 화재가 임대인이 지배·관리하는 영역에 존재하

는 하자로 인하여 발생한 것으로 추단된다면, 그 하자를 보수·제거하는 것은 임대차 목적물을 사용·수익하기에 필요한 상태로 유지하여야 하는 임대인의 의무에 속하며, 임차인이 하자를 미리 알았거나 알 수 있었다는 등의 특별한 사정이 없는 한, 임대인은 화재로 인한 목적물 반환의무의 이행불능 등에 관한 손해배상책임을 임차인에게 물을 수 없다.

[2] **[다수의견]** 임차인이 임대인 소유 건물의 일부를 임차하여 사용·수익하던 중 임차 건물 부분에서 화재가 발생하여 임차 건물 부분이 아닌 건물 부분(이하 '임차 외 건물 부분'이라 한다)까지 불에 타 그로 인해 임대인에게 재산상 손해가 발생한 경우에, 임차인이 보존·관리의무를 위반하여 화재가 발생한 원인을 제공하는 등 화재 발생과 관련된 임차인의 계약상 의무 위반이 있었음이 증명되고, 그러한 의무 위반과 임차 외 건물 부분의 손해 사이에 상당인과관계가 있으며, 임차 외 건물 부분의 손해가 그러한 의무 위반에 따른 통상의 손해에 해당하거나, 임차인이 그 사정을 알았거나 알 수 있었을 특별한 사정으로 인한 손해에 해당한다고 볼 수 있는 경우라면, 임차인은 임차 외 건물 부분의 손해에 대해서도 민법 제390조, 제393조에 따라 임대인에게 손해배상책임을 부담하게 된다.

종래 대법원은 임차인이 임대인 소유 건물의 일부를 임차하여 사용·수익하던 중 임차 건물 부분에서 화재가 발생하여 임차 외 건물 부분까지 불에 타 그로 인해 임대인에게 재산상 손해가 발생한 경우에, 건물의 규모와 구조로 볼 때 건물 중 임차 건물 부분과 그 밖의 부분이 상호 유지·존립함에 있어서 구조상 불가분의 일체를 이루는 관계에 있다면, 임차인은 임차 건물의 보존에 관하여 선량한 관리자의 주의의무를 다하였음을 증명하지 못하는 이상 임차 건물 부분에 한하지 아니하고 건물의 유지·존립과 불가분의 일체 관계에 있는 임차 외 건물 부분이 소훼되어 임대인이 입게 된 손해도 채무불이행으로 인한 손해로 배상할 의무가 있다고 판단하여 왔다.

그러나 임차 외 건물 부분이 구조상 불가분의 일체를 이루는 관계에 있는 부분이라 하더라도, 그 부분에 발생한 손해에 대하여 임대인이 임차인을 상대로 채무불이행을 원인으로 하는 배상을 구하려면, 임차인이 보존·관리의무를 위반하여 화재가 발생한 원인을 제공하는 등 화재 발생과 관련된 임차인의 계약상 의무 위반이 있었고, 그러한 의무 위반과 임차 외 건물 부분의 손해 사이에 상당인과관계가 있으며, 임차 외 건물 부분의 손해가 의무 위반에 따라 민법 제393조에 의하여 배상하여야 할 손해의 범위 내에 있다는 점에 대하여 임대인이 주장·증명하여야 한다.

이와 달리 위와 같은 임대인의 주장·증명이 없는 경우에도 임차인이 임차 건물의 보존에 관하여 선량한 관리자의 주의의무를 다하였음을 증명하지 못하는 이상 임차 외 건물 부분에 대해서까지 채무불이행에 따른 손해배상책임을 지게 된다고 판단한 종래의 대법원판결들은 이 판결의 견해에 배치되는 범위 내에서 이를 모두 변경하기로 한다.

[대법관 김신, 대법관 권순일의 별개의견] 임차인이 임대인 소유 건물의 일부를 임차하여 사용·수익하던 중 임차한 부분에서 화재가 발생하여 임차 외 건물 부분까지 불에 타 그로 인해 임대인에게 재산상 손해가 발생한 경우에, 다른 특별한 사정이 없는 한 임차 외 건물 부분에 발생한 재산상 손해에 관하여는 불법행위책임만이 성립한다고 보아야 한다. 그러므로 임대인이 임차인을 상대로 임차 외 건물 부분에 발생한 손해의 배상을 구하는 경우에는 불법행위에 있어서의 증명책임의 일반원칙에 따라 손해 발생에 관하여 임차인에게 귀책사유가 있다는 점에 관한 증명책임은 피해자인 임대인에게 있다고 보아야 한다. 그리고 이는 '건물의 규모와 구조로 볼 때 건물 중 임차한 부분과 그 밖의 부분이 상호 유지·존립에 있어 불가분의 일체를 이루는 관계'라 하더라도 달리 볼 것은 아니다.

[대법관 김재형의 반대의견] 임차인이 임대인 소유 건물의 일부를 임차하여 사용·수익하던 중 임차한 부분에서 화재가 발생한 경우에 민법 제390조에 따라 임차인의 손해배상책임이 성립하는지 여부를 판단한 다음, 임차물이든 그 밖의 부분이든 불에 탄 부분이 민법 제393조에 따라 손해배상의 범위에 포함되는지 여부를 판단하는 것으로 충분하다. 화재로 불에 탄 부분이 임차물 자체인지 임차물 이외의 부분인지에 따라 손해배상책임의 성립요건이나 증명책임을 달리 보아야 할 이유가 없다. 임차물과 임차 외 건물 부분으로 구분하여 채무불이행이나 불법행위에 기한 손해배상의 성립요건을 별도로 판단하는 것은 손해배상의 범위에서 판단해야 할 사항을 손해배상책임의 성립 여부에서 판단하는 것이라서 받아들일 수 없다.

[대법관 이기택의 별개의견] 임차인이 건물의 일부를 임차한 경우에 임대차 기간 중 화재가 발생하여 임차 건물 부분과 함께 임대인 소유의 임차 외 건물 부분까지 불에 탔을 때 임차인의 의무 위반으로 인한 채무불이행책임의

성립 및 임차인의 채무불이행이 성립하는 경우에 배상하여야 할 손해배상의 범위에 관하여는 반대의견과 견해를 같이한다.

그런데 임차인이 임대인 소유 건물의 일부를 임차하여 사용·수익하던 중 임차 건물 부분에서 화재가 발생하여 임차 외 건물 부분까지 불에 타 그로 인해 임대인에게 재산상 손해가 발생한 경우에 화재의 원인이나 귀책사유가 명확하게 밝혀지지 않은 때에는, 임차 건물 부분의 손해뿐만 아니라 임차 외 건물 부분의 손해까지 임차인이 전부 책임지는 것은 임차인에게 가혹할 수 있고, 이와 달리 임차인이 임차 외 건물 부분의 손해에 대하여 전혀 책임지지 않고 그 부분 손해를 임대인이 모두 감수하도록 하는 것 또한 구체적 타당성에 어긋날 위험이 있다. 따라서 이와 같은 경우에 법원은 임차 외 건물 부분의 손해에 대하여 임차인의 배상책임을 긍정하되, 책임에 대한 제한을 통하여 임대인과 임차인이 임차 외 건물 부분의 손해를 합리적으로 분담하도록 하여야 한다.

[3] 상법 제724조 제2항에 의하여 피해자에게 인정되는 직접청구권의 법적 성질은 보험자가 피보험자의 피해자에 대한 손해배상채무를 병존적으로 인수한 것으로서 피해자가 보험자에 대하여 가지는 손해배상청구권이고, 피보험자의 보험자에 대한 보험금청구권의 변형 내지는 이에 준하는 권리가 아니다. 그러나 이러한 피해자의 직접청구권에 따라 보험자가 부담하는 손해배상채무는 보험계약을 전제로 하는 것으로서 보험계약에 따른 보험자의 책임 한도액의 범위 내에서 인정되어야 한다.

5. 참조조문과 참조판례

가. 참조조문

당해 판결을 함에 있어 판단의 근거가 된 법조문이나, 근거까지는 아니지만 판결을 이해하기 위하여 참고할 수 있도록 기재한 법조문을 의미한다.

나. 참조판례

당해 판결과 같은 취지의 기존 판례나, 전원합의체 판결에서 종전 판례 변경 시 폐기되거나 변경될 기존의 판례 등을 표기한 부분이다.

보기

대법원 2017. 5. 18. 선고 2012다86895, 86901 전원합의체 판결 [손해배상
(기)·손해배상(기)]
【참조조문】
[1] 민법 제374조, 제390조, 제615조, 제618조, 제623조, 제654조, 민사소송법
제288조 [2] 민법 제374조, 제390조, 제393조, 제610조 제1항, 제615조, 제618
조, 제624조, 제629조 제1항, 제634조, 제654조, 제750조, 민사소송법 제288조
[3] 상법 제724조 제2항

【참조판례】
[1][2] 대법원 2010. 4. 29. 선고 2009다96984 판결(공2010상, 995)(변경)
[1] 대법원 1994. 10. 14. 선고 94다38182 판결(공1994하, 2988)
    대법원 1999. 9. 21. 선고 99다36273 판결(공1999하, 2209)
    대법원 2000. 7. 4. 선고 99다64384 판결(공2000하, 1833)
    대법원 2006. 2. 10. 선고 2005다65623 판결
    대법원 2009. 5. 28. 선고 2009다13170 판결(공2009하, 1016)
[2] 대법원 1986. 10. 28. 선고 86다카1066 판결(공1986, 3116)(변경)
    대법원 1992. 9. 22. 선고 92다16652 판결(공1992, 2968)(변경)
    대법원 1997. 12. 23. 선고 97다41509 판결(공1998상, 378)(변경)
    대법원 2003. 8. 22. 선고 2003다15082 판결(변경)
    대법원 2004. 2. 27. 선고 2002다39456 판결(공2004상, 521)(변경)
[3] 대법원 1994. 5. 27. 선고 94다6819 판결(공1994하, 1824)
    대법원 2014. 9. 4. 선고 2013다71951 판결

여기에서의 앞 부분 [1] 이나 [2] 등의 의미는 판결요지 중 [1]에, 혹은
[2]에 관계되는 참조 법조문이나 참조 판결이라는 뜻이다.

6. 원심판결

원심판결은 상소의 대상이 된 판결을 의미한다.
대법원판결의 경우 원심판결은 일반적으로 제2심판결을 의미하지만, 예

외적으로 특허사건의 경우에는 특허법원이 1심 법원이 되는바, 이처럼 대법원이 제2심인 사건의 경우에는 1심 판결을 의미한다.

7. 주문과 이유

가. 주문

판결의 결론 부분이다. 주문의 유형으로는 상고이유가 이유 있음을 이유로 상고를 받아들이거나 원심법원에 문제가 있음을 인정하고 원심판결을 파기하는 내용의 인용(파기)판결과 상고이유가 이유 없거나 원심판결에 아무런 문제가 없음을 이유로 상고를 기각하는 내용의 판결(기각판결)이 있다.

대법원에서 원심판결이 문제 있음을 지적하면서 이를 파기하는 경우에 대법원이 취하는 절차로는 두 가지 형식이 있다. 즉 원심판결을 파기하면서 당해 사건을 원심법원으로 환송하여 원심법원이 다시 재판하게 하는 형식과, 원심판결을 파기하면서도 원심법원으로 사건을 돌려보내지 않고 대법원에서 직접 당해 사건을 재판하는 형식이 있다. 전자를 파기환송(破棄還送)이라 하고, 후자를 파기자판(破棄自判)이라고 한다.

나. 이유

이는 주문의 내용을 이유 있게 하는 부분이다. 일반적으로는 먼저 사실관계를 확정한 후, 이를 소전제로 한 원심법원의 판단 내용을 기술하고, 이어서 상고이유에 대한 대법원의 판단 부분으로 구성된다.

다. 다수의견과 소수의견 등

대법원에서의 재판 시 법원조직법 제15조에서는 재판에 관여한 모든 대법관의 의견을 표시하도록 규정하고 있다. 그에 따라 판결서에는 모든 대법관의 의견을 표시하여 주어야 한다.

1) 다수의견

전원합의체 판결에서 관여 대법관의 다수가 찬성하는 의견을 말한다.

2) 소수의견(반대의견)

다수결에 의하여 의사결정이 이루어지는 합의체에서 과반수의 의견을 좇지 않은 의견을 말한다.

소수의견의 의미는, 비록 대법관 다수의견으로 형성되지 않았지만 "최종심의 반대의견은 형성되고 있는 법 정신에 대한, 그리고 지금 저질러진 잘못을 언젠가는 바로잡을 미래 지성에 대한 호소"라고 할 수 있을 정도로,[2] 결코 소홀하게 여기거나 무시할 수 없는 중요한 판단이라고 할 수 있다.

3) 별개의견(개별의견)

이는 다수의견과 같이 소송의 결론(주문)에는 동의하지만, 다수의견이 당해 결론에 이르게 된 법적 근거나 법리와는 다른 별개의 조문이나 법리를 내세워 다수의견과 동일한 결론에 이른 견해를 말한다.

예를 들어, 다수의견이 a라는 법리해석을 들어 결론을 甲이라고 내리고 원고 승소의 판결을 선고한 경우에, 결론이 甲이어서 원고 승소라는 다수의견에는 동의하지만, a법리나 이유에 기하여 결론이 甲인 것이 아니고 b라는 법리해석이나 논리에 기한 것이라는 이유를 들 때에 별개의견이라는 표시를 한다.

[예시]

이상과 같은 이유로 원심판결을 파기한 다수의견의 결론에는 찬성하나 그 논거에 관하여는 견해를 달리하므로 별개의견으로 이를 밝혀 둔다.

위와 같이 원심판결이 파기되어야 한다는 결론은 다수의견과 같지만 그 파기 이유는 다르므로 별개의견으로 이를 밝혀 둔다.

---

4) 보충의견

다수의견에 반대하는 소수의견의 주장에 대하여 다수의견 쪽에서 소수의

---

2) 김영란, 김영란의 열린 법 이야기, 풀빛, 2016, 217면에서 재인용; 김용담, 미국연방대법원 판결로 읽는 우리 법원, 누름돌, 2010, 74면.

견의 문제점을 지적하거나 다수의견에 대한 소수의견의 비판에 대하여 보충하여 의견을 개진하는 의견을 말한다.

　　또는 다수의견의 결론에는 동의하나 그 근거에는 동의하지 못하여 다수의견과는 다른 별개의 근거를 제시하는 별개의견에 대하여, 그 별개의견의 문제점을 지적하거나 비판하는 의견이다.

[예시]
대법원 2007. 5. 17. 선고 2006다19054 전원합의체 판결 [이사회결의무효확인청구]
요컨대, 이 사건의 핵심은 학교법인의 정체성과 자주성을 대변할 지위에 있는 자들의 의견을 완전히 배제한 채 임시이사들에 의하여 사립학교의 운영주체가 변경되어 버리는 결과를 그대로 용인할 것인가, 아니면 학교법인의 정체성과 자주성을 충분히 존중하되 필요에 따라 적절한 통제를 함에 그치도록 할 것인가에 있다. 일부에서는 이사들의 비리가 발생하였거나 경영상의 문제 등으로 학내분규가 발생한 학교법인에 대하여는 운영책임을 물어 이사들의 취임승인을 취소하고 임시이사를 선임하는 제도가 정책적으로 반드시 필요하다고 주장한다. 그러나 설립의 인가 이외에 이사의 취임승인 및 그 승인취소제도와 함께 임시이사 제도를 사립학교 관련 법령에서 채택하고 있는 나라는 찾기 어렵다. 우리 구 사립학교법과 현행 사립학교법에 들어 있는 이들 조항은 일제 강점기에 민족 사학을 억압하기 위한 식민정책에서 그 연원을 찾을 수 있고, 5·16 직후인 1961년에 사립학교법의 전신이라 할 수 있는 교육에 관한 임시특례법에서 부활된 것이다. 이들 조항이 학교법인의 정체성과 자주성을 침해하는 방향으로 잘못 남용될 경우에는 그에 대한 적절한 사법적 통제가 행해져야 한다. 비리를 저지른 학교법인의 임원에 대하여 그에 합당한 민·형사상의 책임을 묻고 행정적 제재를 부과하는 것은 당연하지만, 이를 시정하기 위한 수단이 지나쳐 함부로 학교법인의 정체성까지 뒤바꾸는 단계에 이르면 앞서 본 바와 같이 위헌적 상태를 초래하는 것이 되어 허용될 수 없음이 당연하다. 이상과 같이 다수의견에 대한 보충의견을 밝혀 둔다.

대법원 2008. 11. 20. 선고 2007다27670 전원합의체 판결 [유체인도등]

실습 내용

대법원 판결문은 어떠한 형식으로 구성되어 있는가?

다수의견과 반대의견은 무엇이고, 어떻게 표시 되는가?

판결문에서 어떠한 해석방법을 사용하였는가?

– 다수의견

다수의견의 주된 논지는 무엇인가?

– 반대의견

어떠한 반대의견이 있는가?

반대의견의 논지는 무엇인가?

– 보충의견

보충의견은 무엇인가?

어떠한 보충의견이 있는가?

보충의견의 논지는 무엇인가?

본인의 생각과 가장 맞는 의견은 어떠한 의견이고, 그 이유는 무엇인가?

복습 및 판례 더 들여다보기

제사주재자의 결정방법은 무엇인가?

시체나 유해는 사람인가? 물건인가?

반드시 판례 전문을 찾아서 읽고 실습하여야 한다.

【판시사항】

[1] 제사주재자의 결정 방법

[2] 망인의 유체·유골의 승계권자 및 피상속인이 생전행위 또는 유언으로 자신의 유체·유골의 처분 방법을 정하거나 매장장소를 지정한 경우 그 효력

[3] 제사주재자의 지위를 유지할 수 없는 특별한 사정의 의미

【판결요지】

[1] [다수의견] 제사주재자는 우선적으로 망인의 공동상속인들 사이의 협의에 의해 정하되, 협의가 이루어지지 않는 경우에는 제사주재자의 지위를 유지할 수 없는 특별한 사정이 있지 않은 한 망인의 장남(장남이 이미 사망한 경우에는 장남의 아들, 즉 장손자)이 제사주재자가 되고, 공동상속인들 중 아들이 없는 경우에는 망인의 장녀가 제사주재자가 된다.

[대법관 박시환, 대법관 전수안의 반대의견] 제사주재자는 우선 공동상속인들의 협의에 의해 정하되, 협의가 이루어지지 않는 경우에는 다수결에 의해 정하는 것이 타당하다.

[대법관 김영란, 대법관 김지형의 반대의견] 민법 제1008조의3에 정한 제사주재자라 함은 조리에 비추어 제사용 재산을 승계받아 제사를 주재하기에 가장 적합한 공동상속인을 의미하는데, 공동상속인 중 누가 제사주재자로 가장 적합한 것인가를 판단함에 있어서 공동상속인들 사이에 협의가 이루어지지 아니하여 제사주재자의 지위에 관한 분쟁이 발생한 경우에는 민법 제1008조의3의 문언적 해석과 그 입법 취지에 충실하면서도 인격의 존엄과 남녀의 평등을 기본으로 하고 가정평화와 친족상조의 미풍양속을 유지·향상한다고 하는 가사에 관한 소송의 이념 및 다양한 관련 요소를 종합적으로 고려하여 개별 사건에서 당사자들의 주장의 당부를 심리·판단하여 결정하여야 한다.

[2] [다수의견] (가) 사람의 유체·유골은 매장·관리·제사·공양의 대상이 될 수 있는 유체물로서, 분묘에 안치되어 있는 선조의 유체·유골은 민법 제1008조의3 소정의 제사용 재산인 분묘와 함께 그 제사주재자에게 승계되고, 피상속인 자신의 유체·유골 역시 위 제사용 재산에 준하여 그 제사주재자에게 승계된다.

(나) 피상속인이 생전행위 또는 유언으로 자신의 유체·유골을 처분하거나 매장장소를 지정한 경우에, 선량한 풍속 기타 사회질서에 반하지 않는 이상 그 의사는 존중되어야 하고 이는 제사주재자로서도 마찬가지이지만, 피상속인의 의사를 존중해야 하는 의무는 도의적인 것에 그치고, 제사주재자가 무조건 이에 구속되어야 하는 법률적 의무까지 부담한다고 볼 수는 없다.

[대법관 박시환, 대법관 전수안의 반대의견] 피상속인의 유체·유골은 제사용 재산인 분묘와 함께 제사주재자가 이를 승계한다고 본 다수의견에는 찬성한다. 그러나 제사주재자가 피상속인의 유체·유골에 대한 관리·처분권을 가지고 있다고 하여 정당한 사유 없이 피상속인의 의사에 반하여 유체·유골을 처분하거나 매장장소를 변경하는 것까지 허용된다고 볼 수는 없다.

[대법관 안대희, 대법관 양창수의 반대의견] (가) 장례의 방식이 다양화하여 분묘 없는 장례가 빈번하게 되고 또한 매장 또는 분묘개설을 강행할 근거가 없는 이상, 유체의 귀속은 분묘의 귀속과 분리하여 처리되어야 한다.

(나) 망인이 자신의 장례 기타 유체를 그 본래적 성질에 좇아 처리하는 것에 관하여 생전에 종국적인 의사를 명확하게 표명한 경우에는, 그 의사는 법적으로도 존중되어야 하며 일정한 법적 효력을 가진다고 함이 타당하다. 나아가 망인의 의사대로 이미 장례나 분묘개설 기타 유체의 처리가 행하여진 경우에는, 다른 특별한 사정이 없는 한 유체의 소유자라고 하더라도 그 소유권에 기하여 그 분묘를 파헤쳐 유체를 자신에게 인도할 것을 청구할 수 없다.

[3] 어떤 경우에 제사주재자의 지위를 유지할 수 없는 특별한 사정이 있다고 볼 것인지에 관하여는, 제사제도가 관습에 바탕을 둔 것이므로 관습을 고려하되, 여기에서의 관습은 과거의 관습이 아니라 사회의 변화에 따라 새롭게 형성되어 계속되고 있는 현재의 관습을 말하므로 우리 사회를 지배하는 기본적 이념이나 사회질서의 변화와 그에 따라 새롭게 형성되는 관습을 고려해야 할 것인바, 중대한 질병, 심한 낭비와 방탕한 생활, 장기간의 외국 거주, 생계가 곤란할 정도의 심각한 경제적 궁핍, 평소 부모를 학대하거나 심한 모욕 또는 위해를 가하는 행위, 선조의 분묘에 대한 수호·관리를 하지 않거나 제사를 거부하는 행위, 합리적인 이유 없이 부모의 유지(遺志) 내지 유훈(遺訓)에 현저히 반하는 행위 등으로 인하여 정상적으로 제사를 주재할 의사나 능력이 없다고 인정되는 경우가 이에 해당하는 것으로 봄이 상당하다.

대법원 2021. 9. 9. 선고 2020도12630 전원합의체 판결 [주거 침입]

실습 내용

대법원 판결문은 어떠한 형식으로 구성되어 있는가?

다수의견과 반대의견은 어떻게 표시 되는가?

어떠한 해석 방법을 사용하고 있는가?

− 다수의견

　다수의견의 주된 논지는 무엇인가?

− 별개의견

　어떠한 반대의견이 있는가?

　별개의견의 논지는 무엇인가?

− 반대의견

　어떠한 반대의견이 있는가?

　반대의견의 논지는 무엇인가?

본인의 생각과 가장 맞는 의견은 어떠한 의견이고, 그 이유는 무엇인가?

복습 및 판례 더 들여다보기

업무방해죄에서 위력이란 무엇인지?

파업이 업무방해죄가 되는지?

반드시 판례 전문을 찾아서 읽고 실습하여야 한다.

【판시사항】

[1] 외부인이 공동거주자의 일부가 부재중에 주거 내에 현재하는 거주자의 현실적인 승낙을 받아 통상적인 출입방법에 따라 공동주거에 들어갔으나 부재중인 다른 거주자의 추정적 의사에 반하는 경우, 주거침입죄가 성립하는지 여부(소극)

[2] 피고인이 갑의 부재중에 갑의 처(妻) 을과 혼외 성관계를 가질 목적으로 을이 열어 준 현관 출입문을 통하여 갑과 을이 공동으로 거주하는 아파트에 들어간 사안에서, 피고인이 을로부터 현실적인 승낙을 받아 통상적인 출입방법에 따라 주거에 들어갔으므로 주거의 사실상 평온상태를 해치는 행위태양으로 주거에 들어간 것이 아니어서 주거에 침입한 것으로 볼 수 없고, 피고인의 주거 출입이 부재중인 갑의 의사에 반하는 것으로 추정되더라도 주거침입죄의 성립 여부에 영향을 미치지 않는다고 한 사례

【판결요지】

[1] [다수의견] 외부인이 공동거주자의 일부가 부재중에 주거 내에 현재하는 거주자의 현실적인 승낙을 받아 통상적인 출입방법에 따라 공동주거에 들어간 경우라면 그것이 부재중인 다른 거주자의 추정적 의사에 반하는 경우에도 주거침입죄가 성립하지 않는다고 보아야 한다. 구체적인 이유는 다음과 같다.

(가) 주거침입죄의 보호법익은 사적 생활관계에 있어서 사실상 누리고 있는 주거의 평온, 즉 '사실상 주거의 평온'으로서, 주거를 점유할 법적 권한이 없더라도 사실상의 권한이 있는 거주자가 주거에서 누리는 사실적 지배·관리관계가 평온하게 유지되는 상태를 말한다. 외부인이 무단으로 주거에 출입하게 되면 이러한 사실상 주거의 평온이 깨어지는 것이다. 이러한 보호법익은 주거를 점유하는 사실상태를 바탕으로 발생하는 것으로서 사실적 성질을 가진다.

한편 공동주거의 경우에는 여러 사람이 하나의 생활공간에서 거주하는 성질에 비추어 공동거주자 각자는 다른 거주자와의 관계로 인하여 주거에서 누리는 사실상 주거의 평온이라는 법익이 일정 부분 제약될 수밖에 없고, 공동거주자는 공동주거관계를 형성하면서 이러한 사정을 서로 용인하였다고 보아야 한다.

부재중인 일부 공동거주자에 대하여 주거침입죄가 성립하는지를 판단할 때에도 이러한 주거침입죄의 보호법익의 내용과 성질, 공동주거관계의 특성을 고려하여야 한다. 공동거주자 개개인은 각자 사실상 주거의 평온을 누릴 수 있으므로 어느 거주자가 부재중이라고 하더라도 사실상의 평온상태를 해치는 행위태양으로 들어가거나 그 거주자가 독자적으로 사용

하는 공간에 들어간 경우에는 그 거주자의 사실상 주거의 평온을 침해하는 결과를 가져올 수 있다. 그러나 공동거주자 중 주거 내에 현재하는 거주자의 현실적인 승낙을 받아 통상적인 출입방법에 따라 들어갔다면, 설령 그것이 부재중인 다른 거주자의 의사에 반하는 것으로 추정된다고 하더라도 주거침입죄의 보호법익인 사실상 주거의 평온을 깨트렸다고 볼 수는 없다. 만일 외부인의 출입에 대하여 공동거주자 중 주거 내에 현재하는 거주자의 승낙을 받아 통상적인 출입방법에 따라 들어갔음에도 불구하고 그것이 부재중인 다른 거주자의 의사에 반하는 것으로 추정된다는 사정만으로 주거침입죄의 성립을 인정하게 되면, 주거침입죄를 의사의 자유를 침해하는 범죄의 일종으로 보는 것이 되어 주거침입죄가 보호하고자 하는 법익의 범위를 넘어서게 되고, '평온의 침해' 내용이 주관화·관념화되며, 출입 당시 현실적으로 존재하지 않는, 부재중인 거주자의 추정적 의사에 따라 주거침입죄의 성립 여부가 좌우되어 범죄 성립 여부가 명확하지 않고 가벌성의 범위가 지나치게 넓어지게 되어 부당한 결과를 가져오게 된다.

(나) 주거침입죄의 구성요건적 행위인 침입은 주거침입죄의 보호법익과의 관계에서 해석하여야 한다. 따라서 침입이란 '거주자가 주거에서 누리는 사실상의 평온상태를 해치는 행위태양으로 주거에 들어가는 것'을 의미하고, 침입에 해당하는지 여부는 출입 당시 객관적·외형적으로 드러난 행위태양을 기준으로 판단함이 원칙이다. 사실상의 평온상태를 해치는 행위태양으로 주거에 들어가는 것이라면 대체로 거주자의 의사에 반하는 것이겠지만, 단순히 주거에 들어가는 행위 자체가 거주자의 의사에 반한다는 거주자의 주관적 사정만으로 바로 침입에 해당한다고 볼 수는 없다.

외부인이 공동거주자 중 주거 내에 현재하는 거주자로부터 현실적인 승낙을 받아 통상적인 출입방법에 따라 주거에 들어간 경우라면, 특별한 사정이 없는 한 사실상의 평온상태를 해치는 행위태양으로 주거에 들어간 것이라고 볼 수 없으므로 주거침입죄에서 규정하고 있는 침입행위에 해당하지 않는다.

[대법관 김재형의 별개의견] (가) 주거침입죄의 보호법익은 주거권이다. 주거침입죄가 주거의 평온을 보호하기 위한 것이라고 해서 그 보호법익을 주거권으로 파악하는 데 장애가 되지 않는다. 주거침입죄의 보호법익에 관하여 대

법원판결에서 '사실상 주거의 평온'이라는 표현을 사용한 사안들은 그 보호법
익을 주거권으로 보더라도 사안의 해결에 영향이 없다.

(나) 주거침입죄에서 말하는 침입은 이른바 의사침해설에 따라 '거주자의
의사에 반하여 주거에 들어가는 것'이라고 본 판례가 타당하다.

(다) 동등한 권한이 있는 공동주거권자 중 한 사람의 승낙을 받고 주거에
들어간 경우에는 어느 한쪽의 의사나 권리를 우선시할 수 없어 원칙적으로 주
거침입죄가 성립하지 않는다. 다른 공동주거권자의 의사에 반한다고 해서 형
법 제319조 제1항이 정한 침입에 해당하는 것으로 보아 주거침입죄로 처벌하
는 것은 죄형법정주의가 정한 명확성의 원칙이나 형법의 보충성 원칙에 반할
수 있다. 평온한 방법으로 주거에 들어갔는지 여부가 주거침입죄의 성립 여부
를 판단하는 기준이라고 볼 근거도 없다.

(라) 부부인 공동주거권자 중 남편의 부재중에 아내의 승낙을 받아 혼외 성
관계를 가질 목적으로 주거에 들어갔다고 해서 주거침입죄로 처벌할 수 없다.
주거침입죄는 목적범이 아닌 데다가 현재 혼외 성관계는 형사처벌의 대상이
아니기 때문에 이러한 목적의 유무에 따라 주거침입죄의 성립이 좌우된다고
볼 수 없다.

[대법관 안철상의 별개의견] 외부인이 공동거주자 중 한 사람의 승낙을 받
아 공동주거에 출입한 경우에는 그것이 다른 거주자의 의사에 반하더라도 특
별한 사정이 없는 한 주거침입죄가 성립하지 않는다. 공동거주자 중 한 사람
의 승낙에 따른 외부인의 공동주거 출입행위 그 자체는 외부인의 출입을 승낙
한 공동거주자의 통상적인 공동주거의 이용행위 내지 이에 수반되는 행위에
해당한다고 할 것이고, 다른 거주자는 외부인의 출입이 그의 의사에 반하더라
도 여러 사람이 함께 거주함으로써 사생활이 제약될 수밖에 없는 공동주거의
특성에 비추어 공동거주자 중 한 사람의 승낙을 받은 외부인의 출입을 용인하
여야 하기 때문이다. 즉, 공동거주자 중 한 사람이 다른 거주자의 의사에 반하
여 공동주거에 출입하더라도 주거침입죄가 성립하지 않는 것과 마찬가지로,
공동거주자 중 한 사람의 승낙에 따라 공동주거에 출입한 외부인이 다른 거주
자의 의사에 반하여 공동주거에 출입하더라도 주거침입죄가 성립하지 않는다
고 보아야 한다.

[대법관 이기택, 대법관 이동원의 반대의견] 공동거주자 중 한 사람의 부재

중에 주거 내에 현재하는 다른 거주자의 승낙을 받아 주거에 들어간 경우 주거침입죄가 성립하는지 여부는 부재중인 거주자가 만일 그 자리에 있었다면 피고인의 출입을 거부하였을 것임이 명백한지 여부에 따라야 한다. 즉, 부재중인 거주자가 그 자리에 있었다면 피고인의 출입을 거부하였을 것임이 명백한 경우에는 주거침입죄가 성립하고, 그렇지 않을 경우에는 주거침입죄가 성립하지 않는다고 보아야 한다. 구체적인 이유는 다음과 같다.

(가) 주거침입죄는 거주자의 의사에 반하여 주거에 들어가는 경우에 성립한다. 주거침입죄는 사람의 주거에 침입한 경우, 즉 거주자 외의 사람이 거주자의 승낙 없이 무단으로 주거에 출입하는 경우에 성립하는 것이다. 거주자는 주거에 대한 출입이 자신의 의사대로 통제되고 지배·관리되어야 주거 내에서 평온을 누릴 수 있다. 이러한 점에서 주거침입죄의 보호법익인 '사실상 주거의 평온'은 '법익의 귀속주체인 거주자의 주거에 대한 지배·관리, 즉 주거에 대한 출입의 통제가 자유롭게 유지되는 상태'를 말한다고 할 것이다. 이러한 주거에 대한 지배·관리 내지 출입통제의 방식은 거주자의 의사 및 의사 표명을 통하여 이루어지게 된다. 따라서 주거침입죄에 있어 침입은 '거주자의 의사에 반하여 주거에 들어가는 것'이라고 해석하여야 한다.

(나) 부재중인 거주자의 경우에도 그의 '사실상 주거의 평온'이라는 법익은 보호되므로 그의 법익이 침해된 경우에는 주거침입죄가 성립한다.

(다) 공동주거에 있어서도 외부인의 출입이 공동거주자 중 부재중인 거주자의 의사에 반하는 것이 명백한 경우에는 그 거주자에 대한 관계에서 사실상 주거의 평온이 깨어졌다고 보아 주거침입죄의 성립을 인정하는 것이 주거침입죄의 법적 성질과 보호법익의 실체에 부합하는 해석이다.

(라) 외부인의 출입이 부재중인 거주자의 의사에 반하는 것이 명백한 경우에 해당하는지에 대한 판단은 우리 사회에서 건전한 상식을 가지고 있는 일반 국민의 의사를 기준으로 객관적으로 하고 그에 관한 증명책임은 검사가 부담하므로, 외부인의 출입이 부재중인 거주자의 의사에 반하는 것이 명백한 경우에는 주거침입죄가 성립한다고 보더라도 처벌 범위가 확장되는 것이 아니다.

[2] 피고인이 갑의 부재중에 갑의 처(妻) 을과 혼외 성관계를 가질 목적으로 을이 열어 준 현관 출입문을 통하여 갑과 을이 공동으로 거주하는 아파트에 3회에 걸쳐 들어간 사안에서, 피고인이 을로부터 현실적인 승낙을 받아 통

상적인 출입방법에 따라 주거에 들어갔으므로 주거의 사실상 평온상태를 해치는 행위태양으로 주거에 들어간 것이 아니어서 주거에 침입한 것으로 볼 수 없고, 설령 피고인의 주거 출입이 부재중인 갑의 의사에 반하는 것으로 추정되더라도 그것이 사실상 주거의 평온을 보호법익으로 하는 주거침입죄의 성립 여부에 영향을 미치지 않는다는 이유로, 같은 취지에서 피고인에게 무죄를 선고한 원심의 판단이 정당하다고 한 사례.

대법원 2011. 3. 17. 선고 2007도482 전원합의체 판결 [업무방해]

실습 내용

대법원 판결문은 어떠한 형식으로 구성되어 있는가?

다수의견과 반대의견은 어떻게 표시 되는가?

어떠한 해석 방법을 사용하고 있는가?

– 다수의견

다수의견의 주된 논지는 무엇인가?

– 반대의견

어떠한 반대의견이 있는가?

반대의견의 논지는 무엇인가?

본인의 생각과 가장 맞는 의견은 어떠한 의견이고, 그 이유는 무엇인가?

복습 및 판례 더 들여다보기

업무방해죄에서 위력이란 무엇인지?

파업이 업무방해죄가 되는지?

반드시 판례 전문을 찾아서 읽고 실습하여야 한다.

【판시사항】

[1] 쟁의행위로서 파업이 업무방해죄의 '위력'에 해당하는지 여부(한정 적극)

[2] 피고인을 비롯한 전국철도노동조합 집행부가 중앙노동위원회 위원장의 직권중재회부결정에도 불구하고 파업에 돌입할 것을 지시하여, 조합원들이 사업장에 출근하지 아니한 채 업무를 거부하여 사용자에게 손해를 입힌 사안에서, 피고인에 대한 업무방해의 공소사실을 유죄로 인정한 원심판결을 수긍한 사례

【판결요지】

[1] [다수의견] (가) 업무방해죄는 위계 또는 위력으로써 사람의 업무를 방해한 경우에 성립하며(형법 제314조 제1항), '위력'이란 사람의 자유의사를 제압·혼란케 할 만한 일체의 세력을 말한다. 쟁의행위로서 파업(노동조합 및 노동관계조정법 제2조 제6호)도, 단순히 근로계약에 따른 노무의 제공을 거부하는 부작위에 그치지 아니하고 이를 넘어서 사용자에게 압력을 가하여 근로자의 주장을 관철하고자 집단적으로 노무제공을 중단하는 실력행사이므로, 업무방해죄에서 말하는 위력에 해당하는 요소를 포함하고 있다.

(나) 근로자는 원칙적으로 헌법상 보장된 기본권으로서 근로조건 향상을 위한 자주적인 단결권·단체교섭권 및 단체행동권을 가지므로(헌법 제33조 제1항), 쟁의행위로서 파업이 언제나 업무방해죄에 해당하는 것으로 볼 것은 아니고, 전후 사정과 경위 등에 비추어 사용자가 예측할 수 없는 시기에 전격적으로 이루어져 사용자의 사업운영에 심대한 혼란 내지 막대한 손해를 초래하는 등으로 사용자의 사업계속에 관한 자유의사가 제압·혼란될 수 있다고 평가할 수 있는 경우에 비로소 집단적 노무제공의 거부가 위력에 해당하여 업무방해죄가 성립한다고 보는 것이 타당하다.

(다) 이와 달리, 근로자들이 집단적으로 근로의 제공을 거부하여 사용자의 정상적인 업무운영을 저해하고 손해를 발생하게 한 행위가 당연히 위력에 해당하는 것을 전제로 노동관계 법령에 따른 정당한 쟁의행위로서 위법성이 조각되는 경우가 아닌 한 업무방해죄를 구성한다는 취지로 판시한 대법원 1991. 4. 23. 선고 90도2771 판결, 대법원 1991. 11. 8. 선고 91도326 판결, 대법원 2004. 5. 27. 선고 2004도689 판결, 대법원 2006. 5. 12. 선고 2002도3450 판결, 대법원 2006. 5. 25. 선고 2002도5577 판결 등은 이 판결의 견해에 배치되는 범위 내에서 변경한다.

[대법관 박시환, 대법관 김지형, 대법관 이홍훈, 대법관 전수안, 대법관 이인복의 반대의견] (가) 다수의견은 폭력적인 수단이 동원되지 않은 채 단순히 근로자가 사업장에 출근하지 않음으로써 근로제공을 하지 않는 '소극적인 근로제공 중단', 즉 '단순 파업'이라고 하더라도 파업은 그 자체로 부작위가 아니라 작위적 행위라고 보아야 한다는 것이나, 이러한 견해부터 찬성할 수 없다. 근

로자가 사업장에 결근하면서 근로제공을 하지 않는 것은 근로계약상의 의무를 이행하지 않는 부작위임이 명백하고, 근로자들이 쟁의행위의 목적에서 집단적으로 근로제공을 거부한 것이라는 사정이 존재하다고 하여 개별적으로 부작위인 근로제공의 거부가 작위로 전환된다고 할 수는 없다.

(나) '단순 파업'을 다수의견의 견해와 달리 부작위라고 보더라도, 부작위에 의하여 위력을 행사한 것과 동일한 결과를 실현할 수 있고 근로자들이 그러한 결과 발생을 방지하여야 할 보증인적 지위에 있다고 볼 수 있다면, 비록 다수의견과 논거를 달리하지만 위력에 의한 업무방해죄의 성립을 인정할 수 있다. 그러나 일반적으로 사용자에게 근로자들의 단순 파업으로부터 기업활동의 자유라는 법익을 스스로 보호할 능력이 없다거나, 근로자들이 사용자에 대한 보호자의 지위에서 사태를 지배하고 있다고는 말할 수 없다. 무엇보다 근로자 측에게 위법한 쟁의행위로서 파업을 해서는 안 된다는 작위의무를 인정하는 것은 서로 대립되는 개별적 · 집단적 법률관계의 당사자 사이에서 상대방 당사자인 사용자 또는 사용자단체에 대하여 당사자 일방인 근로자 측의 채무의 이행을 담보하는 보증인적 지위를 인정하자는 것이어서 받아들일 수 없고, 근로자들의 단순한 근로제공 거부는 그것이 비록 집단적으로 이루어졌다 하더라도 업무방해죄의 실행행위로서 사용자의 업무수행에 대한 적극적인 방해 행위로 인한 법익침해와 동등한 형법가치를 가진다고 할 수도 없다.

(다) 다수의견의 견해와 같이 '단순 파업'도 예외적인 상황에서는 작위로서 위력에 해당한다고 보는 입장에 서더라도, 위력의 해당 여부에 관하여 다수의견이 제시하는 판단 기준에는 찬성할 수 없다. 단순 파업이 쟁의행위로서 정당성의 요건을 갖추지 못하고 있더라도 개별적 근로관계의 측면이나 집단적 근로관계의 측면에서 모두 근본적으로 근로자 측의 채무불이행과 다를 바 없으므로, 이를 위력의 개념에 포함시키는 것은 무엇보다 죄형법정주의의 관점에서 부당하다. 또한 파업 등 쟁의행위가 정당성을 결여한 경우 쟁의행위를 위법하게 하는 각각의 행위에 대하여는 노동조합 및 노동관계조정법에 별도의 처벌규정을 두고 있어 같은 법 위반죄로 처벌할 수 있으므로, 위법한 단순 파업이 위력에 의한 업무방해죄를 구성하지 않는다 하더라도 위법의 원인행위 자체에 대한 처벌의 공백이 생기는 것이 아니다. 따라서 근로자들이 단결하여 소극적으로 근로제공을 거부하는 파업 등 쟁의행위를 하였으나 폭행 · 협박 ·

강요 등의 수단이 수반되지 않는 한, 같은 법의 규정을 위반하여 쟁의행위로서 정당성을 갖추지 못하였다고 하더라도 당해 쟁의행위를 이유로 근로자를 형법상 업무방해죄로 처벌할 수는 없고, 근로자에게 민사상 채무불이행 책임을 부담시킴과 함께 근로자를 노동조합 및 노동관계조정법 위반죄로 처벌할 수 있을 뿐이며, 그것으로 충분하다.

(라) 다수의견이 '단순 파업'이 쟁의행위로서 정당성이 없는 경우라 하여 언제나 위력에 해당한다고 볼 수 없다고 보아 위력의 개념을 어느 정도 제한하여 해석한 것은 종래 판례의 태도에 비추어 진일보한 입장이다. 그러나 다수의견이 제시하는 위력의 해당 여부에 관한 판단 기준에 의하더라도 과연 어떠한 경우를 전격적으로 이루어졌다고 볼 수 있을 것인지, 어느 범위까지를 심대한 혼란 또는 막대한 손해로 구분할 수 있을 것인지 반드시 명백한 것은 아니다. 따라서 다수의견의 해석론에 따른다 할지라도 형법 제314조 제1항에 규정한 '위력' 개념의 일반조항적 성격이 충분히 해소된 것은 아니고, 위력에 의한 업무방해죄의 성립 여부가 문제되는 구체적 사례에서 자의적인 법적용의 우려가 남을 수밖에 없다.

[2] [다수의견] 피고인을 비롯한 전국철도노동조합 집행부가 중앙노동위원회 위원장의 직권중재회부결정에도 불구하고 파업에 돌입할 것을 지시하여, 조합원들이 전국 사업장에 출근하지 아니한 채 업무를 거부하여 철도 운행이 중단되도록 함으로써 한국철도공사에 영업수익 손실과 대체인력 보상금 등 막대한 손해를 입힌 사안에서, 중앙노동위원회 위원장의 중재회부보류결정의 경위 및 내용, 노동조합의 총파업 결의 이후에도 노사 간에 단체교섭이 계속 진행되다가 최종적으로 결렬된 직후 위 직권중재회부결정이 내려진 점을 감안할 때, 한국철도공사로서는 노동조합이 필수공익사업장으로 파업이 허용되지 않는 사업장에서 구 노동조합 및 노동관계조정법(2006. 12. 30. 법률 제8158호로 개정되기 전의 것)상 직권중재회부 시 쟁의행위 금지규정 등을 위반하면서까지 파업을 강행하리라고는 예측할 수 없었다 할 것이고, 나아가 파업의 결과 수백 회에 이르는 열차 운행이 중단되어 한국철도공사의 사업운영에 예기치 않은 중대한 손해를 끼친 사정들에 비추어, 위 파업은 사용자의 자유의사를 제압·혼란케 할 만한 세력으로서 형법 제314조 제1항에서 정한 '위력'에 해당한다고 보기에 충분

하다는 이유로, 같은 취지에서 피고인에 대한 업무방해의 공소사실을 유죄로 인정한 원심판결을 수긍한 사례.

[대법관 박시환, 대법관 김지형, 대법관 이홍훈, 대법관 전수안, 대법관 이인복의 반대의견] 위 사안에서, 전국철도노동조합의 조합원들이 단순히 근로제공을 거부하는 형태로 이루어진 위 파업은, 앞서 본 법리에 비추어 볼 때 형법 제314조 제1항에서 정한 '위력'에 해당한다고 볼 수 없고, 또한 다수의견의 법리에 비추어 보더라도 제반 사정을 종합할 때 위 파업이 예측할 수 없는 시기에 전격적으로 이루어졌다고 볼 수 없으며, 파업의 수단 역시 폭력적 행동이나 달리 위법이라고 할 만한 언동 없이 집단적인 소극적 근로제공 거부에 그친 이상 그 손해가 파업의 전격성에 기한 것이었다고 단정할 수 없는데도, 이와 반대의 전제에서 피고인에게 업무방해죄의 죄책을 인정한 원심판결에 법리오해의 위법이 있다고 한 사례.

대법원 1995. 7. 11. 선고 94누4615 전원합의체판결 [건설업영업정지처분무효확인]

실습 내용

대법원 판결문은 어떠한 형식으로 구성되어 있는가?
다수의견과 반대의견은 어떻게 표시 되는가?

– 다수의견
　다수의견의 주된 논지는 무엇인가?

– 반대의견
　어떠한 반대의견이 있는가?
　반대의견의 논지는 무엇인가?

본인의 생각과 가장 맞는 의견은 어떠한 의견이고, 그 이유는 무엇인가?

복습 및 판례 더 들여다보기
하자 있는 행정처분이 당연무효인지를 판별하는 기준은 무엇인지?
다수의견과 반대의견의 차이점은 무엇인지?

반드시 판례 전문을 찾아서 읽고 실습하여야 한다.

【판시사항】

가. 구 건설업법 제50조 제2항 제3호 소정의 영업정지 등 처분권한을 위임받은 시·도지사가 이를 구청장 등에게 재위임할 수 있는지 여부
나. 이른바 기관위임사무를 지방자치단체의 조례에 의하여 재위임할 수 있는지 여부
다. 하자 있는 행정처분이 당연무효인지를 판별하는 기준
라. 처분권한의 근거 조례가 무효인 경우, 그 근거 규정에 기하여 한 행정처분이 당연무효인지 여부

【판결요지】

가. 구 건설업법(1994.1.7. 법률 제4724호로 개정되기 전의 것) 제57조 제1항, 같은 법시행령 제53조 제1항 제1호에 의하면 건설부장관의 권한에 속하는 같은 법 제50조 제2항 제3호 소정의 영업정지 등 처분권한은 서울특별시장·직할시장 또는 도지사에게 위임되었을 뿐 시·도지사가 이를 구청장·시장·군수에게 재 위임할 수 있는 근거규정은 없으나, 정부조직법 제5조 제1항과 이에 기한 행정권한의위임및위탁에관한규정 제4조에 재위임에 관한 일반적인 근거규정이 있으므로 시·도지사는 그 재위임에 관한 일반적인 규정에 따라 위임받은 위 처분권한을 구청장 등에게 재위임할 수 있다.

나. '가'항의 영업정지 등 처분에 관한 사무는 국가사무로서 지방자치단체의 장에게 위임된 이른바 기관위임사무에 해당하므로 시·도지사가 지방자치단체의 조례에 의하여 이를 구청장 등에게 재위임할 수는 없고 행정권한의위임및 위탁에관한규정 제4조에 의하여 위임기관의 장의 승인을 얻은 후 지방자치단체의 장이 제정한 규칙이 정하는 바에 따라 재위임하는 것만이 가능하다.

다. [다수의견] 하자 있는 행정처분이 당연무효가 되기 위하여는 그 하자가 법규의 중요한 부분을 위반한 중대한 것으로서 객관적으로 명백한 것이어야 하며 하자가 중대하고 명백한 것인지 여부를 판별함에 있어서는 그 법규의 목적, 의미, 기능 등을 목적론적으로 고찰함과 동시에 구체적 사안 자체의 특수성에 관하여도 합리적으로 고찰함을 요한다.

[반대의견] 행정행위의 무효사유를 판단하는 기준으로서의 명백성은 행정처분의 법적 안정성 확보를 통하여 행정의 원활한 수행을 도모하는 한편 그 행정처분을 유효한 것으로 믿은 제3자나 공공의 신뢰를 보호하여야 할 필요가 있는 경우에 보충적으로 요구되는 것으로서, 그와 같은 필요가 없거나 하자가 워낙 중대하여 그와 같은 필요에 비하여 처분 상대방의 권익을 구제하고 위법한 결과를 시정할 필요가 훨씬 더 큰 경우라면 그 하자가 명백하지 않더라도 그와 같이 중대한 하자를 가진 행정처분은 당연무효라고 보아야 한다.

라. [다수의견] 조례 제정권의 범위를 벗어나 국가사무를 대상으로 한 무효인 서울특별시행정권한위임조례의 규정에 근거하여 구청장이 건설업영업정지처

분을 한 경우, 그 처분은 결과적으로 적법한 위임 없이 권한 없는 자에 의하여 행하여진 것과 마찬가지가 되어 그 하자가 중대하나, 지방자치단체의 사무에 관한 조례와 규칙은 조례가 보다 상위규범이라고 할 수 있고, 또한 헌법 제107조 제2항의 "규칙"에는 지방자치단체의 조례와 규칙이 모두 포함되는 등 이른바 규칙의 개념이 경우에 따라 상이하게 해석되는 점 등에 비추어 보면 위 처분의 위임 과정의 하자가 객관적으로 명백한 것이라고 할 수 없으므로 이로 인한 하자는 결국 당연무효사유는 아니라고 봄이 상당하다.

[반대의견] 구청장의 건설업영업정지처분은 그 상대방으로 하여금 적극적으로 어떠한 행위를 할 수 있도록 금지를 해제하거나 권능을 부여하는 것이 아니라 소극적으로 허가된 행위를 할 수 없도록 금지 내지 정지함에 그치고 있어 그 처분의 존재를 신뢰하는 제3자의 보호나 행정법 질서에 대한 공공의 신뢰를 고려할 필요가 크지 않다는 점, 처분권한의 위임에 관한 조례가 무효이어서 결국 처분청에게 권한이 없다는 것은 극히 중대한 하자에 해당하는 것으로 보아야 할 것이라는 점, 그리고 다수의견에 의하면 위 영업정지처분과 유사하게 규칙으로 정하여야 할 것을 조례로 정하였거나 상위규범에 위반하여 무효인 법령에 기하여 행정처분이 행하여진 경우에 그 처분이 무효로 판단될 가능성은 거의 없게 되는데, 지방자치의 전면적인 실시와 행정권한의 하향분산화 추세에 따라 앞으로 위와 같은 성격의 하자를 가지는 행정처분이 늘어날 것으로 예상되는 상황에서 이에 대한 법원의 태도를 엄정하게 유지함으로써 행정의 법 적합성과 국민의 권리구제 실현을 도모하여야 할 현실적인 필요성도 적지 않다는 점 등을 종합적으로 고려할 때, 위 영업정지처분은 그 처분의 성질이나 하자의 중대성에 비추어 그 하자가 외관상 명백하지 않더라도 당연무효라고 보아야 한다.

대법원 2022. 4. 21. 선고 2019도3047 전원합의체 판결 [추행][공2022상,975]

실습 내용

축소해석의 허용 한계

형벌법규의 법문헌에 단서 조항이 없는 경우에도 일정한 상황이라면 법적용이 제한된다는 축소해석이 가능한 것인가?

아니면 이는 법조항에 규정되어 있지 않은 단서조항을 신설하여 형벌법규의 적용을 배제하는 것으로 일종의 입법에 해당하여 허용할 수 없는 것인가?

반드시 판례 전문을 찾아서 읽고 실습하여야 한다.

사건 요지

동성 군인간의 항문성교를 처벌하는 군형법 규정이 쌍방 합의하에 사적인 영역에서 이루어진 경우에는 적용되지 않아 처벌할 수 없다고 해석할 수 있는지가 문제된 사건

【판시사항】

[1] 동성인 군인 사이의 항문성교나 그 밖에 이와 유사한 행위가 사적 공간에서 자발적 의사 합치에 따라 이루어지는 등 군이라는 공동사회의 건전한 생활과 군기를 직접적·구체적으로 침해한 것으로 보기 어려운 경우, 군형법 제92조의6이 적용되는지 여부(소극)

[2] 군인인 피고인 갑은 자신의 독신자 숙소에서 군인 을과 서로 키스, 구강성교나 항문성교를 하는 방법으로 추행하고, 군인인 피고인 병은 자신의 독신자 숙소에서 동일한 방법으로 피고인 갑과 추행하였다고 하여 군형법 위반으로 기소된 사안에서, 피고인들과 을은 모두 남성 군인으로 당시 피고인들의 독신자 숙소에서 휴일 또는 근무시간 이후에 자유로운 의사를 기초로 한 합의에 따라 항문성교나 그 밖의 성행위를 한 점 등에 비추어, 피고인들의 행위는 군형법 제92조의6에서 처벌대상으로 규정한 '항문성교나 그 밖의 추행'에 해

당하지 않는다고 한 사례

【판결요지】

[1] [다수의견] 군형법 제92조의6의 문언, 개정 연혁, 보호법익과 헌법 규정을 비롯한 전체 법질서의 변화를 종합적으로 고려하면, 위 규정은 동성인 군인 사이의 항문성교나 그 밖에 이와 유사한 행위가 사적 공간에서 자발적 의사 합치에 따라 이루어지는 등 군이라는 공동사회의 건전한 생활과 군기를 직접적, 구체적으로 침해한 것으로 보기 어려운 경우에는 적용되지 않는다고 봄이 타당하다. 구체적인 이유는 다음과 같다.

(가) 현행 군형법 제92조의6은 2013. 4. 5. 법률 제11734호로 개정된 것으로서 "제1조 제1항부터 제3항까지에 규정된 사람(이하 '군인 등'이라 한다)에 대하여 항문성교나 그 밖의 추행을 한 사람은 2년 이하의 징역에 처한다."라고 정하고 있다(이하 '현행 규정'이라 한다). 현행 규정은 구 군형법(2013. 4. 5. 법률 제11734호로 개정되기 전의 것, 이하 '구 군형법'이라 한다) 제92조의5 규정과는 달리 '계간(鷄姦)' 대신 '항문성교'라는 표현을 사용하고 행위의 객체를 군형법이 적용되는 군인 등으로 한정하였다.

제정 당시 군형법(2009. 11. 2. 법률 제9820호로 개정되기 전의 것, 이하 '제정 군형법'이라 한다) 제92조와 구 군형법 제92조의5의 대표적 구성요건인 '계간(鷄姦)'은 사전적(事典的)으로 '사내끼리 성교하듯이 하는 짓'으로서 남성 간의 성행위라는 개념요소를 내포하고 있다. 반면, 현행 규정의 대표적 구성요건인 '항문성교'는 '발기한 성기를 항문으로 삽입하는 성행위'라는 성교행위의 한 형태를 가리키는 것으로서, 이성 간에도 가능한 행위이고 남성 간의 행위에 한정하여 사용되는 것이 아니다. 따라서 현행 규정의 문언만으로는 동성 군인 간의 성행위 그 자체를 처벌하는 규정이라는 해석이 당연히 도출될 수 없고, 별도의 규범적인 고려 또는 법적 평가를 더해야만 그러한 해석이 가능하다.

(나) 어떤 행위가 추행에 해당하는지에 대한 일반적인 관념이나 동성 간의 성행위에 대한 규범적 평가는 시대와 사회의 변화에 따라 바뀌어 왔고, 동성 간의 성행위가 객관적으로 일반인에게 성적 수치심이나 혐오감을 일으키게 하고 선량한 성적 도덕관념에 반하는 행위라는 평가는 이 시대 보편타당한 규범

으로 받아들이기 어렵게 되었다.

(다) 현행 규정의 체계와 문언, 개정 경위와 함께, 동성 간 성행위에 대한 법규범적 평가의 변화에 따라 동성 군인 간 합의에 따른 성행위를 아무런 제한 없이 군기를 침해하는 행위라고 보기 어려운 점 등을 종합하면, 현행 규정의 보호법익에는 '군이라는 공동사회의 건전한 생활과 군기'라는 전통적인 보호법익과 함께 '군인의 성적 자기결정권'도 포함된다고 보아야 한다.

(라) 성적 자기결정권은 군형법의 적용 대상인 군인에게도 당연히 인정되는 보편적 권리로서, 군인의 신분에 수반되는 국가안전보장·질서유지 또는 공공복리를 위하여 필요한 범위 내에서 법률로 이를 제한하는 경우에도 그 본질적인 내용은 침해될 수 없다.

위에서 본 동성 간 성행위에 대한 법규범적 평가에 비추어 보면, 동성 군인 간 합의에 의한 성행위로서 그것이 군이라는 공동사회의 건전한 생활과 군기를 직접적, 구체적으로 침해하지 않는 경우에까지 형사처벌을 하는 것은 헌법을 비롯한 전체 법질서에 비추어 허용되지 않는다고 보아야 한다. 이를 처벌하는 것은 합리적인 이유 없이 군인이라는 이유만으로 성적 자기결정권을 과도하게 제한하는 것으로서 헌법상 보장된 평등권, 인간으로서의 존엄과 가치, 그리고 행복추구권을 침해할 우려가 있다.

특히 현행 규정은 장교나 부사관 등 직업군인에게도 적용되는데, 직업군인의 경우 장기간 동안 군형법의 적용을 받게 되므로 기본권 제한의 정도가 매우 크다. 그리고 군인 간의 합의에 의한 항문성교 그 밖의 성행위가 사적 공간에서 은밀히 이루어진 경우 이를 처벌하기 위해서는 지극히 사생활 영역에 있는 행위에 대한 수사가 필수적인데, 이러한 수사는 군인의 사생활의 비밀과 자유를 과도하게 제한하는 것으로 허용되기 어렵다.

[대법관 안철상, 대법관 이흥구의 별개의견] 별개의견의 요지는 다음과 같다.

첫째, 현행 규정은 기본권 보장, 권력분립 원칙 등 헌법 질서의 테두리 안에서 전승을 위한 전투력 확보라는 군형법의 특수한 목적과 군의 건전한 생활과 군기라는 현행 규정의 보호법익을 충분히 고려하여 합리적으로 해석되어야 한다.

둘째, 다수의견은 '군이라는 공동사회의 건전한 생활과 군기'를 현행 규정의 적용 여부를 판단하는 기준으로 삼으면서도, 동성 군인 사이의 항문성교나 그 밖의 추행행위가 사적 공간에서 '자발적 의사 합치'에 따라 이루어진 경우에는 현행 규정이 적용되지 않는다고 한다. 그러나 합의 여부를 현행 규정 적용의 소극적 요소 중 하나로 파악하는 것은 법률해석을 넘어서는 실질적 입법행위에 해당하여 찬성하기 어렵다.

셋째, 다수의견은 성적 자기결정권을 현행 규정의 보호법익에 포함시키고 있다. 이에 따르면, 군인 등의 위와 같은 성적 행위가 자발적 합의에 의한 것이 아닌 경우 사적 공간에서의 행위라 하더라도 현행 규정의 적용 대상이 될 수 있게 된다. 그러나 이것은 군형법에서 비동의추행죄를 신설하는 의미가 되고, 이에 관한 충분한 논의와 사회적 공감대가 형성되지 않은 상태에서 이를 도입하는 것은 형사법체계에 큰 논란을 초래하는 것이어서 선뜻 받아들이기 어렵다.

넷째, 현행 규정의 적용 범위는 합헌적 해석을 바탕으로 군형법 체계와 보호법익을 고려하면, 행위 시 상황을 기준으로 판단함이 합리적인 해석이다. 이에 따르면, 현행 규정은 적전, 전시·사변과 같은 상황에서 기본적으로 적용되고, 평시의 경우에는 군사훈련, 경계근무 그 밖에 이에 준하는 군기를 직접적, 구체적으로 침해할 우려가 있는 상황에서만 적용된다고 봄이 타당하다.

[대법관 김선수의 별개의견] 다수의견은 두 사람이 상호 합의하여 성적 행위를 한 경우에도 현행 규정을 적용하여 형사처벌을 할 수 있는 여지를 남겨 둔 것으로 보이므로, 그와 같은 해석은 가능한 문언해석의 범위를 벗어난 것으로 허용될 수 없다는 의견을 밝힌다.

(가) 현행 규정과 같이 조사 상당어 '에 대하여'를 사용한 경우 그 상대방은 주어가 행하는 술어 행위의 영향력이 미치는 대상이 될 뿐으로, 행위의 일방향성이 부각되므로, 주어와 대상의 상호 작용성, 상호 합의라는 의미와 연관지어 해석할 수는 없다. 즉, 조사 상당어 '에 대하여'의 의미로부터 두 사람이 상호 합의하여 행위를 한 경우에도 적용할 수 있다는 해석을 이끌어 낼 수는 없다. 결국 '에 대하여'로 개정된 현행 규정에 따르면, 행위를 한 행위자만을 처벌할 수 있을 뿐 그 상대방을 처벌할 수 없다고 보아야 한다. 이러한 해석은 객관적으로 나타난 현행 규정의 문장구조와 규정 형식, 문언의 의미와 내용에 따른 것으로서, 설령 입법자가 이를 의도하지 않았다고 하더라도 입법자의 의도가 법 문언에 객관적으로 표현되지 않은 이상 당연한 것이다.

또한 '상호 합의하다.'라는 어구의 의미해석상 '상호 합의한 성적 행위'에서 행위자와 그 상대방을 설정하기 어려우므로, 결국 현행 규정은 두 사람이 상호 합의하여 성적 행위를 한 경우에는 적용할 수 없다고 보아야 한다. 두 사람이 상호 합의하여 이 사건 행위를 한 경우 두 사람 중에 누가 행위자이고 상대방인지 구별할 수 없다면, 죄형법정주의 원칙에 따라 두 사람 모두 처벌대상에 해당하지 않는 것으로 해석하는 것이 타당하다. 그럼에도 현행 규정을 적용하여 두 사람을 모두 행위자로 의제하고 처벌하는 것은 죄형법정주의 원칙에 명백히 반한다.

(나) 군형법이라는 법률 명칭과 제1조의 규정에 비추어 보면 '군기 보호'라는 법익은 군형법상의 모든 장 및 모든 조항의 공통된 기본적인 보호법익이므로, 각 장 및 각 조항의 범죄는 '군기 보호'라는 공통된 보호법익을 기본으로 하여 각각의 독자적인 법익을 추가로 보호하는 것이라고 해석하는 것이 타당하다. '강간과 추행의 죄'에 관하여 규정한 제15장과 그중에서 추행의 죄에 관해 규정한 현행 규정은 군형법상의 모든 범죄의 보호법익인 '군기 보호'에 위 장 고유의 보호법익인 '성적 자유' 또는 '성적 자기결정권'을 함께 보호법익으로 한다고 해석하는 것이 군형법의 전체적인 체계와 현행 규정의 위치와 제목 등을 고려할 때 지극히 타당하다.

(다) '추행'에 해당하는지 여부를 판단할 때 중요한 고려요소 중 하나는 '그 시대의 성적 도덕관념'이므로, 현행 규정의 '추행'에 해당하는지 여부를 판단할 때에도 '이 시대의 성적 도덕관념'을 고려하여야 한다. 법원이 법률을 해석할 때 지금 이 시대의 법의식을 고려하는 것은 구체적 사건에서 타당성 있는 법률의 해석·적용을 위하여 반드시 요청되는 사항이다.

다수의견과 그 보충의견에서 설명한 동성애에 대한 우리 사회 인식의 변화에 비추어 볼 때, 성인 사이의 상호 합의에 의한 동성 간의 성적 행위를 지금 이 시대의 성적 도덕관념에 비추어 '더럽고 지저분한 행동'으로 평가할 수는 없다. 아무리 군의 특수성을 감안한다고 하더라도 형법상 추행과 같이 현행 규정상 추행도 일방의 의사에 반하여 구체적인 피해를 야기하는 행위만이 '더럽고 지저분한 행동'으로 평가하여야 한다. 이는 규범적 개념인 '추행'의 의미를 확정하는 법률해석의 과정에서 충분히 가능하고 반드시 필요한 것으로서, 문언해석의 범위를 벗어난다거나 법원의 해석 권한을 벗어나는 것이 아니다.

한편 현행 규정이 일방의 의사에 반하는 경우에만 적용되어야 한다는 해석이 군대 내에만 비동의추행죄를 도입하게 되는 것이어서 형사법체계에 큰 논란을 초래한다는 지적은 타당하지 않다. 위와 같은 해석은 현행 규정의 문장 구조와 체계, 추행의 의미에 대한 합리적 해석을 통해 그 적용 범위를 설정하려는 것으로, 어떤 새로운 범죄를 도입하는 것이 아니다. 또한 위 해석은 현행 규정의 적용 범위를 명확히 함으로써 현행 규정이 그 문언과 문장구조에 반하여 부당하게 적용되는 것을 방지하려는 것뿐이어서 형사법체계에 논란을 초래한다고 볼 수도 없다.

(라) 두 사람이 상호 합의한 성행위가 군기를 구체적, 직접적으로 침해하는 경우 현행 규정을 적용하여 처벌할 수 없다고 해석하더라도 처벌의 공백이 발생하지 않는다. 오히려 현행 규정을 두 사람이 상호 합의하여 행한 경우에도 일률적으로 적용한다면 군인에 대한 형벌권 남용의 위험이 상존할 수 있다. 따라서 군형법의 모든 조항에 공통된 보호법익인 '군기 보호'라는 명분으로 두 사람이 상호 합의하여 성적 행위를 한 경우까지 현행 규정을 적용하여 두 사람 모두를 형사처벌하는 것은 형벌의 최후수단성 원칙에 반한다고 하지 않을 수 없다.

[대법관 조재연, 대법관 이동원의 반대의견] 다수의견은 현행 규정이 동성 군인 사이의 항문성교나 그 밖에 이와 유사한 행위가 사적 공간에서 자발적 의사 합치에 따라 이루어지는 등 군이라는 공동사회의 건전한 생활과 군기를 직접적, 구체적으로 침해한 것으로 보기 어려운 경우에는 적용되지 않는다고 한다. 그러나 이러한 다수의견은 현행 규정이 가지는 문언의 가능한 의미를 넘어 법원에 주어진 법률해석 권한의 한계를 벗어난 것으로서 이에 동의할 수 없다. 구체적인 이유는 다음과 같다.

(가) 현행 규정은 '군인 등'에 대하여 항문성교나 그 밖의 추행을 한 사람을 2년 이하의 징역에 처하도록 정하고 있고, 군형법 제1조는 군형법의 적용대상자를 '군인 등'으로 정하고 있다. 따라서 현행 규정은 '군인 등'이 '군인 등'에 대하여 '항문성교나 그 밖의 추행'을 하는 행위를 구성요건으로 하는 형벌법규로서, 결국 현행 규정의 구성요건요소 중 해석이 필요한 부분은 주체, 객체(상대방), 행위 중 '항문성교나 그 밖의 추행'이라는 '행위' 요소에 관한 것이다.

(나) 다수의견과 같이 목적론적 축소해석 또는 합헌적 해석방법을 이용하

여 문언의 가능한 의미를 벗어나 현행 규정의 구성요건을 변경하는 해석은 허용되지 않는다고 보아야 한다. 즉, 현행 규정에서 정하고 있는 '항문성교나 그 밖의 추행'에 해당하면 그로써 위 규정의 적용 대상이 되는 것이고, 여기에 더하여 다수의견과 같이 '사적 공간인지 여부', '자발적 합의에 의한 것인지 여부' 등의 사정을 고려하여 '군기를 직접적이고 구체적으로 침해하였는지'에 따라 그 적용 여부를 달리해야 할 근거는 없다. 다수의견과 같이 해석하는 것은 법원이 법률 문언에 없는 단서 조항을 신설하는 것과 같다. 이는 명문의 규정에 반하는 법형성 내지 법률 수정을 도모함으로써 법원이 가지는 법률해석 권한의 한계를 명백하게 벗어나는 것이다. 다수의견은 입법론으로 고려할 수 있을 뿐 현행 규정의 해석론으로는 받아들이기 어렵고, 입법정책의 문제를 법률해석의 문제로 다루는 것이라 할 수 있다.

(다) 법원은 국회가 제정한 법률에 대하여 그것이 헌법재판소에 의하여 위헌결정을 받기 전까지는 이를 적용하여야 하고, 군형법상 추행죄와 같이 이미 수차례 합헌결정을 받은 경우에는 더욱 그러하다. 비록 법률을 적용한 결과가 못마땅하다 하더라도 이는 헌법재판소의 결정과 입법기관의 법개정을 통하여 해결하여야지, 법원이 법해석이라는 이름으로 이들 기관을 대신하는 것은 권한 분장의 헌법 정신에 어긋난다. 법률의 노후화 또는 해석결과의 불합리라는 이유만으로 법률 그 자체의 적용을 거부한 채 형벌법규 문언의 명백한 의미를 제한하거나 수정하는 해석을 하는 것은 국민이 법원에 부여한 권한에 속한다고 할 수 없다. 피고인에게 유리한 방향 또는 결과적으로 옳은 방향이라고 하더라도 마찬가지이다. 이는 민주주의의 기반인 삼권분립 원칙의 본질적 요청이고, 헌법 제40조(입법권), 제103조(법관의 독립), 제111조(헌법재판소의 권한 등)에 따른 한계이다.

(라) 현행 규정은 자발적 합의 아래 사적 공간에서 이루어진 행위에도 적용된다고 보아야 한다. 어떤 행위를 범죄로 규정하고 이를 어떻게 처벌할 것인가 하는 문제는 그 범죄의 죄질과 보호법익뿐만 아니라 우리의 역사와 문화, 입법 당시의 시대적 상황, 국민 일반의 가치관과 법감정 그리고 범죄 예방을 위한 형사정책적 측면 등 여러 가지 요소를 종합적으로 고려하여 입법자가 결정할 사항이다. 어떤 행위를 징계로 해결할 것인지 아니면 형사처벌 대상으로 삼을 것인지를 법관이 판단하는 것은 바람직하지 않다. 현행 규정을 입법

론적으로 그대로 존치하여야 한다는 것이 아니다. 다수의견과 같은 결론은 몇 명의 법관이 아니라, 실제적인 이해관계를 가진 사회 전반의 시민들이 전문가의 연구 등을 바탕으로 충분한 논의를 거쳐 헌법과 법률이 마련한 정당한 입법절차를 통하여 사회적 합의의 형태로 결정되어야 한다. 다수의견은 시민사회, 학계, 법률가 및 정치권 등의 소통을 통한 논의와 입법절차를 통하여 얻어야 할 결론을 법률 문언을 넘어서는 사법판단을 통하여 이루고자 하는 것이어서 받아들이기 어렵다.

[2] 군인인 피고인 갑은 자신의 독신자 숙소에서 군인 을과 서로 키스, 구강성교나 항문성교를 하는 방법으로 6회에 걸쳐 추행하고, 군인인 피고인 병은 자신의 독신자 숙소에서 동일한 방법으로 피고인 갑과 2회에 걸쳐 추행하였다고 하여 군형법 위반으로 기소된 사안에서, 피고인들과 을은 모두 남성 군인으로 동성애 채팅 애플리케이션을 통해 만났고 같은 부대 소속이 아니었는데, 당시 피고인들의 독신자 숙소에서 휴일 또는 근무시간 이후에 자유로운 의사를 기초로 한 합의에 따라 항문성교나 그 밖의 성행위를 하였고, 그 과정에 폭행·협박, 위계·위력은 없었으며 의사에 반하는 행위인지 여부가 문제된 사정도 전혀 없는 점, 피고인들의 행위가 군이라는 공동체 내의 공적, 업무적 영역 또는 이에 준하는 상황에서 이루어져 군이라는 공동체의 건전한 생활과 군기를 직접적이고 구체적으로 침해한 경우에 해당한다는 사정은 증명되지 않은 점에 비추어, 피고인들의 행위는 군형법 제92조의6에서 처벌대상으로 규정한 '항문성교나 그 밖의 추행'에 해당하지 않는다는 이유로, 이와 달리 보아 피고인들에게 유죄를 인정한 원심판단에 법리오해의 잘못이 있다고 한 사례.

찾아보기

▌참고문헌 ▌

강구진, 형사소송법원론, 학연사, 1982.

곽윤직, 민법총칙, 전정증보판, 박영사, 1980.

곽윤직, 민법총칙, 신정판, 박영사, 1996.

곽윤직, 물권법, 신정판, 박영사, 1998.

곽윤직, 채권총론, 신정판, 박영사, 1998.

곽윤직, 채권각론, 신정판, 박영사, 1998.

곽윤직·김재형, 민법총칙, 제9판, 박영사, 2016.

김남진·김연태, 행정법 Ⅰ, 제22판, 법문사, 2018.

김동희, 행정법 Ⅰ, 제24판, 박영사, 2018.

김상원 등 4인 편집대표, 주석 신민사소송법 Ⅰ, Ⅲ, 한국사법행정학회, 2004.

김영란, 김영란의 열린 법 이야기, 풀빛, 2016.

김증한·김학동, 물권법, 제9판, 박영사, 2004.

김학태, 법의 해석과 적용, 한국외국어대학교 지식출판콘텐츠원, 2018.

박경신 외 4인, 법정보조사, 법문사, 2016.

박균성, 행정법론(상), 제19판, 박영사, 2020.

박수철, 입법총론, 도서출판 한울, 2011.

박영도, 입법학 입문, 한국법제연구원, 2008.

박재완, 민사소송법강의, 박영사, 2017.

법제처, 2020년도 법제업무편람, 법제처 법제정책총괄과, 2019.

법제처, 2022년도 법제업무편람, 법제처 법제정책총괄과, 2022.

법제처, 법령 입안·심사 기준, 2020.

사법연수원, 민사실무Ⅰ, 2017.

사법연수원, 민사실무Ⅱ, 2017.

손종학, 강해 계약법 Ⅰ, 충남대학교출판문화원, 2020.

손종학, 강해 계약법 Ⅱ, 충남대학교출판문화원, 2018.

손종학, 강해 민법총칙, 충남대학교출판부, 2010.

손종학, 강해 민사실무 Ⅰ, 충남대학교 출판문화원, 2017.

손종학, 로스쿨시대의 법학교육과 법조시장: 법학교육의 방향성과 법조시장의 정
　　　비를 중심으로, 법학연구 제28권 제1호, 충남대학교 법학연구소, 2017.

송덕수, 민법총칙, 박영사, 2018.

송덕수, 민법총칙, 제5판, 박영사, 2020.

송덕수, 채권법각론, 제4판, 박영사, 2019.

신유철(역), 로마법 산책(Rolf Knütel[저], Spaziergänge im römischen Recht),
　　　법문사, 2008.

신유철, 우리 民法의 自畵像과 未來像 - 독일 민법의 영향과 교훈, 민사법학 제52
　　　호, 한국민사법학회, 2010.

심우민, 입법학의 기본관점, 서강대학교 출판부, 2014.

조상원, 법률용어사전, 개정3판, 현암사, 2016.

이동수, 미국에서의 법원의 행정법 해석, 토지공법연구 제57집, 한국토지공법학
　　　회, 2012.

이양성 등, 법제이론과 실제, 2019 전면개정판, 국회 법제실, 2019.

이재상 외 2인, 형법총론, 제9판, 박영사, 2017.

이재상 외 2인, 형법각론, 제10판, 박영사, 2017.

임종훈·이정은, 한국입법과정론, 전면개정판, 박영사, 2021.

정주백, 평등정명론, 충남대학교출판문화원, 2019.

한동일, 법으로 읽는 유럽사, ㈜ 글항아리, 2018.

허영, 한국헌법론, 박영사, 2016.

홍정선, 행정법원론(상), 제27판, 박영사, 2019.

Hans Brox/Wolf−Dietrich Walker, Allgemeiner Teil des BGB, 42. Auflage,
　　　München (Beck) 2018.

Carl Creifelds/Klaus Weber, Rechtswörterbuch, 23. Auflage, Müchen (Beck)
　　　2019.

Wilhelm Gemoll/Karl Vretska, Griechisch−deutsches Schul− und
　　　Handwörterbuch, 10. Auflage, München u. a. (Oldenbourg) 2006.

Karl Larenz, Methodenlehre der Rechtswissenschaft, 6. Auflage, Berlin u. a. (Springer) 1991.

Karl Larenz/Manfred Wolf, Allgemeiner Teil des Bürgerlichen Rechts, 9, Auflage, München (Beck) 2004.

Dieter Medicus/Jens Petersen, Grundwissen zum Bürgerlichen Recht — Ein Basisbuch zu den Anspruchsgrundlagen, 11. Auflage, München (Beck) 2019.

Friedrich Carl von Savigny, System des heutigen Römischen Rechts. Band 1, Berlin (Bei Veit und Comp.) 1840.

Friedrich Carl von Savigny, System des heutigen Römischen Rechts. Band 3, Berlin (Bei Veit und Comp.) 1840.

Franz Wieacker, Privatrechtsgeschichte der Neuzeit unter besonderer Berücksichtigung der deutschen Entwicklung, 2. Aufl., Göttingen (Vandenhoeck & Ruprecht) 1967.

저자 소개

손종학

충남대학교 법과대학 졸업
사법시험 합격(제31회)
사법연수원 수료(제21기)
판사
변호사
충남대학교 법학전문대학원장
사법시험위원
변호사시험위원
교원소청심사위원회 위원
경력법관 및 재판연구원 구술면접위원
대법원 법관인사위원회 위원
법제처 법령해석위원 / 국민법제관
대검찰청 검찰수사심의위원회 위원

현 충남대학교 법학전문대학원 교수
　　충남대학교 법률센터장
　　법학전문대학원평가위원회 평가위원

주요 저서

講解 민법총칙
講解 민사실무 Ⅰ, Ⅱ
講解 계약법 Ⅰ, Ⅱ

YouTube THE SOHN 채널 운영

최윤석

충남대학교 법과대학 졸업
독일 본 대학교(Rheinische Friedrich—
Wilhelms—Universität Bonn)
비교법 석사 및 법학박사

현 충남대학교 법학전문대학원 교수
　　충남대학교 특허법무대학원 부원장
　　충남대학교 미래혁신위원회 위원
　　대전광역시 행정심판위원회 위원
　　대전광역시의회 윤리자문위원회 위원
　　대전광역시의회 인사위원회 위원

주요 저서

Der Besitzerwerb des Erben:
Historische Entwicklungen, die
Lösung des § 857 BGB und ihre
Anwendungsprobleme, Dissertation,
Frankfurt am Main (Peter Lang) 2013

김권일

충남대학교 법과대학 졸업
충남대학교 대학원 법학과 졸업(법학석사/박사)
우송대학교 교양대학 강사
충남대학교 법률센터 기획위원
충남대학교 국방연구소 교수연구원

현 과학기술정책연구원(STEPI)
　　혁신법제도연구단 부연구위원

주요 저서
군사시설법

제2전정판
쉽게 읽는 입법과 법해석 - 만드는 법 푸는 법

초판발행   2021년 2월 25일
전정판발행   2022년 2월 25일
제2전정판발행   2023년 2월 25일
중판발행   2023년 9월 5일

지은이   손종학·최윤석·김권일
펴낸이   안종만·안상준

편 집   장유나
기획/마케팅   정연환
표지디자인   BEN STORY
제 작   고철민·조영환

펴낸곳   (주) **박영사**
               서울특별시 금천구 가산디지털2로 53, 210호(가산동, 한라시그마밸리)
               등록 1959. 3. 11. 제300-1959-1호(倫)

전 화   02)733-6771
f a x   02)736-4818
e-mail   pys@pybook.co.kr
homepage   www.pybook.co.kr
ISBN   979-11-303-4390-7   03360

정 가   19,000원